CONTRIBUTIONES JENENSES
Band 9

Max-Planck-Institut
zur Erforschung von Wirtschaftssystemen

Max-Planck-Institute
for Research into Economic Systems

Manfred E. Streit

Jenaer Beiträge zur Wirtschaftstheorie und Wirtschaftspolitik

NOMOS Verlagsgesellschaft
Baden-Baden

Die Deutsche Bibliothek – CIP-Einheitsaufnahme

Die Deutsche Bibliothek verzeichnet diese Publikation in
der Deutschen Nationalbibliografie; detaillierte bibliografische
Daten sind im Internet über http://dnb.ddb.de abrufbar.

ISBN 3-8329-1034-4

1. Auflage 2004

Vorwort

Der vorliegende Band enthält meine Arbeiten, deren Erscheinen in die Gründungsphase des Max-Planck-Instituts zur Erforschung von Wirtschaftssystemen in Jena fällt. Er umfasst die vermutlich letzte Phase meiner wissenschaftlichen Tätigkeit. Die hier vorgestellten Arbeiten habe ich in drei Abschnitte gegliedert: 1. Beiträge zur Kognitionstheorie, 2. Beiträge zur Wirtschaftspolitik und 3. Anmerkungen zu F. A. Hayek. Der dritte Teil wurde geprägt durch meine Tätigkeit als Mitherausgeber der Gesammelten Schriften von F. A. Hayek in deutscher Sprache. Mein Interesse an der Kognitionstheorie wurde geweckt, als ich mich daran machte, Hayeks "The Sensory Order" im Auftrag der Hayek-Gesellschaft ins Deutsche zu übersetzen und herauszugeben. Im 2. Teil des Buches nimmt der Abdruck des 16. Kapitels meines vor 4 Jahren in 5. Auflage erschienenen Lehrbuchs zur Theorie der Wirtschaftspolitik einen besonderen Platz ein; denn die Ausführungen dürften sich in die laufende Diskussion über wirtschaftspolitische Reformen, ihr Ausmaß und ihre Erfolgschancen einfügen. Aber auch sich anbahnende ordnungs-, insbesondere verfassungspolitische Fehlentwicklungen konnte ich in einer jüngeren Arbeit mit meiner Kritik am deutschen Verbändestaat aufgreifen.

Bei der Genese der genannten Arbeiten konnte ich auf verlässliche Zuarbeit durch mein Emeritusteam am Max-Planck-Institut, insbesondere Frau Ulrike Schleier und Dr. Sven Pinkert vertrauen. Ihnen gilt dafür mein Dank. Auch danke ich beiden dafür, dass sie die Drucklegung dieses Bandes überwachten. Des weiteren danke ich der Max-Planck-Gesellschaft dafür, dass sie seit meiner Erkrankung die mir zugewiesene Emerituseinheit wohlwollend förderte, wozu auch die Förderung des vorliegenden Bandes gehört. Schließlich gilt mein Dank dem Max-Planck-Institut zur Erforschung von Wirtschaftssystemen Jena, das mir mit seiner Gründung 1993 zur Aufgabe wurde und dessen Entwicklung ich mit lebhaftem Interesse verfolge. Meinen Dank möchte ich dadurch abstatten, dass ich diesen Band den Mitgliedern meiner ehemaligen Abteilung „Institutionenökonomik und Wirtschaftspolitik" widme. Sie waren mir bei der Gründung des Instituts wissenschaftlich, organisatorisch und menschlich eine große Hilfe.

Jena, im Herbst 2004 Manfred E. Streit

Inhalt

I. Beiträge zur Kognitionstheorie

Kognition, Rationalität und Institutionen*

Institutionen erlegen dem individuellen Verhalten Beschränkungen auf. Sie sind Verhaltensregeln, die durch verschiedene Durchsetzungsmechanismen unterstützt werden. Kognition bezieht sich auf den Prozess, wie menschliche Wesen Information aufnehmen und verarbeiten, wobei sich Rationalität als heuristisches Konzept auf die Art und Weise bezieht, in der menschliche Kognition in den Sozialwissenschaften modelliert wird. Die Analyse von Institutionen ist ein wachsender Bereich in den Wirtschaftswissenschaften. Aber das Wachstum der Literatur zur Institutionenökonomik wird begleitet von einer wachsenden Skepsis hinsichtlich dem Ausdehnen der konventionellen ökonomischen Vorgehensweise auf die Analyse von Institutionen. Insbesondere wird der Begriff der perfekten Rationalität zunehmend in Frage gestellt. Perfekte Rationalität kann als ein "als-ob"-Konzept gerechtfertigt werden, um menschliche Wahlhandlungen innerhalb von Regeln zu erklären. Aber dieses heuristische Konzept wird höchst fragwürdig, wenn es auf die Entstehung oder den Wandel von Institutionen angewendet wird. Gleichzeitig ist menschliche Kognition ein Hauptforschungsgebiet in der Psychologie geworden. Deshalb ist zu fragen, ob Institutionenökonomik etwas von der kognitiven Psychologie hinsichtlich der angemessenen Modellierung von Rationalität lernen kann. Institutionen verringern Ungewissheit, indem sie menschliches Handeln beschränken. Dabei versetzen sie ökonomische Akteure in die Lage, verlässliche Erwartungen über das Handeln anderer zu bilden. Wegen der Informationskosten und der begrenzten menschlichen Fähigkeit, Informationen wahrzunehmen und zu verarbeiten, erleichtern Institutionen Kognitionsprozesse. Jedoch als Teil der kulturellen Umwelt beeinflussen sie auch die Wahrnehmung von Information durch das Individuum. Es wird angenommen, dass das menschliche Bewusstsein kognitive Modelle bildet, die die Umwelt integrieren. Diese Modelle wirken wie Filter und beeinflussen die Wahrnehmung von Information (Hayek 1952, North 1990, Denzau/North 1994). Von den kognitiven Modellen wird angenommen, dass sie durch den Prozess der Sozialisation beeinflusst werden. Während des Prozesses der Sozialisation werden sie internalisiert, d.h. externe Durchsetzungsmechanismen werden zunehmend durch interne ergänzt. (Vgl. z.B. Piaget 1932, Loevinger 1976, Kohlberg 1969, Deci/Ryan 1985). Auf diese Weise formt die institutionelle Umwelt die kognitiven Modelle menschlicher Akteure. Jedoch die systematische Wechselbeziehung zwischen Institutionen und kognitiven Modellen ist weit davon entfernt, ausreichend erforscht zu sein. Dabei ist ein Verständnis von kognitiven Prozessen von grundlegender Bedeutung für das Verständnis menschlichen Verhaltens.

Das gilt insbesondere für die Erklärung institutionellen Wandels. Kognitive Prozesse haben eine unmittelbare Wirkung auf individuelle Entscheidungen. Individuelle Entscheidungen beziehen sich nicht nur auf Güter. Das gleiche gilt für Entscheidungen über die Vermittlung neuer möglicher Regeln. Wenn die Beziehung zwischen Institutionen und Kognition berücksichtigt wird, enthält der Prozess institutionellen Wandels grundlegende Rätsel: Damit Institutionen die Komplexität reduzieren, ist ihre Stabilität eine notwendige Vorbedingung. Gleichzeitig jedoch ist institutioneller Wandel erfor-

* Erstveröffentlichung: Kiwit, D., Mummert, U., Streit, M.E. (2000): Cognition, Rationality, and Institutions – Introduction and Overview in: dies. (ed.) Cognition, Rationality, and Institutions, 1-7.

derlich für eine erfolgreiche Anpassung eines ökonomischen Systems an Veränderung der ökonomischen Umwelt. Dauerhafte Institutionen können die wirtschaftliche Entwicklung behindern (North 1990). Ein Grund für die Dauerhaftigkeit von Institutionen ist ihre Internalisation durch die ökonomischen Akteure. Sozialisation innerhalb einer institutionellen Umwelt kann zu ähnlichen kognitiven Modellen führen. Wenn aber die Akteure kognitive Modelle in Übereinstimmung mit den bestehenden Institutionen bilden, welche Faktoren halten dann den menschlichen Geist dazu an, institutionelle Innovationen zu bilden, d.h. institutionellen Wandel hervorzurufen?

Wenn die Begrenztheit des menschlichen Geistes ernst genommen wird, rückt der Prozess, wie Individuen Information erwerben und verarbeiten, in das Zentrum der Aufmerksamkeit. Um ein gut begründetes Konzept von Rationalität zu erhalten, - und damit auch bessere Erklärungen vom Entstehen und Wandel von Institutionen - ist es unabdingbar, wenn das Phänomen der Kognition ausdrücklich berücksichtigt wird. Diese Notwendigkeit wird weiter unterstützt durch die Ergebnisse der deskriptiven Entscheidungstheorie, dass menschliche Wesen systematisch von der Bayesischen Logik abweichen können. (vgl. als klassische Referenz Kahneman/Tversky 1974). Jedoch liefern neuere Ansätze, die auf die Simulation von Prozessen des Lernens in der Ökonomie (Kirman/Salmon 1995) oder auf die Wirkung von Institutionen auf die Kognition (Denzau/North 1994) gerichtet sind, keine ausreichenden Antworten auf die Fragen wie Institutionen und kognitive Prozesse miteinander verbunden sind und wie sie novelliert werden können. In der kognitiven Psychologie ebenso wie auf Gebieten der Hirnforschung und künstlichen Intelligenz wird eine wachsende Zahl von Ansätzen hinsichtlich der Frage entwickelt, wie Information durch den menschlichen Geist wahrgenommen und verarbeitet wird (z.B. Gigerenzer 1993, 1994, Holland et al. 1986, Tooby/Cosmides 1992). Die Frage ist, wie dieses wissenschaftliche Wissen genutzt werden kann, um ein Modell vom Menschen zu entwickeln, das es erlaubt, bessere Erklärungen und Prognosen von wirtschaftlichen Verhalten zu entwickeln.

In der konventionellen neoklassischen Ökonomik werden menschliche Wesen als perfekte Verarbeiter von perfekter Information modelliert. Selbst die Informationsökonomik geht immer noch davon aus, dass der beobachtende Wissenschaftler perfekt rational und perfekt informiert ist. Indem angenommen wird, dass entweder der Grenznutzen der Information oder die zu Grunde liegende Wahrscheinlichkeitsverteilung einer Information bekannt sind, bleibt der Bezugspunkt der perfekten Rationalität unberührt. Wenn jedoch Institutionen helfen, Information anzupassen, ist es auch notwendig, einzuräumen, dass menschliches Verhalten systematisch durch einen konstitutionellen Wissensmangel geprägt ist, und dass perfekte Rationalität eines der wichtigsten Merkmale menschlichen Handelns negiert. Folgerichtig entwickelt Simon 1955 im Modell des Menschen, dass den kognitiven menschlichen Grenzen Rechnung trägt. Optimierendes Verhalten wird durch andere Heuristiken substituiert, z.B. durch "satisficing".

Eine andere Frage ist, wie institutionengeleitetes Verhalten erklärt werden kann durch ein ökonomisches Modell vom Menschen. Eine Möglichkeit, institutionelle Beschränkungen zu integrieren, besteht darin, das Konzept des subjektiven Erwartungsnutzens auszuweiten. Solch ein Ansatz ist immer noch einer zur Optimierung. Furubotn (1994) veranschaulicht, dass logische Inkonsistenzen entstehen, wenn einige traditionelle Annahmen, z.B. Transaktionskosten von Null, zurückgewiesen und andere aufrechterhalten werden.

Sogar noch mehr Probleme entstehen, wenn die Analyse von einer komparativ statischen zu einer evolutorischen Perspektive verlagert wird. Wirtschaftliches Verhalten wird durch subjektive kognitive Modelle der Umwelt geleitet. Als Folge einer sich ständig ändernden Umwelt ist nicht gewährleistet, dass diese Modelle sich der Realität annähern. Das Wissen über diese Umwelt kann schneller abnehmen als neue Information gesammelt wird. Daher kann subjektives Wissen weit von perfektem Wissen entfernt bleiben. Es war Simon (1978) der sich bemühte, dem Rechnung zu tragen, indem er das Konzept der "prozeduralen Rationalität" einführte: Wegen der Grenzen des Wissens und der Verwertungsmöglichkeiten ist der Mensch unfähig, objektiv optimale Wahlentscheidungen zu treffen. Nach Simon bezieht sich prozedurale Rationalität auf Methoden der Wahl, die so effektiv sind, wie es die menschlichen Mittel zur Entscheidung und Problemlösung erlauben. Trotz dieses Versuchs ist eine konsistente Theorie der begrenzten oder prozeduralen Rationalität bislang nicht in Sicht. Darüber hinaus vernachlässigen die Konzepte von Simon ein bedeutendes Merkmal der Kognition, nämlich die Kreativität des menschlichen Geistes. Kognition ist nicht nur ein Prozess des Aufsuchens neuer Information über Veränderungen der Umwelt. Es ist auch ein Prozess, in dem neue Handlungsgelegenheiten geschaffen werden (Lachmann 1984, Shackle 1972).

Zusammenfassend besteht ein grundlegender Bedarf an Forschung über das Zusammenspiel von Kognition, Rationalität und Institutionen.

Literaturverzeichnis

Arthur, W. B. (1992): On Learning and Adaptation in the Economy; Institute for Economic Research, Discussion Paper #854, Queen´s University, Kingston, Ontario.

Arthur, W. B. (1993): On Designing Economics Agents That Behave Like Human Agents; Journal of Evolutionary Economics, 3(1), 1-22.

Deci, E. L. and R. M. Ryan (1985): Intrinsic Motivation and Self-Determination in Human Behavior, New York: Plenum Press.

Denzau, A. T. and D. C. North: Shared Mental Models: Ideologies and Institutions; Kyklos, 47(1), 3-31.

Furubotn, E. G. (1994): Future Developments of the New Institutional Economics: Extension of the Neoclassical Model or New Construct?; Lectiones Jenenses 1, Max-Planck-Institut zur Erforschung von Wirtschaftssystemen: Jena.

Gigerenzer, G. (1993): The Bounded Rationality of Probabilistic Mental Models; pp. 284-313, in: K. I. Manktelow and D. E. Over (eds.), Rationality: Psychological and Philosophical Perspectives, London: Routledge.

Gigerenzer, G. (1994): Rationality: Why Social Contexts matter; in: P. B. Baltes and U. M. Staudinger (eds.), Interactive Minds: Life-Span Perspectives on the social Foundation of Cognition, Cambridge: Cambridge University Press.

Hayek, F. A. (1952): The Sensory Order – An Inquiry into the Foundations of Theoretical Psychology, Chicago: University of Chicago Press.

Holland, J. H., K. J. Holyoak, R. E. Nisbett and P. R. Thagard (1986): Induction. Processes of Inference, Learning, and Discovery; Cambridge (USA) and London: MIT Press.

Kahneman, D. and A. Tversky (1974): Judgement Under Uncertainty: Heuristics and Biases, Science, 185, 1124-1131.

Kirman, A. and Mark Salmon (1995): Learning and Rationality in Economics, Oxford (UK) and Cambridge (USA).

Kohlberg, L. (1969): Stage and Sequence – the Cognitive-Developmental Approach to Socialization, in: D. A. Goslin (ed.), Handbook of Socialization Theory and Research, Chicago: Rand MacNally.

Lachmann, L. M. (1984): Marktprozeß und Erwartungen. Studien zur Theorie der Marktwirtschaft, München: Philosophia Verlag.

Loevinger, J. (1976): Ego Development, San Francisco: Jossey-Bass.

North, D. C. (1990): Institutions, Institutional Change, and Economic Performance, Cambridge (USA): Cambridge University Press.

Piaget, J. (1932): The Moral Judgement of the Child, New York: Free Press.

Piaget, J. (1952): The Origins of Intelligence in Children, New York: Free Press.

Shackle, G. L. S. (1972): Epistemics and Economics: a critique of economic doctrines, Cambridge: Cambridge University Press.

Simon, H. (1955): A Behavioral Model of Rational Choice, Quarterly Journal of Economics, 69, 99-118.

Simon, H. (1978): Rationality as Process and as Product of Thought, American Eco nomic Review, 68, 1-16.

Tooby, J. and L. Cosmides (1992): The Psychological Foundations of Culture, in: J. Barkow, L. Cosmides and J. Tooby (eds.), The Adapted Mind. Evolutionary Psychology and the Generation of Culture, New York, Oxford: Oxford University Press, 19-136.

Institutionen als Kognitionsproblem – Bemerkungen zu einer neurosensorischen Vermutung*

Auf dem Prinzip des pattern-matching baut sich ein Großteil unserer Erkenntnis auf
(K. Lorenz, 1973)

1. Der Anlaß: Hayeks Vermutung

Anlaß für diese Bemerkungen ist eine Vermutung Hayeks. Ihr kann institutionenökonomische Bedeutung beigemessen werden. Die Vermutung läßt sich dahingehend interpretieren, daß Hayek den Menschen als regelorientiertes Wesen sieht. Er setzt am Zentralnervensystem an und vermutet, daß es über einen "Detektor zur Identifikation von Handlungs- und Bewegungsmustern verfügt".[1] Erläutert wird diese Vermutung damit, daß Kinder die Fähigkeit haben, eine Sprache zu sprechen, ohne sich der Regeln der Grammatik oder des Idioms bewußt zu sein (Hayek 1963/67, 45). Nach seinem Vorverständnis von Mustern oder charakteristischen Konfigurationen orientiert sich Hayek wie Konrad Lorenz an der Gestaltspsychologie[2] (Hayek, ebenda, 49). Folgt man Lorenz, so sind die Muster das Ergebnis der abstrahierenden Leistung der Wahrnehmung (Lorenz 1972, 149f.). Die Komplexität der Umwelt wird auf diese Weise reduziert.

Meine Bemerkungen werden wie folgt fortgesetzt: Zunächst (Teil 2) wird versucht, die Vermutung Hayeks neurosensorisch zu interpretieren. Dazu wird auf seine entsprechenden Arbeiten, aber auch auf solche Befunde zurückgegriffen, die der Neurowissenschaft zuzuordnen sind. In Teil 3 geht es um Bezüge dieser Ergebnisse zur Institutionenökonomik. Abschließend (Teil 4) werden die Bemerkungen im Ergebnis gewürdigt und Beziehungen zu den damit angesprochenen Nachbardisziplinen der Institutionenökonomik hergestellt.

2. Neurosensorische Interpretationen

Handlungen oder Bewegungen erkennen können, die Mustern oder charakteristischen Konfigurationen folgen, setzt die erwähnte Wahrnehmungsleistung und Erinnern voraus. Die Erklärung der Wahrnehmungsleistung erfordert neurosensorische Grundlagen. Bei ihr konnte Hayek auf seine "Sensory Order" (Hayek 1952)[3] und auf dort ge-

* Erstveröffentlichung in: ORDO, Bd. 51, 2000, 119-125.

1 Ebenda. Im Original (Hayek 1963/67, 45): "The nervous system appears to act as what may be called a movement pattern detector. The organism is able to recognize actions confirming to such rules or patterns without being consciously aware of the elements of those patterns, and therefore must be presumed to possess a kind of ‚movement pattern detector'". Beispiele führt Hayek an anderer Stelle (ebenda, 47) an.

2 Vgl. hierzu die Hinweise von Hayek (1963/67, 49) bzw. von Lorenz (1973, 153).

3 Eine Interpretation der "Sensory Order" habe ich an anderer Stelle (Streit 1992/95, 160ff.) versucht.

machte Aussagen zurückgreifen sowie auf Erkenntnisse der Neurowissenschaft, mit denen er vertraut schien.[4]

Auch weitere Erkenntnisse dieser Art dürfte Hayek zumindest spekulativ antizipiert haben. Das gilt vor allem für die Theorie neuronaler Netze.[5] Die Netze stehen im Mittelpunkt von Untersuchungen zur Informationsverarbeitung durch das menschliche Gehirn und werden so verstanden, "daß von einer Nervenzelle (Neuron) Nervenfasern ausgehen, die durch Kontaktstellen (Synapsen) mit benachbarten Neuronen mehrfach, unregelmäßig und zufällig verknüpft sind" (Grauel 1996, 11). Ihre mathematische Modellierung dient dazu, durch Computersimulation neuartige Informationsverarbeitungsmechanismen zu entwickeln sowie Erkenntnisse über die Funktionsweise des Gehirns zu gewinnen.

Hayeks Überlegungen zur Struktur der mentalen Ordnung (Hayek 1952, Kap. V, 102 ff.) enthalten Hinweise darauf, daß sie, wenn auch unausgesprochen, auf der Theorie neuronaler Netze beruhen.[6] Wenn dem so ist, kann gefragt werden, ob es nach dieser Theorie Modellierungen gibt, die geeignet sein könnten, Hinweise auf die Ausgangsvermutung Hayeks zur Mustererkennung zu geben. Als aufschlußreich erweist sich hier das Perceptron-Modell, welches von F. Rosenblatt entwickelt wurde[7] und das Ausgangspunkt für eine Reihe ähnlich strukturierter Modelle war. Danach durchlaufen die sensorischen Impulse oder Sinneseindrücke ein dreischichtiges Netzwerk, das aus einer Eingabe-, einer Assoziations- und einer Ausgabeschicht besteht. Der neurosensorische Prozeß wird als Abgleichungsvorgang interpretiert. Ankommende Sinneseindrücke werden gefiltert, an die Assoziationsschicht weitergegeben und dort korrigiert. Sinneseindrücke werden also strukturiert wahrgenommen und als Muster gelernt. Das ermöglicht es, zukünftige Eindrücke zu identifizieren und mit korrespondierenden Handlungen zu assoziieren.

All dies unterstreicht die neurosensorische Qualität des Perceptron-Modells insofern, als es der Hayekschen Vermutung nahe kommen könnte. In seiner Struktur dürfte es einer "Erklärung des Prinzips" (Hayek 1952, 182) entsprechen. Es beinhaltet einen modus operandi (Hayek 1952, 168) der selbst Ergebnis einer Abstraktion ist.

3. Institutionenökonomische Implikationen

Die vermutete Regelorientierung begünstigt die Übernahme und Einhaltung von Institutionen. Institutionen sind Verhaltensregeln für eine angebbare Gruppe von Akteuren, deren Durchsetzung entweder innerhalb der Gruppe bewirkt wird (interne Institutionen) oder aber von außen durch eine Organisation wie den Staat (externe Institutionen).[8]

---

4 In der "Sensory Order" finden sich Hinweise auf Autoren, die dieser Disziplin zugeordnet werden können. So werden in der Einleitung D. O. Hebb und J. C. Eccles erwähnt (Hayek 1952, VIII bzw. IX).

5 Vgl. hierzu den Überblick von Grauel (1996), ebenso Brause (1991).

6 Das beginnt beim Begrifflichen, wenn von "connections between neurons, networks of such connections (Hayek 1952, 103) und "linkage" (ebenda, 104) die Rede ist.

7 Vgl. hierzu Grauel (1996), 21ff., ebenso Rosenblatt (1962).

8 Zum Institutionenbegriff vgl. Streit (1999) in Anlehnung an Kiwit und Voigt (1995).

Wenn Institutionen verhaltenswirksam werden, erzeugt ihre Befolgung entsprechende Regelmäßigkeiten im Verhalten von Mitgliedern der betrachteten Gruppe. Diese Regelmäßigkeiten können bei wiederholten Interaktionen als Muster von anderen wahrgenommen werden. Ein neurosensorischer Ansatzpunkt für die vermutete Regelorientierung ist damit gegeben. Die Übernahme der betrachteten Institution vollzieht sich durch unreflektierte Nachahmung. Hayek beschreibt dies mit dem Goethe-Zitat: "Ein jeder lebt's nicht allen ist's bekannt."[9] Das hat zur Folge, daß die Durchsetzung der betrachteten Institution oder Verhaltensregel erleichtert wird. Ein Regelverstoß wirkt vermutlich wegen der unreflektierten Übernahme auf andere überraschend und löst bei ihnen Unlust bis Empörung aus. Auf diese Weise wird die Bindungswirkung von internen Institutionen[10], wie Sitten und Konventionen verständlich.[11]

Eine Bindungswirkung kann auch für die Fälle vermutet werden, in denen charakteristische Gesten und Bewegungen Einverständnis signaliseren sollen, wie dies z. B. bei Tauschhandlungen beobachtbar ist. Das Verhaltensmuster, die Geste, wird wiedererkannt und dient dazu, um Vertrauen in die Vereinbarung zu werben.[12] Hierzu zählen viele Sitten, mit denen zwischen Händlern ein Vertrag bestätigt und einer Vertragsverletzung vorgebeugt werden soll.

Die neuronalen Netze und ihre Modellierung machen plausibel, wie dieser Lernprozeß der Struktur nach ablaufen könnte. Im Falle des beschriebenen Perceptrons steht die Eingabeschicht für den Filter, den Sinneseindrücke zu durchlaufen haben, um als Muster verglichen, korrigiert und assoziiert zu werden. Zu fragen ist an dieser Stelle, wie der Filter für Sinneseindrücke überhaupt entstanden ist; denn ohne ihn kommt der beschriebene mentale Prozeß nicht in Gang.[13] Eine mögliche, häufig versuchte Antwort ist, daß der Filter in der Entwicklungsgeschichte des betrachteten Individuums gesucht werden muß. Damit ist die Frage nicht beantwortet, sondern die Antwort gewissermaßen nur vorverlegt. Besonders problematisch wäre die Vermutung, der Filter wäre angeboren[14]; denn damit würde das Kognitionsproblem, streng genommen, ausgeklammert bzw. durch ein physiologisches a priori ersetzt.

---

9 Hayek (1963/67), Fußnote 8, S. 46. Oder mit seinen Worten: "known by none and understood by all" (ebenda S. 46)

10 Zu einer Kategorisierung interner Institutionen nach Art ihrer Durchsetzung vgl. Kasper/Streit 1998, 103ff.

11 Max Weber (1921/72, 187) versteht unter Sitten den "Fall eines typisch gleichmäßigen Verhaltens ... welches lediglich durch seine ‚Gewohnheit' und ‚unreflektierte Nachahmung' in den überkommenen Gleisen gehalten wird." Im Falle der Konvention beschreibt Weber deren Durchsetzung mittels Sanktionierung damit, daß abweichendes Verhalten "auf eine (relativ) allgemeine und praktisch fühlbare Mißbilligung [stößt] (ebenda). Schlicht (1998, 129 vermutet mit dem Blick auf Sitten: "Custom presupposes a psychological propensity to form rules and perceive regularities." Damit kommt er den hier angestellten Überlegungen relativ nahe.

12 Die Fähigkeit, solche charakteristischen Gesten oder Verhaltensmuster interpretieren oder als positiv erinnen zu können, wird z. B. von Axelrod (1984, 139) als notwendig angesehen, um Kooperation aufrechtzuerhalten.

13 Hayek sah sich mit dem gleichen Problem konfrontiert. In der "Sensory Order" ergab es sich aus seiner Interpretation der Kognition als Klassifikationsvorgang. Er sah dies sehr wohl und beschrieb es als "process of channeling or gating of the nervous impulses (Hayek 1963/67, 51). Jedoch neigte er zum a priori, indem er den Prozeß als "innate organization (ebenda) charakterisierte. Eine ähnliche Interpretation gab er in der "Sensory Order". Hier benutzte er die Kategorie "pre-sensory experience" (Hayek 1952, 165f.).

14 Das entspricht, wie zuvor angemerkt, Hayeks "innate organization".

Die Überlegungen zeigen, daß Aussagen über mentale Prozesse, wie Kognitionsvorgänge, schwer überprüfbar sind. Das gilt auch für Hayeks neurosensorische Vermutung. Denn Überprüfung ist nur durch Simulation mit Hilfe eines Modells, wie dem beschriebenen Perceptron, im Sinne eines Plausibilitätstests möglich. Der Kern des Modells besteht in den Beziehungen zwischen Eingabe- und Assoziationsschicht und darin, daß die Eingabeschicht als Filter für Sinneseindrücke wirkt. Der Filter und seine Beschaffenheit als Instrument zur Reduktion der Komplexität der Umwelt eines Akteurs bleiben, wie dargelegt, ungeklärt, sowohl hinsichtlich ihrer Entstehung, als auch des Filtervorgangs.[15] Weitere Hinweise auf die vermuteten mentalen Prozesse können durch korrespondierende Symptome gewonnen werden. So konnte Hayek auf das Sprach- und das Rechtsgefühl als Symptome für seine Vermutung der Mustererkennung verweisen (Hayek 1963/67, 45).

Für die mit der Vermutung verknüpfte Identifikation von Bewegungsmustern ist z. B. der Umstand symptomatisch, daß Personen häufig ein als typisch beschriebener Gang oder eine Gestik zugeordnet wird, ohne daß artikuliert werden kann, worin das Typische besteht. Ähnliches gilt für die Interaktion zwischen einem Kleinkind und dessen Bezugsperson. Kleine Kinder lernen schnell Verhaltensregelmäßigkeiten der Bezugsperson und deren Folgen für sich selbst zu assoziieren. Sie sind nach der Erfahrung bemüht, die Regelmäßigkeit u. U. durch Protest herbeizuführen.

4. Abschließende Würdigung

Abschließend ist festzuhalten, daß die Hayeksche Vermutung mehrere Facetten hat:

Sie hat neurosensorische Qualität. Ihr kann mit Methoden nachgegangen werden, die bei der Erforschung des menschlichen Gehirns als komplexes System zur Aufnahme und Verarbeitung von Informationen verwendet wird.

Sie ist mit Ergebnissen der vergleichenden Verhaltensforschung oder Humanethologie verwandt.[16]

Danach weisen die Ausdrucksbewegungen des Menschen im interkulturellen Vergleich und in standardisierten Situationen einen typischen Verlauf oder ein Muster auf, wie etwa bei Begrüßung, Abschied, Streit oder Freude.[17]

Die erkenntnistheoretische Facette erschließt sich, wenn davon ausgegangen wird, daß Muster als solche zunächst wahrgenommen, dann erinnert und mit verknüpften Bewegungen oder Handlungen assoziiert werden müssen. Das führt zur Frage, wie Muster zunächst in das Wahrnehmungssystem gelangen können. Die Frage ist verwandt mit der bereits gestellten Frage nach dem Ursprung des Filters im Peceptron-Modell. Eine mögliche Antwort ist, daß die Muster (der Filter) im Prozeß der Selbstorganisation oder der Selbstschöpfung (Autopoiese) entstehen können. Das führt wiederum zu Über-

15 Es läge nahe, das Entstehen des Filters als einen Prozeß der Selbstorganisation zu modellieren (vgl. hierzu Clark und Ferley (1955).

16 Hayek sah diese Facette sehr wohl und zitierte mit K. Lorenz und N. Tinbergen Forscher am Max-Planck-Institut für Verhaltensphysiologie in Seewiesen (Hayek 1963/67, 46).

17 Lorenz (1973, 29) mit Verweis auf die Beobachtungen von I. Eibl-Eibesfeld.

legungen, die mit denen von Maturana und Varela[18] verwandt sind. Allerdings muß damit auch deren Biologie der Kognition hingenommen werden mit dem ernüchternden Ergebnis, daß unser Nervensystem nur mit seinen eigenen Zuständen interagieren kann und nicht mit Ereignissen in der Umwelt[19], es also als geschlossenes System, und damit als unzugänglich für einen Beobachter, betrachtet werden muß.

Die institutionenökonomische Facette wurde damit erläutert, daß die vermutete Regelorientierung die Übernahme und Einhaltung von verhaltenswirksamen Institutionen begünstigt und so deren Wirkung auf die Interaktion von Akteuren verstärkt.

Die Erklärungen der Regelorientierungen lassen Zweifel an den in der Institutionenökonmik üblichen Rationalitätsannahmen aufkommen; die dargelegten mentalen Prozesse, in denen abstrahierende Wahrnehmung, assoziatives Gedächtnis und Handeln verknüpft sein sollen, unterstreichen dies.[20]

Zusammengenommen bedeutet dies, daß der kognitionstheoretischen Facette der Hayekschen Vermutung kritische Bedeutung beigemessen werden muß. Validität kann sie mittels Plausibilitätsüberlegungen und Introspektion gewinnen. Hinweise auf die vermuteten mentalen oder cerebralen Prozesse können durch Rückgriff auf korrespondierende Symptome gewonnen werden. So konnte Hayek auf das Sprach- und das Rechtsgefühl als Symptome der Mustererkennung verweisen (Hayek 1963/67, 45). Für die mit der Vermutung verknüpfte Identifikation von Bewegungsmustern ist z. B. der Umstand symptomatisch, daß Personen häufig ein als typisch beschriebenen Gang oder eine Gestik zugeordnet wird, ohne daß artikuliert werden kann, worin das Typische besteht. Ähnliches gilt für die bereits angeführte wiederholte Interaktion zwischen einem Kleinkind und dessen Bezugsperson.

Die letzte Bemerkung rekurriert auf die biologische Erkenntnistheorie. Danach beruht Mustererkennung, wie erwähnt, auf einer Abstraktionsleistung des Gehirns. Wahrnehmung ist dann nichts anderes als ein Abgleichungs- und darauf aufbauender Lernprozeß, wie er mit dem erwähnten Perceptron-Modell konzipiert wurde. "Jegliches Erkennen und Wiedererkennen realer Gegebenheiten [beruht darauf], daß äußere in den Sinnesdaten obwaltende Konfigurationen oder ‚Muster‘ mit solchen zur Deckung gebracht werden, die entweder aus der Erfahrung oder aus der Stammesgeschichte gewonnen, als Grundlage weiterer Erkenntnis bereitliegen – pattern matching im Sinne von Karl Popper." (Lorenz 1973, 150).

Zusammenfassend beschreibt Hayeks Vermutung einer Regel- oder Musterorientierung einen wesentlichen Aspekt menschlicher Wahrnehmung, dem institutionenanalytische Bedeutung beigemessen werden kann. Einer eingehenden Analyse des damit angesprochenen Erkenntnisapparates stehen allerdings nicht nur dessen hohe Komplexität und kreative Anpassungsfähigkeit, sondern auch der Umstand entgegen, daß das menschliche Gehirn wegen seiner Geschlossenheit dem Analytiker den Zutritt verwehrt. Spätestens hier stoßen Hayeks konsequenter Subjektivismus und seine Betonung des individuellen Wissens auf ein unüberwindbares analytisches Hindernis.

---

18 Maturana (1982), Varela (1987).

19 So etwa Roth (1992, 107).

20 Dem entspricht das harte Urteil des Kognitionstheoretikers McCain (1992, 16), der die Entscheidungspraxis des als perfekt zweckrational konzipierten homo oeconomicus mit den Worten kommentiert: “It is rationality without thought.”

Literaturverzeichnis

Axelrod, R. (1984): The Evolution of Cooperation, o. O.: Basic Books.

Brause, R. (1991): Neuronale Netze – eine Einführung in die Neuroinformatik, Stuttgart: B. G. Teubner.

Clark, W. A. und *B. G. Farley* (1955): Generalization of Pattern Recognition in a Self-Organizing System, Proc. Western Joint Computer Conf., 86-91.

Fischer, E. P. (1996): Mannheimer Forum – Ein Panorama der Naturwissenschaften, Piper: München, 9.

Grauel, A. (1996): Neuronale Netze: Ein Einblick in Versuche, das Gehirn als Neurocomputer zu verstehen, in: E. P. Fischer (Hrsg.), Mannheimer Forum – Ein Panorama der Naturwissenschaften, 11-71.

Hayek, F. A. (1952): The Sensory Order – An Inquiry into the Foundations of Theoretical Psychology, Routledge and Kegan Paul: London.

Hayek, F. A. (1963/67): Rules, Perception and Intelligibility, in ders.: Studies in Philosophy, Politics and Economics, Chicago, 43-65.

Kasper, W. und *M. E. Streit* (1998): Institutional Economics – Social Order and Public Policy, Cheltenham, UK, Northampton, MA, USA: Edward Elgar.

Kiwit, D. und *S. Voigt* (1995): Überlegungen zum institutionellen Wandel unter Berücksichtigung des Verhältnisses interner und externer Institutionen, ORDO 46, 117-147.

Lorenz, K. (1973): Die Rückseite des Spiegels – Versuch einer Naturgeschichte menschlichen Erkennnens, München: Piper.

Maturana, H. R. (1982): Erkennen – Die Organisation und Verkörperung von Wirklichkeit, Braunschweig/Wiesbaden: Vieweg und Sohn.

McCain, R. A. (1992): A framework for cognitive economics, Westpoint: Praeger.

Rosenblatt, F. (1962): Principles of Neurodynamics – Perceptrons and the Theory of Brain Mechanisms, Washington D.C.: Spartan Books

Roth, G. (1992): Die Entstehung von Bedeutung im Gehirn; in W. Krohn, G. Küppers: Emergenz. Die Entstehung von Ordnung, Organisation und Bedeutung, Frankfurt/Main: Suhrkamp, 104-131.

Schlicht, E. (1998): On Custom in the Economy, Oxford: Clarendon Press.

Streit, M. E. (1992/95): Wissen, Wettbewerb und Wirtschaftsordnung – zum Gedenken an Friedrich August von Hayek, in: ders.: Freiburger Beiträge zur Ordnungsökonomik, Tübingen: Mohr (Siebeck), 159-194.

Streit, M. E. (1995): Freiburger Beiträge zur Ordnungsökonomik, Tübingen: Mohr (Paul Siebeck).

Streit, M. E. (1999): Rechtsordnung und Handelnsordnung, erscheint in: ORDO.

Varela, F. J. (1987): Autonomie und Autopoiese, in: S. J. Schmidt (Hrsg.), Der Diskurs des radikalen Konstruktivismus, Frankfurt/Main: Suhrkamp, 119-132.

Weber, M. (1921/72): Wirtschaft und Gesellschaft, Tübingen: Mohr (Paul Siebeck).

Weimer, W. B. (1982): Hayek's Approach to the Problems of Complex Phenomena: An Introduction to the Theoretical Psychology of the Sensory Order, in: W. B. Weimar, D. S. Palermo (Hrsg.), Cognition and the Symbolic Processes, Bd. 2, New Jersey: Lawrence Erlbaum Ass., Kapitel 12.

Menschliches Wissen – Dimensionen eines komplexen Phänomens*

"The phenomenon of human knowledge is no doubt the greatest miracle in our universe. It constitutes a problem that will not soon be solved..."
K. R. Popper (1992)

1. Prolegomena

Wissen im Sinne von Informationen über Gegebenheiten der Außenwelt des Menschen (LORENZ 1997, 38) beschäftigte und beschäftigt Philosophen, Psychologen, Biologen, Kognitionstheoretiker und Neurophysiologen. Am wenigsten haben Ökonomen als Sozialwissenschaftler das Phänomen als solches aufgegriffen. Dem stand die Annahme im Wege, dass der von ihnen betrachtete repräsentative Akteur im Grunde alles wusste, was es zur Lösung seines charakteristischen Optimierungsproblems zu wissen gab, und dass er in der Lage war, sein auch einem externen Beobachter zugängliches Wissen perfekt zweckrational zu verarbeiten. Selbst die neuere Informationsökonomik versperrte sich den Problemzugang dadurch, dass das subjektive Element des Wissens, die Verbindung zur individuellen Wahrnehmung, ausgeklammert wurde. Das machte Wissen und mit ihm Information zu einem objektivierbaren, einfachen Phänomen, dessen analytisch-deduktive Handhabung bisweilen zu paradoxen Ergebnissen führte.[1]

Die Verbindung zwischen Wissen im obigen Sinn und menschlicher Wahrnehmung ist so subjektiv und individuell wie das Gehirn des einzelnen Menschen. In ihm wird Information als von außen kommender, afferenter Impuls sensorisch erfasst und verarbeitet. Dieser Vorgang ist Gegenstand der Neurowissenschaft oder Hirnforschung. Er beinhaltet ein Zusammenwirken von Milliarden vernetzter Neuronen im cerebralen Kortex. Das macht die Komplexität des Phänomens des menschlichen Wissens, seiner Entstehung und Verarbeitung aus.[2] Kognitionstheoretisch sind die sensorischen Rezeptoren oder Sinne (das Sehen, Hören, Fühlen) gewissermaßen "die Tore des Gehirns zur Welt" (ROTH 1987, 229ff.); durch sie strömt Information in Form von Impulsen, die von einem Wahrnehmungsmuster gefiltert und auf Übereinstimmung mit dem bisher vorherrschenden Muster immer wieder überprüft und zur Korrektur des Musters genutzt wird (LORENZ 1997, 149f.).

---

* Erstveröffentlichung in: ORDO, Bd. 54, 2003, 113-122.

1 Im Falle der Informationsbeschaffung erfordert die neoklassische Optimierung einen Informationsgrad, bei dem Grenzkosten und Grenzertrag der zu beschaffenden Information ausgeglichen sind (STIGLER 1962, 66). Das führt allerdings zu einem fundamentalen Paradoxon; denn der Wert (Grenzertrag) einer zusätzlichen Information ist dem Informationsnachfrager nicht bekannt bevor er die Information erworben hat. Dann aber hat er sie ohne Kosten erworben. (Zu diesem Ergebnis kommt ARROW 1971, 148, ohne jedoch sein neoklassisches Räsonnement im Lichte dieser Erkenntnis zu überprüfen oder gar zu revidieren. Eine Optimierung des Suchaufwands wird unmöglich (vgl. hierzu STREIT, WEGNER 1995, 39 f.).

2 Ein Verständnis von komplexen Phänomenen wie Bewusstsein und Gesellschaft vertritt HAYEK (1967, 25) in Anlehnung an WEAVERs (1967, 168) Probleme organisierter Komplexität. Eine neurophysiologische Analyse der Komplexität unter Informationsaspekten liefern EDELMAN und TONONI (2000, Kap. 11).

Philosophisch betrachtet und das Leib-Seele- oder psychophysische Problem aufgreifend, spiegelt der zuvor geschilderte Vorgang der Informationsaufnahme und –verarbeitung die Wechselwirkung zwischen POPPERs Welt der physikalischen Gegenstände und Zustände (Welt 1) und der Welt der psychischen Zustände oder Bewusstseinszustände und der subjektiven Kenntnisse sowie der Inhalte des Denkens (Welt 3) wider.[3]

Im Zentrum der Welt der Produkte menschlichen Geistes (Welt 3) steht die Sprache (POPPER, LORENZ 1993, 75). Sie stellt die Mittel bereit, Elemente der Welt 1 abstrakt zu repräsentieren und sie hypothetisch mit dem Verstand zu manipulieren. Sprache dient nicht der Übertragung von Informationen über Zustände oder Gegenstände einer der beiden anderen Welten, sondern sie überlässt es dem Adressaten einer Botschaft, diese kognitiv einzuordnen bzw. selbständig Bedeutungszuweisungen vorzunehmen.[4]

Kodiert und übertragen werden die Botschaften durch das Mittel der Schrift. Sie folgt den gleichen Regeln der Syntax wie die Sprache. Eine Botschaft wird nicht grammatikalisch analysiert und bewusst synthetisiert. Vielmehr werden die Regeln der Syntax unbewusst genutzt.[5] Die Kenntnis der Sprache ist nicht etwa angeboren, wohl aber die Fähigkeit, sie zu lernen[6] im Verlauf eines neuronalen Adaptionsprozesses, der in identifizierbaren Regionen des Gehirns stattfindet.[7]

Interaktion als Dimension menschlichen Wissens ist ökonomisch durchaus zugänglich. Entdeckt und zur Erklärung ökonomischer Phänomene genutzt wurde sie vor allem von HAYEK und MISES. Sie analysierten menschliches Zusammenwirken im Tausch und im Markt unter Wissensaspekten und gelangten damit zu neuen Einsichten in arbeitsteiliges Wirtschaften. Für sie ging Arbeitsteilung mit Wissensteilung einher (HAYEK 1937, Kap. II). Ihre erkenntnisleitende Frage war, wie Wissen über die Gegebenheiten in Raum und Zeit, welches über die arbeitsteilig wirtschaftenden Akteure verstreut ist, von ihnen kommuniziert und wirtschaftlich nutzbar gemacht wird. HAYEKs Antwort war, dass dieses Wissen in der "kodierten Form von Preisen" (HAYEK 1976, 117) signalisiert wird, ohne dass etwa ein Walrasianischer Auktionator benötigt würde, der das Gesamtgeschehen überblickte und eine Gleichgewichtslösung für das Allokationsproblem vorgeben könnte.

2. Kognition: Bewusstsein, Vernunft

Wie erwähnt, stellen die Sinnesorgane oder die sensorischen Rezeptoren die Tore des Gehirns zur Welt dar. Sie sind Teil des neurosensorisch begründbaren Wahrneh-

---

3 Vgl. hierzu ECCLES (1976, 236) in Übereinstimmung mit POPPER (in POPPER, ECCLES, 1987, 62f.). ECCLES (ebenda) unterscheidet den äußeren Sinn (Welt 1), den inneren Sinn (Welt 2) und das reine Selbst (Welt 3) als Bestandteile des Bewusstseins. POPPER (in POPPER, ECCLES, 1987, 63) unterscheidet 1. das Universum physikalischer Gegenstände, 2. die Welt psychischer Zustände einschließlich der Bewusstseinszustände und 3. die Welt der Inhalte des Denkens und der Erzeugnisse menschlichen Geistes.

4 So etwa die Interpretation einschlägiger Überlegungen des chilenischen Kognitionstheoretikers Humberto R. MATURANA durch SCHMIDT (1987, 28).

5 Neuropsychologisch sind sie unbewusstes Wissen i.S.v. RYLE (1987) oder implizites Wissen i.S.v. POLANYI (1990). Auch Hayek (1952, 19) bezieht sich auf diese Wissenskategorie.

6 A. FRIDERICI (zit. nach SCHNABEL, SENTKER 1999, 51). Ähnlich auch ROTH (1996, 108).

7 Vgl. ECCLES (1976, 247f.).

mungsapparates des Menschen. Seine Komplexität ergibt sich aus der Wechselwirkung von Abermilliarden von Nervenzellen bis hin zum cerebralen Kortex als "dem höchsten und komplexesten von verschiedenen Brücken, die die afferenten Nervenfasern verbinden, welche die Impulse von den peripheren Rezeptoren leiten" (HAYEK 1952, 56, eig.Übers.). Das bedeutet nicht, dass der Wahrnehmungsapparat ein passiver Empfänger von Empfindungen aus der Außenwelt ist. Vielmehr handelt es sich um einen aktiven Mechanismus, der die Fähigkeit zu haben scheint, die Phänomene einzuordnen, auf die die sensorischen Rezeptoren stoßen. In Anlehnung an HAYEK lässt sich behaupten, dass "wir nicht zuerst Empfindungen haben, die dann durch das Gedächtnis bewahrt werden, sondern dass es das Ergebnis physiologischen Gedächtnisses ist, dass physiologische Impulse zu Empfindungen umgeformt werden. Die Verbindungen zwischen physiologischen Elementen sind somit das primäre Phänomen, das die mentalen Phänomene schafft" (HAYEK 1952, 53, eig.Übers.). Diese Behauptung trifft sich im wesentlichen mit KANT, der in seiner Kritik der theoretischen Erkenntnis zu dem Ergebnis kommt: "Alle unsere Erkenntnis hebt von den Sinnen an, geht von da zum Verstande und endigt bei der Vernunft, über welche nichts Höheres in uns angetroffen wird, den Stoff der Anschauung zu bearbeiten und unter die höchste Einheit des Denkens zu bringen" (KANT 1960, 139). Die Bearbeitung des Stoffes der Anschauung führt zu nichts anderem als dem, was man *Bewusstsein* nennt, d.h. zur Entstehung und Entwicklung von Inhalten handlungsleitender menschlicher Wahrnehmung (STREIT 2001, 3). Seine Funktion ist es, unseren jeweiligen Standort in der Welt durch den Entwurf einer Art schematischen Modells oder einer schematischen Landkarte laufend zu überwachen. "Diese Karte – oder dieses Modell – ist eine von zahlreichen mutmaßlichen Theorien über die Welt, die wir haben und fast ständig zu Rate ziehen" (POPPER in POPPER, ECCLES 1987, 124). Der KANT'sche Stoff der Anschauung oder die Bewusstseinsinhalte bestehen, so gesehen, aus Theorien über die Welt, die durch die *Vernunft* handlungsrelevant genutzt werden. Die Nutzung selbst kann durch Verwendung einer Verfahrensnorm, der Zweckrationalität, erfolgen (vgl. hierzu STREIT 2000, 270ff.). Da Theorien grundsätzlich irrtumsanfällig sind, ergibt sich schon daraus ein wesentlicher Vorbehalt gegenüber dem für die Ökonomik so charakteristischen Verständnis von zweckrationalem Handeln. Ein weiterer Vorbehalt bezieht sich auf die Wahrnehmung oder Anschauung. Das, was die sensorischen Rezeptoren signalisieren, ist so subjektiv wie das individuelle Gehirn, das die von den Rezeptoren ausgehenden Impulse verarbeitet. Dem steht entgegen, dass in der Ökonomik von einer objektiven Zweckrationalität ausgegangen wird, nach der die Gegenstände oder Zustände der für den Akteur relevanten Handlungssituation objektivierbar sind. Wird zudem noch unterstellt, dass der betrachtete Akteur in einer vollständig aufbereiteten Handlungssituation leidenschaftslos seinen subjektiven Erwartungsnutzen maximiert, so würde, beliebige Wiederholbarkeit der Entscheidung vorausgesetzt, nichts anderes getan als einem "olympischen Modell" von objektiver Zweckrationalität (SIMON 1983, 23) entsprochen; olympisch deshalb, weil es nur durch die Bewohner des Götterbergs realisierbar wäre.

3. Kommunikation: Sprache, Schrift

Wie erwähnt, steht die *Sprache* im Zentrum der Welt 3, der Welt der Produkte menschlichen Geistes. Neurophysiologisch lassen sich die Sprachzentren in der linken

Großhirnhemisphäre des Menschen lokalisieren. Gemeint sind das vordere Sprachfeld von BROCA und das große hintere Sprachfeld von WERNICKE (ECCLES in POPPER und ECCLES 1987, 359). Aus der Lokalisation im Gehirn ergibt sich bereits, dass die Fähigkeit, eine Sprache zu lernen und zu nutzen, Teil der genetischen Ausstattung des Menschen ist. Als Mittel zur Kommunikation hat die Sprache Werkzeugcharakter. Wegen ihrer neurophysiologischen Begründung lässt sich folgern, dass Sprache das einzige Werkzeug ist, das eine genetische Grundlage zu haben scheint (POPPER in POPPER und ECCLES 1987, 75f.). Diese Grundlage reicht so weit, dass das Gehirn mit einer speziellen Sprachfähigkeit ausgestattet ist. Diese phylogenetische Ausstattung bestimmt die Grundstrukturen von allen menschlichen Sprachen.[8] Sie erleichtert den Erwerb einer Sprache ebenso wie die angeborene Disposition zum begrifflichen Denken, zur Symbolbildung und zum Symbolverständnis.[9] Damit sind auch die kognitiven Grundlagen für die symbolorientierte Übertragung von Wissen durch die *Schrift* gelegt. Die Entwicklung der Schrift alter Kulturen[10] verdeutlicht, so steht zu vermuten, eine enge Beziehung zu den dargelegten neurophysiologischen Befunden. Die Symbolbildung, dokumentiert durch die Knotenschrift der Inka (das "Quipu") sowie die Bilderschrift der Maya und Azteken, stützt sich vermutlich auf die Mustererkennung im Wahrnehmungsprozess. Auch die Hieroglyphen im alten Ägypten lassen sich so interpretieren. Die Chinesen bedienten sich zunächst einer von den Ureinwohnern übernommenen Bilderschrift. Durch Verkürzung der Bilder, ihre Verbindung mit Strichen und vielfache Zusammensetzung entstand aus der schon im 3. Jahrtausend bestehenden Schrift nach und nach eine Wortschrift, bei der jedes Wort ein besonderes Zeichen hatte. Der Entwicklungsschritt zum Alphabet lässt sich am griechischen Alphabet nachvollziehen, das phönizischen Ursprung hatte und aus Bezeichnungen und Symbolen für Haustiere sowie Dinge des Alltags hervorging.

Funktional betrachtet dienen Sprache und Schrift dazu, Wissen des Menschen, gewonnen in seiner Auseinandersetzung mit der Umwelt, zu kommunizieren und diesem Wissen zeitlichen Bestand zu verleihen. Wenn dieses Wissen formuliert und weitergegeben wird, lässt es sich auch von anderen verstehen und überprüfen. Nur so entsteht für viele ein Erkenntnisgewinn (VOLLMER 1990, 141), der sich tradieren lässt und damit zum Bestandteil einer Kultur wird. In ihrer wechselseitigen Beziehung sind Sprache und Schrift somit Artefakte kultureller Evolution.

4. Interaktion: Tausch, Markt

Wie bereits erwähnt, stehen für HAYEK der Wissenserwerb und die Wissensverwertung im Zentrum der Analyse von gesellschaftlichen Systemen der Arbeitsteilung, in

---

8 Das entspricht der These von NOAM CHOMSKY und seiner Schule (vgl. hierzu VOLLMER 1990, 146ff.).

9 Der auffälligste Beleg hierfür ist der von A. M. SULLIVAN berichtete Fall ihrer von Geburt an taubstummen und blinden Schülerin Helen Keller, die erstaunliche Leistungen beim Spracherwerb und Sprechen leistete, obwohl sie durch den totalen Entzug von Erfahrung durch die genannten Rezeptoren behindert war (vgl. hierzu LORENZ 1997, 231ff.).

10 Zur Entwicklung der vor rund 5000 Jahren entstandenen Schrift vgl. KUCKENBURG (1996) Teil II, S. 135ff.

denen autonome Akteure mittels *Tausch* kooperativ interagieren. Unter Wissensaspekten sind folgende wissensorientierte Fragen zu stellen (STREIT 1995, 199):

1. Wie werden die Akteure dazu angeregt, Wissen zu beschaffen, das sich für sie als nützlich erweisen könnte?
2. Wie wird derart subjektives Wissen über ökonomische Umstände verbreitet, das auch für Dispositionen anderer nützlich sein könnte?
3. Wie wird die Verwertung subjektiven Wissens kontrolliert um Irrtümer aufzudecken?
4. Wie werden Irrtümer aufgegriffen und ihnen so entgegengewirkt, dass ihre Folgen für die Funktionsfähigkeit des Systems als Ganzes begrenzt bleiben?

HAYEK's vielzitierte Antwort war: durch die Anreiz- und Kontrollwirkungen des Wettbewerbs als Entdeckungsverfahren. Das Verfahren liefert nicht nur Anreize, Wissen zu erwerben und zusammen mit persönlichem Geschick als Mittel zum ökonomischen Überleben zu nutzen. Zugleich gibt es Informationen an andere weiter und zwar, wie zitiert, in der "kodierten Form" (HAYEK) von Preisen. Werden diese Signale von anderen aufgespürt und unter Berücksichtigung der eigenen wirtschaftlichen Umstände rational verwertet, so können sie wiederum Anlass zu vorteilversprechenden Tauschhandlungen oder Transaktionen sein. Der Vorteil kann durchaus auch auf Irrtümern anderer beruhen. Dann geraten jene durch die Transaktionen unter Anpassungsdruck, der auf eine Korrektur des Irrtums hinwirkt. Auf diese Weise werden nachteilige Konsequenzen für die Funktionsfähigkeit des Systems de facto begrenzt. Das System korrigiert sich gewissermaßen selbst. Ein Organisator, der das Systemgeschehen überblicken und korrigierend eingreifen könnte, wird nicht benötigt.

Wissen kann weder perfekt sein, noch ist es kostenlos zu haben. Im Falle von Transaktionen sind Kosten aufzuwenden, um in Erfahrung zu bringen (1) wer mögliche Transaktionspartner sind, (2) zu welchen Bedingungen eine Transaktion durchgeführt werden kann, sowie (3) ob die Transaktion auch vertragsgerecht vollzogen wird. Solche Kosten der Anbahnung, Aushandlung und Kontrolle von Transaktionen beziehen sich auf das zu einer Transaktion erforderliche Wissen. Es sind Transaktionskosten (vgl. hierzu COASE 1960, 148; STREIT, WEGNER 1995, 38ff.). Ökonomisch bedeutsam ist, dass der Aufwand an solchen Kosten, z.B. der Suche nach Transaktionspartnern, nicht optimiert werden kann, denn das setzte voraus, dass der Wert des Wissens (über diese Partner und ihre Tauschangebote) bereits bekannt ist. Der betrachtete Akteur wüsste bereits wonach er sucht. Er könnte sich nur dafür entscheiden, zu suchen, doch könnte er den Suchaufwand nicht optimieren.

5. Epilog

Wissen entsteht aufgrund von Wahrnehmungen. Diese können sich auf die drei genannten Welten beziehen. Akte der Wahrnehmung werden durch das menschliche Gehirn vollzogen. Sie sind Erkenntnisziele neurowissenschaftlicher Bemühungen.[11] Vorherrschender Bezugspunkt ist die Vorstellung von einem Wahrnehmungsprozess, in dem die laufende Überprüfung und Korrektur von Mustern in der Außenwelt des Menschen steht, das bereits erwähnte "pattern-matching" (LORENZ 1973, 150). Die Mustererkennung ist ein Akt der Reduktion der Komplexität der Außenwelt, eine Abstraktion. Kognitionstheoretisch spiegelt sie das wider, was HAYEK den "Primat des Abstrakten" (HAYEK 1996, 114-129) nennt. Zunächst gibt es die "vorsensorische Erfahrung" (HAYEK 1952, 8.5), welche in abstrakten Mustern gerinnt, die mit konkreten Sinneseindrücken abgeglichen werden und zur Entwicklung neuer Muster als Grundlage zukünftiger Erkenntnisleistungen führen. Dieser Abgleichungsprozess ist verwandt mit dem, was HAYEK als multiple Klassifikation (HAYEK 1952, 2.59ff.) beschreibt. Neurosensorisch lässt er sich so vorstellen, dass im Verlauf seiner Entwicklung und als Folge unterschiedlicher Sensitivität einzelner Neuronen oder Neuronenfelder auf unterschiedliche Reize aus der Außenwelt sich ein System von sensorisch bestimmten, neuronalen Verknüpfungen oder "linkages" (HAYEK) herausbildet.[12] Es ist in der Lage, die relative Häufigkeit zu registrieren, mit der Teile des sensorischen Systems mit afferenten Impulsen, zum Beispiel visueller Art, zusammengewirkt haben. Auf einer höheren sensorischen Ebene lässt sich mit diesem Klassifikationsapparat auch registrieren, welche Neuronen bei afferenten Impulsen zugleich angesprochen werden und wie häufig dies in gleicher oder ähnlicher Weise geschah.[13] Das bedeutet, dass das Gehirn alle Klassifikationsprozesse aus sich selbst heraus entwickeln muss. Als System ist es selbstreferenziell und selbstexplikativ, d.h. "es weist seinen eigenen Zuständen Bedeutungen zu, die nur aus ihm selbst genommen sind".[14] Wollten wir den menschlichen Verstand erklären, so erforderten beide Eigenschaften, dass unser Verstand gewissermaßen neben sich selbst treten müsste, um sich bei der Arbeit zu beobachten. Mit allgemein gültigen und naturnotwendigen Axiomen kann er nicht erklärt werden. Damit bleibt auch der Zugang zum Wissen und zur Wissensverwertung als neuronalem Prozess versperrt, trotz aller Fortschritte in der medizinischen Analysetechnik. In Anlehnung an Sokrates können wir nur konstatieren: Wir wissen, dass wir nichts wissen.

Was kann aus den bisherigen Ausführungen für die Ökonomik als sozialwissenschaftliche Disziplin gefolgert werden? Eine erste Konsequenz bezieht sich auf den repräsentativen Akteur, der im Zentrum der konventionellen (neoklassischen) Mikroökonomik steht[15]. Sein Wissen gilt als handlungsrelevant. Nach dem bisher Dargelegten besteht es aus Theorien über seine Außenwelt, die irrtumsanfällig sind. Es sind keine unabweisbaren problemgerecht zugeschnittene Daten, die einem externen Beobachter zur Verfügung stehen. Sie handlungsrelevant zu verarbeiten ist kein Problem der Ent-

11 Einen populärwissenschaftlichen Überblick über die Fragestellungen und Forschungsansätze geben SCHNABEL und SENTKER (1999).

12 HAYEK kommt mit seinen Überlegungen der Theorie neuronaler Netze (hierzu CRAVEL 1996) und zu entsprechenden Modellierungsversuchen (vgl. ROSENBLATT 1962) nahe.

13 Hier ergibt sich eine interessante Parallele zu von FOERSTERS "Prinzip der undifferenzierten Codierung" (H.v. FOERSTER 1985, 43): "In den Erregungszuständen einer Nervenzelle ist nicht die physikalische Natur der Erregungsursache codiert. Codiert wird lediglich die Intensität dieser Erregungsursache, also ein 'wieviel', aber nicht ein 'was'". Dem entspricht auch das "Prinzip der Neutralität des neuronalen Codes" (Roth, 1996, 93ff.).

14 So G. ROTH (1987, 241) in Anlehnung an die kognitionstheoretische Tradition des radikalen Konstruktivismus, wie sie von MATURANA und VARELA geprägt wurde.

15 Eine kritische Betrachtung des repräsentativen Akteurs lieferte KIRMAN (1992).

scheidungslogik. Vielmehr geschieht die kognitive Handlungsvorbereitung in einem äußerst komplexen, vielschichtig vernetzten neuronalen Prozess. Seine Ergebnisse überraschen manchmal den Akteur selbst wegen ihrer Neuartigkeit. Lapidar geht es dabei um die blendende Idee, den Geistesblitz oder die Fulguration im Sinne von LORENZ (1997, 49f.). Infolgedessen kann Wahrnehmung durchaus kreativ sein und zu innovativen Handlungen verleiten. Damit wird allerdings der konventionellen Mikroökonomik der analytische Boden entzogen. Das Optimierungskalkül bezieht sich auf allen Akteuren bekannte, problemrelevante Tatsachen oder Daten. Neuerungen können wegen ihrer Unvorhersehbarkeit nicht Gegenstände einer Entscheidungslogik sein.

Die zweite Folgerung zielt auf die Subjektabhängigkeit des Wissens und darauf, wie die ökonomische Außenwelt von einem Akteur wahrgenommen wird. Sein Gehirn leistet ständig aus sich selbst heraus eine Reduktion der Komplexität der Außenwelt. Erfasst werden weder alle noch die wirklichen Eigenschaften von Teilen der Außenwelt, sondern nur Aspekte davon. Diese werden zu früheren neurosensorischen Erfahrungen in Form von Mustern in Beziehung gesetzt und zu deren Korrektur genutzt. Der Vorgang des 'pattern-matching' ist alles andere als eine Konfrontation mit handlungsrelevanten Daten, die aus der Sicht eines externen Beobachters für alle Akteure Lösungselemente eines stabilen mikroökonomischen Gleichgewichts sind. Hier wird eine Kollision von Ökonomik und neurophysiologisch gestützter Kognitionstheorie ganz im Sinne von HAYEKs 'Sensory Order' erkennbar.

Die dritte Folgerung betrifft die Systemebene und die Frage, wie das auf alle Akteure verteilte und von ihnen generierte Wissen zu einer Koordination ihrer Handlungen genutzt und zugleich korrigiert wird. Die Antwort wurde bereits mit dem Hinweis auf den Wettbewerb als Entdeckungsverfahren gegeben. Er ist ein Verfahren, in dem Wissen unter Aufwand von Transaktionskosten erworben und in seiner Verwertung kontrolliert wird. Insofern weicht es beträchtlich von konventionellen Wettbewerbsvorstellungen ab (vgl. hierzu STREIT 2001a, 29f.). Das gilt insbesondere für den Fall, in dem modelltheoretisch die Position eines externen Beobachters eingenommen wird, der davon ausgeht, (1) dass ein zweckrationales Verhalten möglich ist, welches sich an objektiven, allgemein zugänglichen Gegebenheiten orientiert, und (2) dass der evolutorische Charakter der marktlichen Interaktion, repräsentiert durch Neuerungen, ausgeblendet werden kann, um das Koordinationsproblem transparenter zu strukturieren. In besonders ausgeprägter, wenn nicht paradigmatischer Form geschieht dies bei der Modellierung des allgemeinen Konkurrenzgleichgewichts. Da die Preissignale Gleichgewichtspreise sind, enthalten sie alle für das stationäre Konkurrenzsystem relevanten Informationen. In diesem Fall wären alle in der ökonomischen Außenwelt der Akteure bestehenden Allokationsprobleme arbeitsteiligen Wirtschaftens gelöst. Ihnen bliebe nur die automatengleiche Anpassung an diese Signale der Außenwelt, eine relativ einfache und im Hinblick auf das ökonomische Überleben rationale Reaktion. Zugleich würde mit solchen Reaktionen in diesem Modell eine objektiv gedachte Effizienz im Hinblick auf das Gesamtsystem erreicht; denn im Grenzfall bedeutete sie, dass auch die letzte noch lohnende Transaktions- bzw. Substitutionsmöglichkeit wahrgenommen würde. Unter Wissensaspekten lässt sich bei Konkurrenzgleichgewichtsmodellen folgern, dass das Gesamtergebnis von einem umfassend informierten Beobachter gewissermaßen planerisch vorweggenommen sein muss und durch einfache, einfallsarme Anpassungsreaktionen der arbeitsteilig Wirtschaftenden realisiert wird. Mit einer wissensgenerierenden und – kontrollierenden wettbewerblichen Interaktion hat dies wenig zu tun. Es wird nicht gezeigt, wie eine Lösung des Allokationsproblems durch das Zusammenwirken von Menschen hervorgebracht wird von denen jeder nur Teilkenntnisse besitzt (HAYEK 1945/76, Kap. IV, 120).

Literaturverzeichnis

Coase, R. H. (1960): The Problem of Social Cost, Journal of Law and Economics, 3, 1-44.

Eccles, J. C. (1976): Das Gehirn des Menschen, München: Piper.

Edelman, G. M. und G. Tononi (2000): The Universe of Consciousness – How Matter Becomes Imagination, Basic Books.

Foerster, H. v. (1985): Das Konstruieren einer Wirklichkeit, in: P. Watzlawick (Hrsg.), Die erfundene Wirklichkeit – Wie wissen wir, was wir zu wissen glauben?, Beiträge zum Konstruktivismus, München: Piper.

Grauel, A. (1996): Neuronale Netze: Ein Einblick in Versuche, das Gehirn als Neurocomputer zu verstehen, in: E. P. Tischer (Hrsg.): Mannheimer Forum – Ein Panorama der Naturwissenschaften, München.

Hayek, F. A. (1937): Wirtschaftstheorie und Wissen, in: ders. (Hrsg.), Individualismus und wirtschaftliche Ordnung, 2. Aufl., Salzburg, 156-232.

Hayek, F. A. (1945/76): Die Verwertung von Wissen in der Gesellschaft, in: ders. (Hrsg.), Individualismus und wirtschaftliche Ordnung, 2. Aufl., Salzburg, Kap. IV, 103-121, Erstveröffentl. 1945.

Hayek, F.A. (1952): The Sensory Order – An Inquiry into the Foundations of Theoretical Psychology, London: Routledge Kegan Paul.

Hayek, F. A. (1967): The Theory of Complex Phenomena, in: ders. (Hrsg.), Studies in Philosophy, Politcs and Economies, London und Henley: Routledge.

Hayek, F. A. (1976): Law, Legislation and Liberty, Bd. 2, The Mirage of Social Justice, London und Henley: Routledge.

Hayek, F. A. (1996): Die Anmaßung von Wissen – Neue Freiburger Studien, hrsgg. v. W. Kerber, Tübingen: Mohr Siebeck.

Kant, I. (1960): Die drei Kritiken – in ihrem Zusammenhang mit dem Gesamtwerk mit verbindendem Text zusammengefasst von R. Schmidt, 8. Aufl., Stuttgart: Kröner.

Kirman, A. P. (1992): Whom or What Does We Representative Individual Represent?, Journal of Economic Perspectives, 6, 117-136.

Kuckenburg, M. (1996): ... und sprachen das erste Wort – Die Entstehung von Sprache und Schrift, Düsseldorf: ECON.

Lorenz, K. (1997): Die Rückseite des Spiegels – Versuch einer Naturgeschichte menschlichen Erkennens, München: Piper.

Maturana, H. R. und *Varela, F. J.* (1980): Autopoiesis and cognition: the realization of living, Dordrecht: Reidel.

Polanyi, M. (1990): Implizites Wissen, Frankfurt/M.: Suhrkamp.

Popper, K. R. und *J. C. Eccles* (1987): Das Ich und sein Gehirn, München, Zürich: Piper.

Popper, K. R. und *K. Lorenz* (1993): Die Zukunft ist offen – Das Altenberger Gespräch mit Texten des Wiener Popper-Symposiums, 5. Aufl., München, Zürich: Piper.

Roth, G. (1987): Erkenntnis und Realität: Das reale Gehirn und seine Wirklichkeit, in: S. J. Schmidt (Hrsg.) Der Diskurs des radikalen Konstruktivismus, Frankfurt/M.: Suhrkamp, 229-255.

Roth, G. (1996): Das Gehirn und seine Wirklichkeit – Kognitive Neurobiologie und ihre philosophischen Konsequenzen, Frankfurt/M.: Suhrkamp.

Rosenblatt, F. (1962): Principles of Neurodynamics – Perceptrons and the Theory of Brain.

Ryle, G. (1987): The Concept of Mind, knowing how and knowing that, Chicago: Chicago Univ. Press.

Schmidt, S. J. (1987): Der radikale Konstruktivismus: Ein neues Paradigma im interdisziplinären Diskurs, in: ders. (Hrsg.) Der Diskurs des radikalen Konstruktivismus, Frankfurt/M.: Suhrkamp, 11-88.

Schnabel, U. und *A. Sentker* (1999): Wie kommt die Welt in den Kopf, Hamburg: rororo science.

Simon, H. A. (1983): Reason in Human Affairs, Oxford: Blackwell.

Stigler, G. J. (1962): Information in the Labour Market, Journal of Political Economy 70 (Supplement), 94-105.

Streit, M. E. (1995): Konstitutioneller Wissensmangel, Spontane Ordnung und Regelorientierung – Hayeksche Paradigmen aus wirtschaftspolitischer Sicht, in: ders. (Hrsg.), Freiburger Beiträge zur Ordnungsökonomik, Tübingen: Mohr (Siebeck), 195-217.

Streit, M. E. (2000): Theorie der Wirtschaftspolitik, 5. neub. u. erw. Aufl., Düsseldorf: Werner.

Streit, M. E. (2001): Hayeks "The Sensory Order" nach 50 Jahren; Diskussionsbeitrag 02-2001, Jena: Max-Planck-Institut zur Erforschung von Wirtschaftssystemen.

Streit, M. E. (2001a): Jenaer Beiträge zur Institutionenökonomik und Wirtschaftspolitik, Contributiones Jenenses Bd. 8, Baden-Baden: Nomos.

Streit, M. E. und *G. Wegner* (1995): Information, Transaktion und Katallaxie, in: M. E. Streit (Hrsg.), Freiburger Beiträge zur Ordnungsökonomik, Tübingen: Mohr (Siebeck), 29-56.

Vollmer, G. (1990): Evolutionäre Erkenntnistheorie, 5. Aufl., Stuttgart: Hirzel.

Weaver, W. (1967): Wissenschaft und Komplexität, ORDO 18, 163-171.

Von der Ordnungsökonomik zur Systemtheorie - Bemerkungen zu zentralen Forschungsparadigmen*

1. Vorbemerkung und Überblick

Wenn unter Forschungsparadigmen analytische Bemühungen verstanden werden, die mit solchen traditioneller Art konkurrieren und diese möglicherweise im Verlaufe einer kritischen Diskussion zu verdrängen vermögen, so wird mit der Ordnungsökonomik ein Paradigma betrachtet, das mit der konventionellen neoklassischen Analyse durch neue Perspektiven konkurrieren dürfte. Die Konkurrenz, die damit entstandene Fragen berührte, bereitete den Weg für ein weiteres Paradigma, die Institutionenökonomik. Ferner, so wird nachfolgend argumentiert, legen die erkannte Komplexität von Ordnungen menschlichen Handelns sowie die sie prägenden Interaktionsprozesse systemtheoretische Interpretationen nahe. Diese wiederum führten dazu, dass der konventionelle, repräsentative Akteur, seine Kognition und Dezision, neu überdacht werden mussten. Vielfältige Anstöße zur Beantwortung der damit aufgeworfenen Fragen finden sich in den Arbeiten von F. A. HAYEK.

2. Von der Ordnungs- zur Institutionenökonomik

Unter Ordnungsökonomik wird die Analyse von gesellschaftlichen Ordnungen im Sinne von Mustern verstanden, die als Folge von Handlungen individueller Akteure entstehen (STREIT 2001, 11). Aus der Sicht des Individuums verstand HAYEK unter Ordnung 'einen Stand der Dinge, bei dem eine Vielzahl von Elementen verschiedener Art so aufeinander bezogen sind, dass wir aus unserer Vertrautheit mit einigen räumlichen oder zeitliche Teilen des Ganzen lernen können, korrekte Erwartungen hinsichtlich des Restes zu bilden, oder zumindest Erwartungen, die eine gute Chance haben, sich als korrekt zu erweisen' (ders. 1973, 36, eigene Übers.). Wird ein Wechsel der Perspektive vom Individuum zur Ordnung als Ganzheit vollzogen, so kann in Übereinstimmung mit HAYEK, aber auch mit EUCKEN[1], unterschieden werden zwischen einer 'gewachsenen' oder ungeplanten und einer 'gesetzten' oder geplanten Ordnung bzw. zwischen 'Kosmos' und 'Taxis' (HAYEK, op.cit. 38ff.). Beispiele für eine geplante Ordnung sind organisierte Betriebs- und Verwaltungsabläufe sowie eine Zentralverwaltungswirtschaft. In den genannten Beispielen wird das koordinierte Zusammenwirken der Mitglieder eines Betriebs, einer Verwaltung bzw. einer Volkswirtschaft von einem Organisator im Hinblick auf die von ihm vorgegebenen Ziele des Zusammenwirkens planerisch vorweggenommen und mit Hilfe von Anweisungen an die Mitglieder durchgesetzt. Die Mitglieder werden dem ordnenden Willen des Planers unterworfen. Dem gegenüber widerspricht die spontane oder ungeplante Ordnung dem Kausalitätsdenken des Menschen zutiefst, der vergeblich nach einer ordnenden Instanz als Ursache einer wahrgenommenen Ordnung sucht. Die konventionelle Neoklassik kommt dieser Suche mit dem Konstrukt des

---

* Erstveröffentlichung in: Wist Heft 4, 2004, 225-227.

1 Vgl. hierzu und zum Denken in Ordnungen HABERMANN (2002), HOPPMANN (1995), STREIT, WOHLGEMUTH (2001, 90-111).

Walrasianischen Auktionators entgegen. Von ihm wird angenommen, dass er sich mittels Probieren und Korrigieren, dem Tâtonnement, an die Lösung seines Koordinationsproblems, dem allgemeinen Konkurrenzgleichgewicht, herantastet und die so ermittelten Gleichgewichtspreise den Akteuren vorgibt. Diese passen sich – automatengleich – mit ihren Dispositionen an die als Daten wahrgenommenen Gleichgewichtspreise an. Die Klassik, allen voran Adam SMITH, ersetzte die planende durch die vielzitierte unsichtbare Hand, die eine Handelnsordnung (HAYEK) entstehen lässt und damit das Verständnis der spontanen Ordnung noch erschwert. Die Schwierigkeit lässt sich bewältigen, wenn, in Anlehnung an SMITH, unterschieden wird zwischen den Motiven der Handelnden, den 'efficient causes' und den Auswirkungen ihres Handelns auf den Gesamtzusammenhang, den 'final causes'. Die in ihrer Vielfalt und Komplexität unüberschaubare Verbindung zwischen beiden Wirkungsebenen dürfte daraus entstehen, (1) dass die Individuen nicht isoliert, sondern wechselseitig angepasst handeln, also interagieren, und (2) dass die Bereiche, auf die sie mit ihrem Handeln Einfluss nehmen, vielfältig vernetzt sind. Damit entsteht eine Interdependenz durch Interaktion mit Reichweiten und Rückkopplungen, die der einzelne Akteur nicht überschaut und nicht überschauen muss. Das Ergebnis, die Handelnsordnung, ist die ungeplante Folge planmäßigen Handelns der Individuen. Dazu ist allerdings eine mit dem individuellen Handeln verknüpfte Kommunikation erforderlich, um die gegenseitige Anpassung zu ermöglichen. Sie muss in hinreichendem Maße koordinationswirksame Botschaften hervorbringen, ohne dass sich die Akteure bewusst koordinierend betätigen müssen; denn andernfalls wäre mehr Wissen über die Handlungsbedingungen aller übrigen Akteure erforderlich, als jeder einzelne von ihnen jemals erwerben und verwerten könnte. Das Wissen, welches ein Akteur benötigt, bezieht sich einmal auf seine sachlichen, räumlichen und zeitlichen Handlungsbedingungen und zum anderen auf das erwartbare Verhalten der Akteure, mit denen er interagieren möchte. Die typische Form der Interaktion ist der Tausch oder die Transaktion. Der Wissensbedarf eines Akteurs wird befriedigt durch (1) die Suche nach Transaktionspartnern, (2) das Erkunden und Aushandeln der Tauschbedingungen und (3) die Kontrolle des Tauschobjekts auf Vertragskonformität. Die Beschaffung des hierzu erforderlichen Wissens verursacht Transaktionskosten (STREIT 2000, 86ff.). Sie lassen sich nicht im neoklassischen Sinn optimieren; das scheitert schon daran, dass es unmöglich ist, die anfallenden Transaktionskosten entsprechend zu ändern. Das so erworbene Wissen wird genutzt, unabhängig davon, wie aufwendig zu beschaffen es war (STREIT, WEGNER 1995, 42).

Das erwartbare Verhalten der Akteure, mit denen der einzelne von ihnen interagieren möchte, ist für diesen eine Quelle strategischer Unsicherheit. Sie lässt sich nur verringern, wenn opportunistischem Verhalten möglicher Transaktionspartner durch sanktionsbewehrte Verhaltensregeln vorgebeugt wird. Die Regeln müssen vor allem das sicherstellen, was David HUME in seinem Buch "Über Moral" (1793/1978, 274) als 'Sicherheit des Besitzes', seine 'Übertragung durch Zustimmung' und die 'Einhaltung von Versprechen' beschrieben hat. Die Regeln, die dies gewährleisten sollen, sind zum Teil im geltenden Privatrecht kodifiziert. Hinzu kommen viele Regeln der Sitte und der Moral sowie der Gewohnheit, aber auch individuelle Erfahrungen, die es erleichtern, zutreffende Erwartungen über das Verhalten anderer zu bilden (vgl. HAYEK 1967, 176).

Mit den aufgezeigten Regeln sind Institutionen angesprochen, d.h. Verhaltensregeln für eine angebbare Gruppe von Akteuren, deren Durchsetzung entweder innerhalb der Gruppe bewirkt wird (interne oder informelle Institutionen) oder von außen durch eine

Organisation wie den Staat (externe oder formelle Institutionen). Das genannte Privatrecht bzw. die Sitten und Konventionen belegen beide Arten von Institutionen. Bezogen auf die erörterte Handelnsordnung lässt sich argumentieren, dass diese institutionengeschützt ist (STREIT 2001, 11). HAYEKs Vermutung war dabei, dass 'die Normen des Eigentums- und Vertragsrechts der Herstellung einer solchen Ordnung dienen' (HAYEK 1976, ebenda). Mit dieser Vermutung wird eines der Forschungsthemen der Institutionenökonomik[2] angesprochen, die Wirkung (Inzidenz) von Institutionen. Darüber hinaus wird nach der Entstehung (Emergenz) von Institutionen sowie deren Wandel gefragt (STREIT 2001, 152).

3. Von der Institutionenökonomik zur Systemtheorie

Die bereits angeführte Interdependenz durch Interaktion wirft ein weiteres analytisches Problem auf. Es ist zu fragen, wie dieses komplexe Phänomen verstanden und erklärt werden kann. Bezogen auf marktwirtschaftliche (Handelns-)Ordnungen herrschte konventionell das Verfahren vor, dass vom Einfachen zum Komplexen erklärend voran geschritten wurde. Bei neoklassischen Modellierungsversuchen bedeutete dies einen Übergang vom Eingleichungs- zum simultanen Mehrgleichungssystem. Prototyp dürfte das Walrasianische Modell eines totalen Konkurrenzgleichgewichts sein.

Eine Theorie, mit welcher der soeben dargelegte Sachverhalt angemessen, d.h. ohne extreme Abstraktionen abgebildet werden kann, ist die Systemtheorie, wenn unter System 'eine Anzahl von in Wechselwirkung stehenden Elementen' verstanden wird, wie es der Nestor der Allgemeinen Systemtheorie, Ludwig von BERTALANFFY (1949, 115) definierte. Bemerkenswert ist, dass die Systemtheorie als durch die Biologie geprägte Kritik an der klassischen Physik und ihren relativ einfachen (linearen) Kausalitätsvermutungen entwickelt wurde (KNEER, NASSEHI 1997, 18ff.). Für die Ökonomik werden Parallelen erkennbar, wenn berücksichtigt wird, dass sich auch die Neoklassik in ihrer analytischen Vorgehensweise an der klassischen Physik orientiert. Insofern dürften auch jene Beziehungen zwischen Wirtschaftssubjekten, die in ihren Wechselwirkungen die Handelnsordnung des Marktgeschehens prägen, mit den Methoden der Neoklassik analytisch unzugänglich und ein Paradigmenwechsel geboten sein.

In der Sprache der Systemtheorie sind Marktwirtschaften Systeme von organisierter (interaktionaler) Komplexität, d.h. eine beträchtliche Zahl von Elementen ist durch Interaktion in Form von Transaktionen miteinander verknüpft, wobei ihr Verhalten durch Institutionen (s.o.) beschränkt wird. Soweit sich die Akteure in ihren Dispositionen durch Transaktionen koordinieren, bedeutet dies, dass sich das System selbst koordiniert. Zu dieser Selbstkoordination durch Transaktionen kommt die systemische Selbstkontrolle durch den Wettbewerb als Entdeckungsverfahren (Hayek 1968/2003). Das Verfahren gibt den Akteuren nicht nur Anreize, Wissen zu erwerben und dieses mit persönlichem Geschick zum ökonomischen Überleben zu nutzen. Zugleich gibt es Informationen an andere weiter und zwar in der 'kodierten Form' von Preisen (Hayek 1976, 117). Werden diese von anderen Akteuren im Lichte der eigenen ökonomischen Umstände richtig interpretiert, können sie wiederum Anlass zu vorteilsversprechenden Transaktionen geben. Der Vorteil kann durchaus auch auf Irrtümern anderer beruhen.

2 Zur dogmenhistorischen Bedeutung der Institutionenökonomik vgl. FELDMANN (1995).

Sie geraten dann durch die davon ausgelösten Transaktionen unter Druck, den Irrtum zu korrigieren. Damit werden nachteilige Konsequenzen für den Ablauf des Systems begrenzt. Das System kontrolliert und korrigiert sich also selbst.

4. Abschließende Bemerkungen

Verglichen mit konkurrierenden Paradigmen hat die Systemtheorie relativ geringe analytische Stringenz. Sie ist eher anschaulich und geeignet, einen diskursiven Weg einzuschlagen (MAYNTZ 1997, 315), der dazu dienen kann, erkannte Defizite konventioneller Modellierungen des ökonomischen Geschehens zu vermeiden und neue Optionen für eine Theoriebildung zu erschließen. Sie erlaubt es, eine weitere, für Interaktionsphänomene typische Eigenschaft zu analysieren, die Komplexität. Anwendungen der Komplexitätstheorie[3] reichen von Handelnsordnungen bis hin zu neurophysiologischen Phänomenen wie den Prozessen menschlicher Wahrnehmung im Sinne von HAYEKs kognitionspsychologischen Vermutungen (HAYEK 1952). Damit erscheinen der repräsentative Akteur der konventionellen Analyse[4], seine Wahrnehmung und seine Wissensverwertung als Nutzenmaximierer in einem neuen Licht. In seinem Fall werden objektivierbare Wissensgrundlagen (die Daten) und subjektive Bewertungen (die Präferenzen) in einem zweckrationalen Entscheidungskalkül miteinander verknüpft. Die ökonomische Umwelt eines Akteurs, die Daten, wird von diesem und dem (wissenschaftlichen) Beobachter in gleicher Weise wahrgenommen. Anders ist es jedoch, wenn (1) die Präferenzen und Wahrnehmung des Akteurs als subjektiv gelten sowie (2) Kreativität bei ihm zugelassen wird. Subjektive Wahrnehmung bedeutet, dass gleiche Elemente der ökonomischen Umwelt von den Akteuren unterschiedlich wahrgenommen werden, da jeder von ihnen seine eigene Wahrnehmungsgeschichte hat, in die er zusätzliche Eindrücke auf seine persönliche Weise einordnet. Die Wahrnehmungen sind, kognitionstheoretisch gesehen, subjektive Theorien über die Außenwelt und deshalb irrtumsanfällig. Präferenzen können sich im Verlauf der Wahrnehmung als Folge kreativer Interpretation unvorhersehbar ändern. Kreativität bedeutet, dass in der Auseinandersetzung mit dem Wahrgenommenen und bei dem Versuch, Probleme zu lösen, neue Handlungsmöglichkeiten als Folge einer zündenden Idee, einer Art von Geistesblitz oder einer Fulguration im Sinne von Konrad LORENZ (1977, 47) entdeckt werden können. Die Akteure können ihren Handlungsspielraum kreativ verändern, können überraschend handeln. Für das System bedeutet Kreativität der Akteure, dass es als Folge ihrer Innovationen evolviert. Damit entzieht es sich einer deduktiven Analyse.

Zur Unzugänglichkeit der Phänomene Ordnung, System und Komplexität lässt sich mit Francis Bacon vermuten: "The human understanding is of its nature prone to suppose the existence of more order and regularity in the world than it finds." (Novum Organum, 1620)

---

3 Zur Komplexitätstheorie vgl. ARTHUR u.a. (1997). Eine Verbindung von Komplexitätstheorie und Systemtheorie lieferte HOLLAND (1995). Auch HAYEKs neuropsychologische Arbeit (1952) lässt sich so interpretieren.

4 Zu einer kritischen Betrachtung des repräsentativen Akteurs vgl. KIRMAN (1992).

Literatur

Arthur, W. B., Durlauf, S. N. und *D. A. Lane* (1997): The Economy as an Evolving, Complex System II, Reading, Mass.: Addison-Wesley.

Bertalanffy, L. v. (1949): Zu einer allgemeinen Systemlehre, Biologia generalis Bd. 19, 114-129.

Feldman, H. (1995): Eine institutionalistische Revolution? Volkswirtschaftliche Schriften, Heft 448, Berlin: Duncker & Humblot.

Hayek, F. A. (1973): Law, Legislation and Liberty, Bd. 1, Rules and Order, Chicago: Chicago Univ. Press.

Hayek, F. A. (1976): Law, Legislation and Liberty, Bd. 2, The Misage of Social Justice, Chicago, London: Chicago Univ. Press.

Hayek, F. A. (2003/1968): Der Wettbewerb als Entdeckungsverfahren; in ders.: Rechtsordnung und Handelnsordnung – Aufsätze zur Ordnungsökonomik, hrsgg. Von M. E. Streit, 132-149.

Holland, J. H. (1995): Hidden Order – How Adaptation builds Complexity, Reading, Mass. u.a.: Helix Books.

Hoppmann, E. (1995): Walter Euckens Ordnungsökonomik - heute, ORDO, 46, 41-55.

Hume, D. (1739/1978): Traktat über die menschliche Natur, Bd. 2, Hamburg.

Kirman, A. P. (1992): Whom or What Does the Representative Individual Represent? Journal of Economic Perspectives, 6, 117-136.

Kirman, A. P. (1997): The Economy as an Interactive System, in: W. B. Arthur, S. N. Durlauf, D. A. Lane (Hrsg.), The Economy as an Evolving Complex System II, Reading, Mass.: Addison-Wesley.

Mayntz, R. (1997): Naturwissenschaftliche Modelle, Soziologische Theorie und das Mikro-Makro-Problem, in: Mayntz, R.: Soziale Dynamik und politische Steuerung – Theoretische und Methodologische Überlegungen, Frankfurt, New York, 312-327.

Streit, M. E. (2001): Jenaer Beiträge zur Institutionenökonomik und Wirtschaftspolitik, Contributiones Jenenses, Bd. 8, Baden-Baden: Nomos.

Streit, M. E. und *G. Wegner* (1995): Information, Transaktion und Katallaxie – Überlegungen zu einigen Schlüsselkonzepten evolutorischer Markttheorie; in: M. E. Streit (Hrsg.), Freiburger Beiträge zur Ordnungsökonomik, Tübingen: Mohr Siebeck, 29 – 56.

II. Beiträge zur Wirtschaftspolitik

Globalisierung, Systemwettbewerb und nationalstaatliche Politik*

Das Thema und seine Bearbeitung durch die Autoren dieses Bandes des Jahrbuchs für Neue Politische Ökonomie ist in einem größeren programmatischen Zusammenhang zu sehen. Die Herausgeber haben sich vorgenommen, über drei Jahre das Generalthema „Politisch-ökonomische und institutionelle Antworten auf Herausforderungen der Globalisierung“ zu verfolgen. Dazu scheint es zweckmäßig, zwischen drei miteinander verbundenen Ebenen zu unterscheiden, auf denen dem viel diskutierten Phänomen nachgegangen werden kann.

Die erste Ebene ist die der nationalstaatlichen Politik und deren Reaktionen bzw. Reaktionsmöglichkeiten im internationalen Standortwettbewerb. Der Wettbewerb um mobile Faktoren und Produktionsstandorte – so lautet die Vermutung – ist durch die Globalisierung intensiver geworden. Die besondere Aufmerksamkeit gilt dabei der institutionellen Dimension. Erklärungsgegenstand sind Veränderungen der nationalen institutionellen Rahmenbedingungen durch die politischen Akteure als Handlungsmöglichkeit im Standortwettbewerb. Als zweite Ebene soll die der ökonomischen Akteure analysiert werden. „Grenzüberschreitende Transaktionen, multinationale Unternehmen und transnationale Institutionen“ werden im Vordergrund des Interesses stehen. Vermutet wird, daß die Globalisierung auch auf erfolgreiche Bemühungen der privaten Akteure zurückzuführen ist, mit der Territorialität nationalen Rechts bei grenzüberschreitenden Transaktionen besser zurechtzukommen und die Organisationsstrukturen ihrer Unternehmen besser auf weltweite Operationen einzustellen. Auch hier werden institutionelle Fragen aufgeworfen, die in der Ökonomie bislang wenig Beachtung fanden. Die dritte Ebene ist aus der Perspektive der politischen Akteure supranational. Unter dem Thema „Globalisierung, internationale Kooperation und weltwirtschaftliche Ordnungspolitik“ wird es um das Bemühen der politischen Entscheidungsträger gehen, auf Globalisierung bzw. Standortwettbewerb durch internationale Kooperation zu reagieren. Die Kooperation ist nicht zuletzt auf die Entwicklung von Regeln und deren Durchsetzung gerichtet, Regeln, die den Standortwettbewerb, aber auch den grenzüberschreitenden Wettbewerb privater Akteure zum Gegenstand haben.

Wie bereits betont, sind die Arbeiten in diesem Band in einem größeren Kontext zu sehen. Das bedeutet, daß wichtige Teilaspekte des Generalthemas den beiden nachfolgenden Bänden vorbehalten bleiben müssen.

Das Thema „Globalisierung, Systemwettbewerb und nationalstaatliche Politik“ steht ebenso wie die noch folgenden beiden Themen eher für ein Forschungsprogramm als für eine Abarbeitung von Fragestellungen im gewohnten analytischen Rahmen. Das wird schon bei dem Ausgangsphänomen – der Globalisierung – deutlich. Ob es sich dabei um ein neuartiges Phänomen handelt, mag strittig sein. Die bisherige Diskussion hat jedoch das Augenmerk auf Fragen gelenkt, die zum Teil außerhalb der konventionellen Analyse liegen, zum Teil aber auch ungeübte Kombinationen von bisherigen analytischen Bausteinen verlangen.

Unabhängig davon, ob man in der Globalisierung ein neues Phänomen oder nur eine Intensivierung sowie u. U. eine qualitative Veränderung der weltwirtschaftlichen

---

* Erstveröffentlichung in: Jahrbuch für Neue Politische Ökonomie, Bd. 17, 1998, 1-4.

Verflechtungen sehen will, dürften einige Faktoren unstrittig sein, die Teil der Globalisierung als Prozeß sind:

1. die weitere trendmäßige Abnahme der Transportkosten,
2. der Qualitätssprung in der weltweiten Kommunikation als Folge neuer Informationstechnologien,
3. die zunehmende Separabilität und Handelbarkeit von Dienstleistungen,
4. die tiefgreifenden Veränderungen in den Organisationsmöglichkeiten von Unternehmen,
5. die verstärkte Öffnung einer Reihe neuer Industrieländer für grenzüberschreitende Transaktionen und Faktorwanderungen,
6. die bei allen Rückschlägen generelle Liberalisierung der Weltwirtschaft, vor allem des Kapitalverkehrs, sowie
7. die strukturellen Anpassungsschwierigkeiten in alten Industrieländern an die veränderten weltwirtschaftlichen Bedingungen.

Gerade die zuletzt genannten Anpassungschwierigkeiten dürften es sein, die in diesen Industrieländern zu einer emotionsgeladenen Diskussion der Globalisierung geführt haben. Mit dem durch strukturkonservierende Politiken sogar noch angestauten Anpassungsbedarf werden zugleich institutionelle Rahmenbedingungen in Frage gestellt, von denen häufig vermutet wird, daß sie über Jahrzehnte in diesen Staaten für politische Stabilität sorgten. Mit der Herausforderung sozialstaatlich begründeter, institutioneller Arrangements erhalten Verteilungsfragen eine neue Brisanz. Ökonomen haben sich lange vergeblich bemüht, zu Verteilungsfragen einen positiven analytischen Zugang zu finden. Das belegt die wenig fruchtbare wohlfahrtsökonomische Diskussion über Kompensationskriterien. Ökonomen haben aber auch sozialstaatliche Reformvorschläge entwickelt, die geeignet wären, den gegenwärtigen Problemdruck zu mildern, ohne sozialstaatliche Grundanliegen völlig außer acht zu lassen. Allerdings lieferten sie ebenfalls überzeugende politisch-ökonomische Erklärungen für den Reformwiderstand. Dieser Theoriebaustein dürfte sich in die positive Analyse der Themenstellung einfügen lassen. Reformbedarf selbst wird aus einer begründeten Vermutung abgeleitet, die mit „institutioneller Sklerose“ umschrieben ist. Vorausgesetzt, der darin enthaltene Befund wird akzeptiert, kann angesichts des Reformwiderstands gefragt werden, ob von der Globalisierung zusätzlicher Reformdruck ausgeht. Diese Frage und Antworten darauf sind unabhängig davon, wie mögliche Reformen als solche bewertet werden.

Im übrigen kommt man wohl der Bearbeitung der Themenstellung einen analytischen Schritt näher, wenn Globalisierung als Intensivierung des grenzüberschreitenden Standortwettbewerbs gesehen wird. Es geht um die Attraktivität nationalstaatlicher Standorte für international mobile Faktoren und ihre Beeinflußbarkeit durch die politischen Akteure. Es geht aber auch um die Chancen von Gütern und Diensten im grenzüberschreitenden Wettbewerb, deren Beschaffenheit durch den nationalen Standort – z. B. sein Regulierungsregime – geprägt ist. Wer hierzu nach Theoriebausteinen sucht, kommt nicht umhin, die Außenhandelstheorie zu konsultieren. Selbst wenn jedoch sowohl Güter- als auch Faktorbewegungen zugelassen werden, wird dabei mit dem Blick auf das Phänomen Globalisierung eine konventionelle Abstraktion auffällig: Von Institutionen, d. h. von sanktionsbewehrten Verhaltensregeln, wird in der konventionellen Theorie abgesehen. Sie werden dem Datenkranz zugerechnet. Aus institutionenökonomischer Sicht sind kaum Unterschiede auszumachen zwischen der nichtmonetären Theorie internationalen Handels sowie internationaler Faktorwanderungen einerseits und deren interregionaler Variante andererseits. Ausgeblendet bleibt die Territorialität des Rechts bzw. genereller die nationalstaatliche institutionelle Infrastruktur.

Die institutionelle Infrastruktur macht jedoch den Kern der gegenwärtigen Diskussion zum Thema Globalisierung aus. Vermutet wird, daß die vielzitierten institutionellen Rahmenbedingungen nicht vernachlässigt werden dürfen, wenn es um die Attraktivität nationaler Standorte geht. Zugleich ist diese institutionelle Infrastruktur neben der materiellen Infrastruktur durch politische Akteure gestaltbar. Im weltweiten Wettbewerb um mobile Faktoren und Absatzchancen für Güter und Dienste wird die Veränderung nationalstaatlicher Institutionen bzw. institutioneller Systeme zu einer Handlungsmöglichkeit politischer Akteure. Sie sind es, die im institutionellen Wettbewerb bzw. im Systemwettbewerb agieren.

Wie dieser Systemwettbewerb als Prozeß modelliert werden kann, ist ebenso klärungsbedürftig wie seine empirische Relevanz. Die Modellierungsprobleme sollen anhand eines Flußdiagramms (Abbildung 1) umrissen werden. Zu modellieren ist eine komplexe Verknüpfung von ökonomischem und politischem Wettbewerb. Ökonomischer Wettbewerb wird üblicherweise als Wahlhandlungsprozeß im Rahmen gegebener Regeln (Institutionen) modelliert, während es beim politischen Wettbewerb um die kollektive Wahl von Regeln geht. Demgegenüber erfordert die Modellierung institutionellen Wettbewerbs, daß auch die Möglichkeit einer privaten Institutionenwahl im ökonomischen Wettbewerb zugelassen wird. Von dieser Möglichkeit machen ökonomische Akteure bei grenzüberschreitenden Transaktionen und Faktorwanderungen – wie dargelegt – Gebrauch. In Hirschmanschen Kategorien handelt es sich dabei um eine spezifische Form von „exit“. Auch die Drohung mit Abwanderung kommt grundsätzlich in Betracht. Sie wäre unmittelbarer Ausdruck von „voice“. Beides setzt voraus, daß ökonomische Akteure das institutionelle Angebot inländischer und ausländischer Gesetzgeber wahrnehmen und interpretieren, also zum Gegenstand eines Kosten-Nutzen-Kalküls machen. Vorausgesetzt wird dabei, daß Abwanderung auch tatsächlich möglich ist, die Akteure also in entsprechend offenen Volkswirtschaften operieren können.

Die Transmission von privater Institutionenwahl im ökonomischen Wettbewerb in den politischen Wettbewerb hinein kann nach dem bisher Dargelegten durch „exit“ oder aber als Drohung mit „exit“ unmittelbar durch „voice“ erfolgen. Die Drohung setzt, um wirksam werden zu können, ebenso die Wahrnehmung und Interpretation durch die politischen Akteure voraus wie die lautlose „Abstimmung mit den Füßen“. Allerdings dürfte letztere für die politischen Akteure wesentlich schwieriger wahrnehm- und interpretierbar sein. Die gegenwärtige Diskussion um Direktinvestitionsströme und Direktinvestionsbilanzen zeigt dies. Sie verdeutlicht auch, daß die kollektive Institutionenwahl im politischen Wettbewerb nicht als einfacher Anpassungsprozeß an Elemente des ausländischen Institutionenangebots angemessen modelliert werden kann. Dafür sind die widerstreitenden und politisch wirksamen Interessen zu vielfältig.

Das institutionelle Angebot des inländischen Gesetzgebers sowie Änderungen davon – auch als Reaktion im internationalen Standortwettbewerb – müssen ihrerseits von der Wählerschaft, den Interessengruppen sowie von den ökonomischen Akteuren wahrgenommen und interpretiert werden. Interpretation beinhaltet den Rückgriff auf vermutete Kausalbeziehungen. Sie führt ferner zu Bewertungen, die wiederum im politischen Prozeß in Form von „voice“ artikuliert werden müssen. Dabei geht es nicht nur um „voice“ im Sinne von Widerspruch, sondern auch um Zustimmung zur bestehenden institutionellen Infrastruktur als auch zu deren Veränderung. Darüber hinaus beinhaltet dieser Prozeß eine weitere Herausforderung für die Modellierung des Systemwettbewerbs. Die Interpretation und Bewertung des institutionellen Angebots durch Wähler und Interessengruppen kann auch im direkten Vergleich mit dem Angebot ausländischer Gesetzgeber geschehen. In diesem Fall würde die Transmission nicht durch Institutionenwahl privater Akteure bzw. deren Drohung mit „exit“ erfolgen, sondern durch Beobachtung und „voice“.

Als Reaktionsmöglichkeiten stehen den politischen Akteuren sowohl Veränderungen des institutionellen Angebots als Standortfaktor offen als auch Beschränkungen des Systemwettbewerbs. Bei letzteren handelt es sich in der einen oder anderen Form um Einschränkungen wirtschaftlicher Freiheitsrechte, das heißt des grenzüberschreitenden Kapitelverkehrs, der Freizügigkeit sowie des Freihandels mit Gütern und Diensten. Damit wird zugleich erkennbar, daß wirksamer Systemwettbewerb seinerseits von Meta-Institutionen abhängig ist. Die kollektive Institutionenwahl ist also nicht auf die institutionelle Infrastruktur als Standortfaktor beschränkt, sondern erstreckt sich auch auf die Spielregeln für den Systemwettbewerb. Sie hat auch eine unmittelbare internationale Dimension, die durch das internationale Regelsystem und die Behandlungsmöglichkeiten zwischenstaatlicher Konflikte umrissen werden kann.

Ob das Zusammenspiel von ökonomischem und politischem Wettbewerb auch nur annähernd in seiner Komplexität modelliert werden kann, muß offen bleiben. Die aufgezeigten Strukturelemente des Systemwettbewerbs dürften jedoch verdeutlichen, daß auch die Teilaspekte des Phänomens beachtliche Herausforderungen an die Institutionenökonomik und die politische Ökonomie enthalten.

Unbeschadet der aufgeworfenen Modellierungsprobleme kann nach Grenzen des institutionellen Wettbewerbs gefragt werden. Die Frage selbst liegt nahe, weil in der Diskussion diametrale Vermutungen über die Wirksamkeit des Systemwettbewerbs geäußert werden. Auch ohne den Prozeß im einzelnen bereits überzeugend modellieren zu können, dürften sich einige prozeßendogene Grenzen zumindest als Kategorien identifizieren lassen. Es handelt sich dabei nicht zuletzt um bekannte Friktionen im Prozeß des ökonomischen und des politischen Wettbewerbs. Ferner dürften sich Grenzen erschließen, wenn dem Umstand Rechnung getragen wird, daß der institutionelle Wettbewerb selbst von Meta-Institutionen und ihrer Durchsetzung abhängig ist. Auch aus der Analyse der möglichen Grenzen des Systemwettbewerbs dürfte hervorgehen, daß die Modellierung des Phänomens die Verknüpfung institutionentheoretischer und politisch-ökonomischer Hypothesen in einer besonders komplexen Weise erfordert. Darüber hinaus wird schnell erkennbar, daß die Analyse letztlich auf eine breite, interdisziplinäre Basis gestellt zu werden verlangt. Das Phänomen dürfte ohne Hinzuziehung von Gesellschafts- und Rechtswissenschaftlern kaum hinreichend analysierbar sein. Die positiven Beiträge, die von den Nachbardisziplinen der Ökonomen kommen können, wurden während der Tagung erkennbar, deren Ergebnisse hier vorgelegt werden.

Die Misere des deutschen Verbändestaates*

Der Zustand der Demokratie muss dauernd überwacht werden:
Er ist weder gut noch schlecht, sondern ständiger
Korrektur bedürftig, weil ihm tödliche Gefahr droht.
Alexis de Tocqueville

0. Zusammenfassung

Anknüpfend an die gegenwärtige Reformdiskussion wird im zweiten Teil Hinweisen nachgegangen, die auf eine politische Allgegenwart von Interessenverbänden oder "Verteilungskoalitionen" (OLSON) schließen lassen. Der Befund ist Anlass dafür, dass im zweiten Teil die "institutionelle Sklerose" (OLSON) betrachtet wird, vor allem ihr Entstehen aus dem Zusammenwirken von Verteilungskoalitionen und politischer Klasse durch Rentensuche und Rentenschaffung als Symptome einer "Schacher-Demokratie" (HAYEK). Infolgedessen bedeutet Reform das Einsammeln von Renten. Das stößt auf den Widerstand von Verbänden als Besitzstandswahrern, die sich mit ihrem Protest auf die "soziale Gerechtigkeit" berufen, in deren Namen sie zuvor jene Renten eingeworben hatten. Zum Reformstau kommt es nicht nur durch den Widerstand von Besitzstandswahrern, sondern auch als Folge der schwer überschaubaren personellen und finanziellen Verflechtung von politischer Klasse und Verbänden (Teil 3). Dieser Befund gibt Anlass zu prüfen, wie der Reformstau aufgelöst und die Misere des deutschen Verbändestaates beendet werden kann. Eine wenig überzeugende Möglichkeit bietet die konsensuale Politik, welche darauf setzt, den Reformwiderstand durch Einbeziehen der widerstrebenden Verbände in die Reformbemühungen im Rahmen von Regierungskommissionen, "Bündnissen" u.ä. zum Konsens zu bringen. Es gibt Gründe zu vermuten, dass eine solche Politik nicht nur verfassungspolitisch fragwürdig ist, sondern auf einem von Harmoniedenken geprägten Trugbild beruht (Teil 3). Sodann (Teil 4) wird geprüft, warum die Verbände kaum oder nur zögerlich als Mitverursacher der Misere benannt werden. Das führt wiederum zur personellen und finanziellen Verflechtung von politischer Klasse und Verbänden sowie zur Frage, wie eine Entflechtung vorgenommen werden kann. Eine Prüfung dieser Frage sowie von Vorschlägen zur Reform der politischen Verfassung, welche das Entstehen des Verbändestaates begünstigt, auf ihre Realisierbarkeit, erweist sich wenig ermutigend (Teil 5). Sie erlaubt lediglich den resignierenden Schluss auf eine Dekadenz des demokratischen Systems trotz grundsätzlicher Befürwortung dieser Form politischer Herrschaft.

1. Die politische Allgegenwart von Verteilungskoalitionen

In der gegenwärtigen Diskussion über die Reform des zu teuer gewordenen, wachstums- und beschäftigungshemmenden Sozialstaates Deutschland fällt eines auf: Wann

* Erstveröffentlichung in: Jahrbuch für Wirtschaftswissenschaften, Bd. 54, Heft 2, Vandenhoeck & Ruprecht: Göttingen, 2003.

immer ein Reformvorschlag gemacht wird – ob durchgehender Subventionsabbau oder Verringerung des weitreichenden Kündigungsschutzes und Infragestellen des Flächentarifvertrages, ob Verzicht auf Kranken- und Sterbegeld oder Kritik an überzogenen Arzneimittelpreisen – stets meldet sich ein Funktionär oder eine Funktionärin eines Interessenverbandes zu Wort, um ablehnenden Protest anzumelden. Die Vielfalt dieser Wortmeldungen signalisiert die politische Allgegenwart von Interessenverbänden. Es gibt wohl kaum einen Bereich von Wirtschaft und Gesellschaft in Deutschland, der nicht von einem Interessenverband repräsentiert wird.

Die am häufigsten gebrauchte Protestvokabel ist die der "sozialen Gerechtigkeit"[1]. Bei aller Bedeutungsvielfalt[2] lässt sich hinter dieser Vokabel ein Umverteilungsinteresse vermuten. Nicht umsonst werden die damit in Verbindung gebrachten Interessengruppen von OLSON (1985, 56) als "Verteilungskoalitionen" bezeichnet, welche Rentensuche ("rent-seeking") betreiben (OLSON, ebenda). Soweit ihnen das Recht auf Anhörung in einem Gremium des Parlaments eingeräumt wurde, sind sie seit 1974 in der Lobbyliste des Deutschen Bundestages aufgeführt, mit steigender Tendenz.[3]

2. Systemische Selbstblockade durch Rentensuche und Besitzstandswahrung

Der politische Kernprozess, der die Wucherung des aufwendigen Sozialstaats bewirkt, ist inzwischen vielfach mit robusten Ergebnissen analysiert worden. Er besteht aus Stimmenfang der politischen Akteure, denen renten- oder privilegiensuchende Funktionäre von Interessenverbänden gegenüberstehen.[4] Gegenstand ihres Zusammenwirkens ist ein politisches Tauschgeschäft: Renten werden gegen Unterstützung im Wettbewerb um Mehrheiten und Wiederwahl getauscht. HAYEK (2003, 405) hat diesen Prozess als "Schacher-Demokratie" kritisiert. Im Falle Deutschlands schlug er sich darin nieder, dass vor fast jeder Bundestagswahl Wahlgeschenke in Form von Leistungsausweitungen verteilt wurden[5], die jetzt als Belastung gesehen werden, ohne dass ihre Entstehung von den Verursachern selbstkritisch erwähnt wird. Ähnlich zu beurteilen sind die extrem hohen und dauerhaften Subventionen an die Landwirtschaft und den Steinkohlebergbau. Auf sie entfallen nach dem jüngsten Subventionsbericht der Bundesregierung[6] fast ein Viertel aller Finanzhilfen und Steuervergünstigungen des Bundes. Flankiert werden sie durch tarifäre und nicht-tarifäre Handelshemmnisse. Nimmt man

1 Hierzu kritisch HAYEK (2003, 217): "Im Fall der 'sozialen Gerechtigkeit' haben wir es schlicht und einfach mit einem quasi-religiösem Aberglauben derart zu tun, den wir respektvoll auf sich beruhen lassen sollten, solange es die , die daran glauben, glücklich macht, gegen den wir aber ankämpfen müssen, wenn er zum Vorwand wird, gegen andere Menschen mit Zwang vorzugehen."

2 "Der Appell an die "soziale Gerechtigkeit" ist inzwischen dennoch das meistgebrauchte und wirksamste Argument in der politischen Diskussion. So gut wie jedes Mal, wenn der Ruf nach Staatshandeln im Interesse bestimmter Gruppen laut wird, ertönt er in ihrem Namen und sobald sich eine Maßnahme als Forderung der "sozialen Gerechtigkeit" hinstellen lässt, wird der Widerstand dagegen rasch schwinden." (HAYEK 2003, 216).

3 Vgl. BISCHOFF (2001, 49) in Anlehnung an eine Untersuchung von SEBALDT (1997). Danach waren es 1990 insgesamt rund 4.700 Verbände. Derzeit kommen auf jeden Abgeordneten des Bundestages 15 Lobbyisten (Leyendecker 2003, 199).

4 Vgl. hierzu STREIT (1995, 366ff.).

5 Nach einer Analyse von VAUBEL (1989, 186ff.).

6 Bundesministerium der Finanzen (2002), Übersicht 2, S. 15. Zu abweichenden Schätzungen vgl. BOSS und ROSENSCHON (2002).

die sonstige der gewerblichen Wirtschaft noch hinzu, wird erkennbar, wie sehr der Wettbewerb als Wachstumsmotor behindert wird.[7] Hemmend dürfte auch die zunehmende Regulierungsdichte wirken. Nicht anders ist das Bundesrecht mit seinen 2197 Gesetzen, 3131 Rechtsverordnungen und 85976 Einzelvorschriften zu beurteilen, auf das der Sachverständigenrat in seinem Jahresgutachten 2002/03 hinwies. Damit dürfte die "institutionelle Sklerose" (OLSON 1985, 103) mit ihren die Anpassungsfähigkeit des ökonomischen Systems beschränkenden Wirkungen weiter zugenommen haben. Wird die beobachtbare Einflussnahme der Lobby auf Gesetzgebung und Regulierung berücksichtigt, so liegt es nahe, zu vermuten, dass der wuchernde Sozialstaat eine Abkehr vom Ideal des Rechtsstaates, der "rule of law", und eine Hinwendung zur Herrschaft der Verbände, der "rule of lobby", den Verbändestaat, beinhaltet.[8]

Inzwischen ist offenkundig geworden, dass das verkrustete ökonomische System im Interesse von Wachstum und Beschäftigung reformiert werden muss. Der institutionellen Sklerose begegnen bedeutet aber nichts anderes als ihren Entstehungsprozess umkehren. Reform heißt dann, dass die politische Klasse jene Renten wieder einsammeln muss, die sie zuvor unter dem Druck und Werben der Verbände und mit dem Blick auf die Wiederwahl den Stimmbürgern angedient hat. Das Angenehme daran war, dass die eingeräumten Vergünstigungen gezielt Sonderinteressen dienten, ihre markt- und wettbewerbswidrigen Folgen hingegen breitgestreut und daher unauffällig waren. Reform bedeutet nun Umkehrung dieses Prozesses von Rentensuche und Stimmenfang. Auf das, was in den Augen der zuvor Begünstigten zu Besitzständen wurde, ist nunmehr zu verzichten. Dementsprechend laut dürfte der Protest der Verbände sein, die die Begünstigten vertreten. Protest wird i.d.R. mit dem gleichen Prinzip begründet, mit dem zuvor Renten eingeworben wurden. Die diffuse Norm der sozialen Gerechtigkeit zeigt ihren Januskopf. Sie rechtfertigt den Reformstau und begünstigt eine systematische Selbstblockade infolge von Rentensuche und Besitzstandswahrung.

3. Das Trugbild konsensualer Politik

Der Widerstand von Interessengruppen gegen Reformvorhaben legt den verführerischen Gedanken nahe, die Gruppen in die Reformbemühungen einzubinden, "partnerschaftlich" vorzugehen, die Zusammenarbeit von Staat und Wirtschaft zu suchen, "die Vision der neuen Mitte" als Ausdruck von "Solidarität" zu realisieren und die ausgelösten Konflikte durch das Hinzuziehen von Sachverständigen zu neutralisieren. Die mit wohlklingenden Worten angepriesene konsensuale Politik hat in Deutschland Tradition. Sie ist verwurzelt in dem Rätedenken, das nach dem ersten Weltkrieg einsetzte und vom Vorbild der russischen Revolution (den Arbeiterräten) und dem Zunftwesen geprägt war. Organisatorisch schlug es sich im Reichswirtschaftsrat nach Art. 165 der Weimarer Verfassung nieder, einem berufsständischen Parlament und Nachfolger des von Bismarck 1881 geschaffenen preußischen Volkswirtschaftsrates (v. BIBRA 1933, 2ff.). Allerdings wurde diesem lediglich eine beratende Rolle statt eine interessenausgleichende Funktion zugedacht.

---

7 Vgl. die internationale Querschnittsuntersuchung von WEEDE (1986), die eine Erklärung der Wachstumsschwäche von Wohlfahrtsstaaten zum Ziel hat.

8 So fragte schon vor 40 Jahren Theodor Eschenburg: "Herrschaft der Verbände"? (ESCHENBURG 1963).

Gegenwärtig werden auf Konsens zielende Gremien in viele Politikbereiche eingeführt. Ihre Zahl ist inzwischen kaum zu übersehen. Konsensgespräche werden über den Betrieb von Kernkraftwerken, die Reform der Gemeindefinanzen, über eine nachhaltige Entwicklung und die Gestaltung der Unternehmensführung (corporate governance) eingeleitet. Partnerschaftliches Vorgehen wird von den diversen "Bündnissen" erwartet.

Vorläufer dieser konsensualpolitischen Initiativen waren auf den Gebieten der Globalsteuerung und des Gesundheitswesens die "konzertierten Aktionen". Im Falle der Globalsteuerung in den 60iger Jahren des vergangenen Jahrhunderts handelte es sich im Wortsinne um eine Übernahme der "économie concertéé", einem Organisationselement der französischen "planification". Ihre ideologische Grundlage ist im sog. Neokorporatismus zu suchen, der aus Überlegungen zu den Steuerungserfordernissen von Wohlfahrtsstaaten und aus der Pluralismusdiskussion hervorging.[9]

Konsensualpolitische Arrangements wie "Bündnisse", "runde Tische", "Regierungskommissionen" und "konzertierte Aktionen" sind nicht nur verfassungspolitisch bedenklich, sondern auch aus guten Gründen erwiesenermaßen als Problemlösung untauglich. Verfassungspolitisch ist nämlich zu fragen, woher die einbezogenen Verbandsfunktionäre die Legitimation zu politischem Handeln überhaupt nehmen wollen. Die Problemlösungsqualität lässt sich beurteilen, wenn bedacht wird, dass es bei den Arrangements um politische Verhandlungen geht. Spieltheoretisch handelt es sich um kooperative Spiele in dem Sinne, dass es den "Spielern" erlaubt ist, zu kommunizieren. Das schließt die Möglichkeit mit ein, (temporäre) Koalitionen zu schließen. Unter realistischen Bedingungen haben solche Spiele keine stabile Lösung. Statt dessen ist zu erwarten, dass

- Informationen, die von Spielern in das Spiel hineingegeben werden, aus strategischen Gründen verzerrt sein können,
- Täuschung und Drohung von allen Seiten als strategische Optionen genutzt werden,
- es zu taktischen Verzögerungen im Verhandlungsprozess ebenso kommt, wie zu alle ermüdenden Marathonrunden und dass
- Verhandlungen durch unmäßige Forderungen eines Teilnehmers aufgehalten und die übrigen zu Konzessionen im Interesse des Fortgangs der Verhandlung genötigt werden können.

Es wäre unangemessen, wenn erwartet würde, dass eine derartige Verhandlung zu etwas führen würde, was kollektiv rational bezeichnet werden könnte. Was bestenfalls als Lösung erwartet werden kann, sind Einigungen zu Lasten unbeteiligter Dritter, im Zweifel der Steuerzahler. Die Lösung selbst dürfte nach viel Taktieren und Lavieren medienwirksam zelebriert werden. Es genügt, wenn sie sich zur wortreichen Selbstdarstellung der beteiligten politischen Akteure und Verbandsfunktionäre eignet. Was bleibt, ist die Erkenntnis, dass konsensuale Politik auf das Harmoniebedürfnis der Beobachter setzt und ein Trugbild einvernehmlicher Lösung suggeriert.

9 Hierzu STREIT (1988), zur Korporatismuskritik vgl. GÄFGEN (1988). Der Wissenschaftliche Beirat (2000) beim Bundesministerium für Wirtschaft hat in seinem Gutachten "Aktuelle Formen des Korporatismus" ebenfalls Bedenken geltend gemacht (ebenda, Textziffern 4 und 5).

4. Die lähmende Selbstbindung der politischen Klasse

Wenn die vorangestellten Beobachtungen und Überlegungen zutreffen sollten, ist zu fragen, warum die Verbandsvertreter bzw. die Lobby als Mitverursacher der Misere des Verbändestaates in öffentlichen Diskussionen von den politischen Akteuren nur gelegentlich und mit knappen Hinweisen erwähnt werden. Die Antwort darauf dürfte in der engen Verflechtung von politischer Klasse und Interessenverbänden zu suchen sein. Wie sehr allein der Deutsche Bundestag von Interessenverbänden durchsetzt war, geht aus einer Analyse des Staatsrechtlers von ARNIM (1997, 261ff.) hervor. Im 1990 gewählten 12. Bundestag stellten Verbandsvertreter neben Abgeordneten aus dem öffentlichen Dienst die zweitstärkste Gruppe. Abgeordnete mit hauptberuflichen oder ehrenamtlichen Funktionen in einem Interessenverband machten rund 40 Prozent des damals gewählten Bundestages aus.

Wenn fast die Hälfte der Bundestagsabgeordneten Gewerkschaftsmitglieder sind[10], dürfte sich die Frage nahezu erübrigen, warum die Reform des häufig kritisierten Arbeitsrechts trotz aller Expertenmahnungen in der Vergangenheit erst jetzt auf die Agenda gesetzt wird.[11] Ferner ist zu berücksichtigen, dass Beschlüsse des Plenums in Parlamentsausschüssen und Fachgruppen vorbereitet werden. In diesen Gremien nimmt die Verbandsdichte noch zu, ganz unabhängig davon, dass Verbände sich auf ein Anhörungsrecht berufen können, wenn Belange der von ihnen Vertretenen von Gesetzgebungsvorhaben betroffen sind. Schließlich ist zu bedenken, dass das Wahlrecht und die Kandidatenaufstellung die Nominierung von Verbandsvertretern als Abgeordnete begünstigen. Daraus ergibt sich eine schwer überschaubare gegenseitige Abhängigkeit von politischer Klasse und Verbänden. Sie wird durch finanzielle Einflussnahmen noch verstärkt. Seit der Initiative des damaligen Bundesfinanzministers Schäffer im Jahre 1954, den Parteien die Annahme von Spenden gesetzlich zu verbieten, gab es Bemühungen, diesen an Korruption grenzenden Einflussnahmen von Unternehmen, auch von Verbänden, vorzubeugen. Abgeordnete werden durch Scheinarbeitsverträge und Scheinberaterverträge[12] praktisch in den Dienst von Verbänden und Unternehmen genommen, obwohl das Bundesverfassungsgericht bereits im sog. Diätenurteil von 1974 gegen einen derartigen Missbrauch des Mandats gesetzliche Vorkehrungen angemahnt hat. Wie die Mahnung ankam, belegen die Skandale der jüngsten Zeit.[13]

Die Konsequenz der dargelegten personellen und finanziellen Verflechtung von politischer Klasse und organisierten Interessengruppen ist im Hinblick auf die Realisie-

---

10 Nach einer Information des ZDF in der Sendung Frontal 21 vom 8.7.2003.

11 Der Abgeordnete Ch. SIMMERT (2002, 57f.) äußerte zum Thema "Der Parlamentarier als Verbandsvertreter" kritisch: "Natürlich ist es von Bedeutung, wenn Klaus Wiesehügel (SPD) als Bundestagsabgeordneter im Ausschuss für Arbeit- und Sozialordnung sitzt und gleichzeitig Gewerkschaftschef der IG Bau ist. Oder dass die stellvertretende DGB-Chefin Ursula Engelen-Kefer gleichzeitig im Präsidium der SPD sitzt. Ein Tariftreuegesetz für die Arbeitnehmerinnen und Arbeitnehmer im Baugewerbe fällt nicht einfach so vom Himmel. Genauso wenig wie eine Reform des Betriebsverfassungsgesetzes."

12 Musterbeispiel in Sachen Scheinberatervertrag dürfte der inzwischen gekündigte und mit 600.000,- DM p.a. dotierte Beratervertrag zwischen Altkanzler Kohl und dem Medienmogul Leo Kirch sein. Der Vertrag nennt als Auftragnehmer eine P & S GmbH in Ludwigshafen, für die Kohls Sohn Walter unterzeichnete (vgl. hierzu im einzelnen LEYENDECKER 2003, 75ff.).

13 Eine Liste hierzu liefert LEYENDECKER (2003). Vgl. auch seine namentlichen Beispiele für die Einflussnahmen von Lobbyisten (ebenda, 195ff.).

rungschancen von Reformen enttäuschend: Es muss eine lähmende Selbstbindung der politischen Klasse an die Verbände konstatiert werden, welche die Interessen der Reformbetroffenen vertreten.

5. Was zu tun ist

Schließlich bleibt zu fragen, wie der geschilderten Misere des deutschen Verbändestaates begegnet werden kann. Als Radikalkur bietet sich die Realisierung des ersten staatspolitischen Grundsatzes von Walter EUCKEN (1960, 334) an. Danach wären wirtschaftliche Machtgruppen - und Interessenverbände dürften dazu zählen - entweder aufzulösen oder in ihren Funktionen zu begrenzen. Den Grundsatz realisieren und damit eine Abkehr vom Verbändestaat bewirken, dürfte schwer fallen, verstieße dies doch gegen die grundgesetzlich garantierte Koalitionsfreiheit (Art. 9 GG). Eine Ursachentherapie hätte von dem strukturellen Defizit der politischen Verfassung auszugehen. Es besteht darin zu erlauben, dass die Parlamentsmehrheit und die sie tragenden Parteien in Konkurrenz mit der Minderheit ständig versucht oder veranlasst sind, die wahlwirksame Unterstützung durch Interessengruppen mittels Gewährung von Privilegien an die von ihnen Vertretenen zu erhalten bzw. zu gewinnen.

Zuvor wurde dargelegt, dass sich das Defizit in seiner Wirkung insofern verstärkt hat, als politische Klasse und Interessenverbände in Deutschland sowohl finanziell als auch personell verflochten sind. Das trägt zur Verfestigung des Verbändestaates bei. Dass durch ihn die Wirtschaftsordnung, die Marktwirtschaft, als Folge opportunistischer, gruppenorientierter und marktwidriger Interventionen zum Schaden von Wachstum und Beschäftigung beeinträchtigt wird, ist offensichtlich und in der Rentenschaffung angelegt.

Das beschriebene Defizit der politischen Verfassung beheben, erfordert eine Verfassungsreform. Vorschläge, wie damit Stimmenfang und Rentensuche unterbunden werden können, gibt es genug.[14] Sie haben jedoch einen entscheidenden Realisierungsnachteil. Sie sind nicht anreizkompatibel, weil sie implizieren, dass sich die politische Klasse als Verfassungsgeber selbst entmachten soll. Ähnliches gilt für eine Entflechtung von politischer Klasse und Verbänden. Die finanzielle Verflechtung dient der Parteien- und Wahlkampffinanzierung. Sie schafft Abhängigkeiten und Einflussmöglichkeiten. Als Ansatzpunkt für eine Reform käme das ohnehin in Verruf geratene Parteiengesetz in Betracht. Konkret ginge es darum, Parteispenden gesetzlich weiter zu begrenzen und Gesetzesverstöße noch schärfer, auch strafrechtlich, zu ahnden. Als letzte, durchgreifende Maßnahmen wären sowohl die Schmälerung der Anhörungsrechte der Verbände im Gesetzgebungsverfahren zu erwägen als auch eine strenge Prüfung, ob die Mitgliedschaft von Abgeordneten in Wirtschaftsverbänden überhaupt noch mit deren Amt und Mandat vereinbar ist. Falls nicht, bliebe nur ihre Aufkündigung, notfalls per Gesetz.

Wie auch immer man die Vorschläge zur Entflechtung von politischer Klasse und Verbänden abwägt, sie dürften, wie erwähnt, an der mangelnden Anreizverträglichkeit scheitern. Die Misere des Verbändestaates scheint, da aus sich heraus nicht behebbar, unausweichlich. Das Parlament kann nicht davor bewahrt werden, zum "Sklaven" von Interessenverbänden (HAYEK 2003, 317) zu werden. Wohin das führt, kann in Demo-

---

14 Einen Überblick hierzu gibt LEIPOLD (1988).

kratien mit einer marktwirtschaftlichen Ordnung wie Deutschland beobachtet werden: Strukturprobleme mangels Anpassungsfähigkeit, eine drückende Staatsverschuldung als Folge der politisch bequemen Finanzierung der Folgen von Wahlgeschenken, Parteispenden- und Korruptionsaffären, verursacht durch entschuldigend angeführte "schwarze Schafe" in den Reihen der vermeintlich Betroffenen, skandalöses Finanzgebaren von Partei- und Verbandsvertretern, die sich unantastbar wähnen – die Symptome der Dekadenz des politischen Systems sind unübersehbar. Friedrich von Hayek, ein überzeugter Verfechter des demokratischen Ideals, scheint bestätigt in seiner alarmierenden Skepsis:

"Es fehlt jedoch nicht an Anzeichen dafür, dass die uneingeschränkte Demokratie ihrem Ende zueilt und dass sie nicht mit Getöse untergehen wird, sondern mit Gewimmer." (HAYEK 2003, 5)

Literaturverzeichnis

Arnim, A. v. (1997): Fetter Bauch regiert nicht gern – Die politische Klasse – selbstbezogen und abgehoben, München: Kindler

Bibra, W. Freiherr v. (1933): Der Reichswirtschaftsrat und seine Reform, Coburg: Tageblatt-Haus.

Bischoff, I. (2001): Interessenverbände in der Demokratie – Verursacher rückläufiger Wachstumsraten? – Eine Analyse entlang des Argumentationsstrangs von Mancur Olson, Hamburg: Verlag Dr. Kovač.

Bundesministerium der Finanzen (2002): Bericht der Bundesregierung über die Finanzhilfen des Bundes und der Steuervergünstigungen 1999 – 2002, 18. Subventionsbericht, MUK: Berlin

Eschenburg, T. (1963): Herrschaft der Verbände?, Stuttgart: DTV

Eucken, W. (1960): Grundsätze der Wirtschaftspolitik, Reinbek: Rowohlt.

Gäfgen, G. (1988): Korporative Wirtschaftspolitik, neuer Korporativismus und Wirtschaftsordnung, in: J. Klaus und P. Klemmer, Wirtschaftliche Strukturprobleme und soziale Fragen, Berlin, 41-52.

Hayek, F. A. (2003): Recht, Gesetz und Freiheit – Eine Neufassung der liberalen Grundsätze der Gerechtigkeit und der politischen Ökonomie, hrsgg. v. V. Vanberg, Tübingen: Mohr Siebeck.

Leipert, H. (1988): Ordnungspolitische Konsequenzen der ökonomischen Theorie der Verfassung, in: J. Cassel, B.-T. Kamb, H.-J. Thieme, Ordnungspolitik, München: Vahlen.

Leyendecker, H. (2003): Die Korruptionsfalle – wie unser Land im Filz versinkt, Reinbek bei Hamburg: Rowohlt.

Olson, M. (1985): Aufstieg und Niedergang von Nationen – Studien in den Grenzbereichen der Wirtschafts- und Sozialwissenschaften, Bd. 42, Tübingen: Mohr Siebeck.

Schiller, K. (1994): Der schwierige Weg in die offene Gesellschaft – Kritische Anmerkungen zur deutschen Vereinigung, Berlin.

Sebaldt, M. (1997): Verbände und Demokratie: Funktionen bundesdeutscher Interessengruppen in Theorie und Praxis, Aus Politik und Zeitgeschichte B3-27/97, 27-37.

Simmert, Ch. und *V. Engels* (2002): Die Lobby regiert das Land, Berlin: Argon Verlag.

Streit, M. E. (1988): The Mirage of Neo-Corporatism, Kyklos 41, 603-634.

Streit, M. E. (1995): Entstaatlichung der Wirtschaft – Eine ordnungspolitische Notwendigkeit, in: ders., Freiburger Beiträge zur Ordnungsökonomie, Tübingen: Mohr Siebeck, 363-375.

Vaubel, R. (1989): Der Missbrauch der Sozialpolitik in Deutschland: Historischer Überblick und Politisch-Ökonomische Erklärung, in: G. Radnitzky, H. Bouillon (Hrsg.), Ordnungstheorie und Ordnungspolitik, Berlin, Heidelberg, New York: Springer, 173-201.

Weede, E. (1986): Verteilungskoalitionen, Staatstätigkeit und Stagnation, Politische Vierteljahresschrift 27, 222 –235.

Wissenschaftlicher Beirat beim Bundesministerium für Wirtschaft und Technologie (2000): Aktuelle Formen des Korporatismus, Gutachten vom 26./27. Mai 2000, BMWi-Dokumentation 479.

Systemwettbewerb im europäischen Integrationsprozeß*

1. Einleitung

Die folgende Analyse gilt einem Prozeß, der in offenen Gesellschaften einen institutionellen Wandel zu bewirken vermag, dem Wettbewerb der Systeme. Der Prozeß selbst kann erst ausgelöst werden, wenn es den Individuen möglich ist, über die nationalen Grenzen hinaus von ihrer Handlungsfreiheit Gebrauch zu machen. Erst dann werden sie mit der Territorialität von Institutionen, insbesondere des jeweils geltenden Rechts, konfrontiert. Die direkte oder indirekte Wahl von Territorialrechtssystemen bzw. Teilen davon (insbesondere von durch Regulierungen mitgeprägten, handelbaren Gütern) als Ausdruck ihrer Handlungsfreiheit ist dann möglicher Auslöser von institutionellem Wandel. Er wäre durch die jeweiligen Legislativen, aber auch durch die Judikativen zu vollziehen.

Voraussetzung für wirksamen Systemwettbewerb ist die ordnungspolitische Grundentscheidung, sich durch Öffnung des Systems einem solchen Wettbewerb überhaupt auszusetzen. Diese Entscheidung fiel mit dem Vertrag zur Gründung der Europäischen Wirtschaftsgemeinschaft im Vergleich zu Öffnungen im Rahmen des GATT besonders weitreichend aus. Das wurde erst allmählich mit der Rechtsprechung des Europäischen Gerichtshofes erkennbar. Die Entscheidung ist deshalb so weitreichend, weil mit dem EG-Vertrag eine den Systemen der Mitgliedstaaten übergeordnete Regelebene geschaffen wurde. Auf sie können sich die Privatrechtspersonen der Mitgliedstaaten nach der Rechtsprechung des Gerichtshofes unmittelbar beziehen, wenn sie sich im Gebrauch ihrer Handlungsfreiheit entgegen den Zusicherungen des Vertrages beschränkt sehen.

Aus der Perspektive des Vertrages von Rom und seiner judikativen Interpretation wird das folgende ordnungsökonomische Verständnis von Integration besonders deutlich: Integration beinhaltet eine Verringerung der Beschränkungen der individuellen Handlungsfreiheit, die sich aus nationalstaatlichen institutionellen Systemen für grenzüberschreitende Transaktionen sowie Faktorwanderungen ergeben. Aus der Perspektive des Systemwettbewerbs ist Integration in diesem Sinne eine notwendige Voraussetzung; denn mit ihr werden die Transmissionswege für diesen Wettbewerb - die grenzüberschreitenden Transaktionen und Faktorwanderungen - mehr oder weniger weit geöffnet.

Mit der Zulassung von Systemwettbewerb und den damit eröffneten institutionellen Wahlmöglichkeiten wachsen die Chancen der Bürger im Kampf um das Recht. Hierauf stützt sich auch eine Hoffnung Ernst-Joachim Mestmäckers, die er mit dem Vertrag von Rom verbindet. Für ihn ist er nicht nur ein Beispiel erfolgreicher marktwirtschaftlicher Ordnungspolitik, sondern - ganz im Sinne des großen Thomas Rudolf von Iherings - auch eine Bestätigung dafür, "daß das Recht zu den Errungenschaften offener Gesellschaften gehört, durch die es gelingen kann, die Erfordernisse institutionellen Wandels mit der von Ihering geforderten Selbständigkeit der Person in Einklang zu bringen" (Mestmäcker 1993a, S. 25).

---

* Erstveröffentlichung in: Cassel, D. (Hrsg) (1996): Entstehung und Wettbewerb von Systemen, Schriften des Vereins für Socialpolitik, Bd. 246, Berlin: Duncker&Humblot 1996, 223-244. Wiederabgedruckt in: Streit, M.E. (Hrsg.): Contributiones Jenenses, Bd. 8, Baden-Baden: NOMOS 2001, 378-391.

Der Gang der sich anschließenden Analyse ist wie folgt: Zunächst (Teil 2) werden die Elemente vorgestellt, die im Prozeß des Systemwettbewerbs zusammenwirken. Dabei sollte deutlich werden, wie komplex die Verknüpfung von ökonomischem und politischem Wettbewerb ist, die den Untersuchungsgegenstand kennzeichnet. Sodann (Teil 3) werden die Wirkungen skizziert, die vom Systemwettbewerb grundsätzlich erwartet werden können. In Teil 4 sollen am Beispiel der Europäischen Union die exogenen Grenzen aufgezeigt werden, die dem Systemwettbewerb als regelgeleitetem Prozeß gezogen sein können. Ferner werden die Grenzen analysiert, die sich aus dem Prozeß selbst und den Eigenschaften der Institutionen ergeben, welche ihm ausgesetzt sind. Der letzte Teil ist einer spezifischen Form dezentraler Regelbildung gewidmet, die Integrationswirkungen im verwendeten Sinne hat und die nicht auf die EU beschränkt ist. Sie ist selbst als eine Ausprägung des Systemwettbewerbs interpretierbar. Von ihr können weitere institutionelle Wettbewerbswirkungen ausgehen. Es handelt sich um die moderne Lex Mercatoria und ihre Durchsetzungsformen.

2. Prozeßelemente des Systemwettbewerbs

Wenngleich der Systemwettbewerb noch in vielen Elementen theoretisch und empirisch klärungsbedürftig ist, erlauben die bisher vorliegenden Arbeiten dazu doch einige Kernaussagen[1]: Systemwettbewerb oder institutioneller Wettbewerb ist ein Interaktionsprozeß, in dem Elemente des ökonomischen und des politischen Wettbewerbs wirksam sind. Wie die beiden genannten Teilprozesse selbst, ist auch der Systemwettbewerb regelgeleitet. Da es sich um Wettbewerb zwischen den (Rechts-)Systemen handelt, beziehen sich die Regeln primär auf die Möglichkeiten privater Akteure, mit ihren Dispositionen zwischen den Systemen zu wählen. Hinzu kommt, daß sich die politischen Akteure durch Regelbindung verpflichten müssen, die disziplinierenden Wirkungen des Wettbewerbs hinzunehmen. Zusammengenommen bedeutet das, daß es in erster Linie um den Grad der Offenheit der Systeme geht. Ausgangspunkt der Hypothese vom Systemwettbewerb sind internationale Faktorwanderungen gewesen. Solche Faktorwanderungen implizieren immer auch die Wahl spezifischer institutioneller Arrangements. Bezogen auf diese Wahl ist die "Abwanderung" mobiler Faktoren von einem Land in ein anderes als institutionelle Arbitrage interpretierbar: Private Akteure nutzen Unterschiede in den erwarteten Nettoerträgen ihrer Dispositionen über Faktoren in verschiedenen Ländern aus, die sich auf unterschiedliche institutionelle Arrangements in den betreffenden Ländern zurückführen lassen. Diese Arbitrage kann als Standortverlagerung (insbesondere bei Direktinvestitionen) strategisches Element privater Wettbewerbshandlungen sein. Politische Akteure nehmen als konkurrierende Anbieter von Regeln (externen oder formellen Institutionen) diese wirtschaftliche Entwicklung entweder wahr und interpretieren sie als Teilergebnis einer Systemwahl privater Akteure beim Einsatz mobiler Faktoren, oder sie werden im politischen Prozeß durch den "Widerspruch" Betroffener auf solche Arbitragevorgänge aufmerksam gemacht. Im Falle eines wirksamen Systemwettbewerbs regen die Wahrnehmung sowie die beschriebene Interpretation dieser Signale durch politische Akteure diese dazu an, daß sie neue bzw.

1 Die Ausführungen in diesem und dem folgenden Teil basieren vorwiegend auf Überlegungen, die sich bei Streit/Mussler (1995) bzw. Streit (1995) finden.

andere institutionelle Arrangements in ihr politisches Angebot aufnehmen, von denen sie sich eine höhere Attraktivität ihres territorialen Einflußbereichs für mobile Faktoren versprechen.

Systemwettbewerb kann auch unmittelbar durch den grenzüberschreitenden Handel mit Gütern und Diensten (Produkten) ausgelöst werden. Das ist möglich, wenn Inländer zwischen Produkten wählen können, die unter Befolgung unterschiedlicher nationaler Regulierungen in den Verkehr gebracht wurden. Eine solche Wahl setzt voraus, daß das Importland ausländische Regulierung anerkennt. In diesem Fall entscheiden die Inländer mit ihrer Produktwahl de facto zugleich über die Regulierung, welche die Produkte in ihrer Beschaffenheit mitprägt. "Abwanderung" von Inländern würde nunmehr Import von Produkten aus anderen Regulierungsregimen bedeuten. Die regulierungsbedingte Veränderung von Handelsströmen kann die institutionellen Anbieter zu Wettbewerbshandlungen veranlassen. Handlungsdruck kann von den betroffenen inländischen privaten Wettbewerbern bzw. ihren Interessenvertretungen ausgehen. Möglich ist aber auch eine "Abwanderung" von Inländern durch Produktionsverlagerungen in Regulierungsregime, die unter den vorherrschenden Bedingungen insgesamt günstiger beurteilt werden. Mit dem Systemwettbewerb in Form des Regulierungswettbewerbs ist zugleich ein zentraler Gegenstand der Diskussion über die Verwirklichung des europäischen Binnenmarktes angesprochen.

Im Unterschied zu den zuvor angesprochenen Regulierungen wird bei der Diskussion des internationalen Handels im Kontext des Systemwettbewerbs das Privatrecht selten thematisiert. Das ist insofern erstaunlich, als grenzüberschreitende Transaktionen notwendig eine Wahl zwischen Privatrechtssystemen beinhalten. Ferner wird mit ihnen Bezug auf komplementäre interne (informelle) Institutionen (z. B. Handelsbräuche, Geschäftsbedingungen) genommen. Konsequenz solcher Wahlhandlungen ist ebenfalls die "Abwanderung" von Vertragsparteien, nunmehr im Hinblick auf das inländische System externer und interner Institutionen. Die "Abwanderung" kann beispielsweise durch Unterschiede in den Transaktionskosten ausgelöst werden, welche mit der Nutzung der Institutionen verbunden sind, ganz zu schweigen von Anreizen, wohlfahrtsstaatlichen Manipulationen der Vertragsfreiheit bei grenzüberschreitenden Transaktionen auszuweichen.

Schon diese komprimierte Darstellung des Systemwettbewerbs primär aus der Perspektive der privaten Akteure dürfte deutlich machen, daß verschiedene Einzelhypothesen zur Funktionsweise des Phänomens der Klärung bedürfen. Sie beziehen sich z. B. auf die Frage, inwieweit internationale Faktorwanderungen allein durch Unterschiede in den nationalen institutionellen Arrangements erklärt werden können. Ähnliches gilt für die Erklärung von Entwicklungen im grenzüberschreitenden Handel als Folge von Unterschieden in der Produktregulierung und deren Behandlung durch die nationalen Regierungen.

Darüber hinaus ist zu untersuchen, wie sich die politischen Akteure im Systemwettbewerb verhalten. Die analytischen Schwierigkeiten entstehen vor allem an der Schnittstelle zwischen ökonomischen und politischen Prozessen. Zusammenfassen lassen sie sich in folgenden Fragen: Wie werden (negative) Veränderungen in der ökonomischen Leistungsfähigkeit des Systems von den politischen Akteuren, den Interessengruppen sowie der Wählerschaft wahrgenommen und interpretiert? Welcher politische Handlungsbedarf wird durch Widerspruch signalisiert? Welche Reaktionen der Akteure sind im innerstaatlichen politischen Wettbewerb zu erwarten? Aus der Sicht der tradierten ökonomischen Theorie der Politik haben die politischen Akteure eine naheliegende, abstrakte Antwort zu konkretisieren (ähnlich S. Sinn 1992 S. 180): Soweit sie die Regierung stellen, müssen sie ausreichend Unterstützung hervorrufen, um wiedergewählt zu werden. Dazu müssen sie sicherstellen, daß die positiven Wählerreaktionen auf die Vergabe und Erhaltung von Verteilungsprivilegien (Renten) von den negativen Reaktionen nicht überkompensiert werden, welche sich als Folge von Prosperitätsverlusten für Wähler einstellen, wenn z. B. Investoren (Kapital) abwandern oder eine Zuwanderung ausbleibt. Die Konkretisierung der Antwort wirft eine Unzahl von Wissensfragen auf. Wären diese ohne weiteres beantwortbar, würde der politische Unternehmer in ähnlicher Weise zum einfallslosen Ökonomisierer, wie dies in der neoklassischen Theorie der Firma für den privaten Unternehmer der Fall ist.

3. Wettbewerbswirkungen

Antworten auf die zuvor angesprochenen Fragen gibt es bisher nur in Ansätzen. Auch sind sie noch kaum empirisch überprüft. Dennoch lassen sich zwei Grundvermutungen zur Funktionsweise von Systemwettbewerb konkretisieren, die für das weitere Vorgehen hilfreich sind:

– Systemwettbewerb ist ein Verfahren, das es privaten Wettbewerbern ermöglicht, die Problemlösungsqualität vorhandener institutioneller Arrangements vergleichend zu prüfen. Zugleich regt es politische Wettbewerber an, attraktivere institutionelle Neuerungen zu entwickeln (Systemwettbewerb als Entdeckungsverfahren).

– Systemwettbewerb wird von der tatsächlichen, aber auch der potentiellen Substitution institutioneller Arrangements durch private Wettbewerber ausgelöst. Deshalb wirkt es kontrollierend auf die politischen Wettbewerber als Anbieter alter und neuer institutioneller Arrangements (Systemwettbewerb als Kontrollverfahren).

Bei der ersten Vermutung wird von konstitutionellem Wissensmangel aller Akteure ausgegangen. Institutionen sind dann als fehlbare "Hypothesen" über die Ordnung menschlichen Zusammenwirkens anzusehen, die permanent Bewährungsproben zu bestehen haben. Aus dieser Perspektive werden die Vorteile konkurrierender institutioneller Angebote erkennbar. Die Konkurrenz selbst wird möglich, wenn private Akteure zwischen unterschiedlichen institutionellen Arrangements wählen können. Mit der Wahl ist eine Bewertung dieser Arrangements verbunden. Die Dispositionen von Eigentümern mobiler Faktoren und von Nachfragern nach unterschiedlich regulierten Produkten sind zugleich Urteile über institutionelle Arrangements, mit denen spezifische gesellschaftliche Probleme gelöst werden sollen. Dabei ist davon auszugehen, daß weder die politischen Wettbewerber als institutionelle Anbieter noch die privaten Wettbewerber als Nachfrager die jeweils angemessenste Problemlösung kennen. Ferner ändert sich die Problemlösungsqualität "institutioneller Hypothesen" mit dem Wandel der Umstände, unter denen sie gelten sollen.

Es geht jedoch nicht nur darum, daß institutionelle Nachfrager problemadäquatere Lösungen entdecken können, wenn ihnen die Wahl zwischen bestehenden institutionellen Angeboten ermöglicht wird. Wie in ökonomischen Wettbewerbsprozessen können die Wahlhandlungen der Nachfrager zwar eine Anpassungsreaktion der Anbieter auslösen; diese könnte auch hier in der Imitation institutioneller Arrangements bestehen, die sich im grenzüberschreitenden Wettbewerb privater Akteure als attraktiv erwiesen haben. Eine solche Reaktion wäre aber schon deshalb nicht ohne weiteres angezeigt, weil die einzelnen Institutionen (Regeln) Teile eines gewachsenen Systems mit seinen spezifischen Konsistenzerfordernissen und stabilisierenden Traditionen sind. Vielmehr kann die Wettbewerbsreaktion der politischen Anbieter auch aus echten institutionellen Neuerungen im Rahmen des betreffenden Regelsystems bestehen. Die aufgezeigten Wettbewerbsreaktionen sind als ein dezentrales Korrekturverfahren für institutionelle Arrangements interpretierbar.

Aus den Ausführungen zur ersten Vermutung (Systemwettbewerb als Entdeckungsverfahren) ist ein Zwischenergebnis ableitbar, das von einigen Analysen auf diesem Gebiet abweicht. Wettbewerb zwischen Regelsystemen, etwa zwischen unterschiedlichen nationalen Regulierungen im europäischen Binnenmarkt, muß keineswegs zu einer "Harmonisierung von unten" führen. Im Verlauf einer institutionellen Innovationskonkurrenz muß es nicht zur Angleichung kommen. Insofern ist es z. B. falsch, Regulierungswettbewerb lediglich als besseres Mittel zur Erreichung von Harmonisierungszielen und damit als Alternative zur politischen "ex ante-Harmonisierung" zu betrachten, wie dies manche Befürworter von Regulierungswettbewerb (z. B. Siebert 1990) nahelegen. Hinzu kommt, daß unterschiedliche Regulierungen auch deshalb koexistieren können, weil es bei den von Regulierung betroffenen Nutzern von Gütern und Diensten durchaus unterschiedliche Präferenzen hinsichtlich des Realisierungsgrades von Regulierungszielen geben kann.

Die zweite Vermutung (Systemwettbewerb als Kontrollverfahren) basiert auf zwei Argumenten. Das erste leitet sich aus dem Umstand ab, daß institutionelle Nachfrager die von ihnen aufgespürten Angebote auf ihre Problemlösungsqualität überprüfen. Ihr persönliches Urteil äußert sich u. U. in Abwanderung bzw. Widerspruch und wirkt auf diese Weise kontrollierend. Das zweite Argument stellt nicht auf die Problemlösungsqualität von Institutionen ab, sondern auf die Beschränkung politischer Macht durch den Systemwettbewerb. Je größer die Chance ist, die grenzüberschreitend verwertbaren (mobilen) Handlungsrechte dem Einflußbereich einer Gruppe institutioneller Anbieter (einer nationalen Regierung, Legislative) zugunsten einer anderen zu entziehen, desto weniger Macht kann diese ausüben. Damit verbindet sich die Hoffnung vor allem liberaler Ökonomen, daß Systemwettbewerb trotz unübersehbarer Grenzen dazu beitragen kann, der Einschränkung der individuellen Handlungsfreiheit entgegenzuwirken, die mit den wohlfahrtsstaatlichen Verkrustungen bzw. der "institutionellen Sklerose" (Olson 1982) verbunden ist (z. B. S. Sinn 1992, Streit 1995). Diese Erwartung läßt sich gerade durch eine Analyse der Grenzen des Systemwettbewerbs stützen.

4. Grenzen des Systemwettbewerbs

In seiner Wirksamkeit sind dem Systemwettbewerb als komplexer Verknüpfung von ökonomischem und politischem Wettbewerb sowohl exogene als auch endogene Grenzen gesetzt. Exogen sind aus der Perspektive des Systemwettbewerbs die politisch bestimmten Regeln, welche ihn ermöglichen bzw. behindern. Endogene Grenzen ergeben sich aus dem Wettbewerb als Prozeß sowie aus der Beschaffenheit der Institutionen, welche dem Systemwettbewerb ausgesetzt sind.

Exogene Grenzen: Das Beispiel der EU

Wie bereits erwähnt, ist Systemwettbewerb wie ökonomischer und politischer Wettbewerb ein regelabhängiger Prozeß. Die prozeßexogenen Regeln bestimmen auch hier das Ausmaß bzw. die Grenzen der Wettbewerbsfreiheit. Die Grundregeln sind, funktional betrachtet, unmittelbar einsichtig. Ihre politische Durchsetzbarkeit erweist sich jedoch als außerordentlich schwierig. Erforderlich ist die Gewährleistung der vier Grundfreiheiten (Freiheit des Warenverkehrs, des Dienstleistungsverkehrs, der Niederlassungsfreiheit und der Kapitalverkehrsfreiheit), abgesichert durch ein Verbot staatlicher und privater Wettbewerbsbeschränkungen.

Bezogen auf die Europäische Union im allgemeinen und den Binnenmarkt im besonderen bestehen die Grundregeln für Systemwettbewerb schon seit langem. Die Gewährleistung der vier Grundfreiheiten sowie die Absicherung der Wettbewerbsfreiheit gegen Wettbewerbsbeschränkungen können bereits als ein Kernanliegen des EWG-Vertrages angesehen werden. Die Grundfreiheiten erfuhren durch den Europäischen Gerichtshof eine "Konstitutionalisierung" (Mestmäcker 1994, S. 272 ff.): Die Verpflichtung der Gemeinschaft zur Herstellung der Grundfreiheiten wurde in individuelle, einklagbare Rechte der EG-Bürger transformiert. In dieser Interpretation sichern die Grundfreiheiten "wirtschaftliche Handlungsspielräume, die dem Zugriff der Mitgliedstaaten entzogen sind und die von den Bürgern im gemeinsamen Markt mit den Mitteln des Privatrechts nach Maßgabe ökonomischer Zweckmäßigkeiten ausgefüllt werden können" (Behrens 1992 S. 147).

Hinsichtlich der Wettbewerbsbeschränkungen schuf das Vertragswerk Voraussetzungen zur Bekämpfung von privaten Wettbewerbsbeschränkungen im Handel zwischen den Mitgliedstaaten ebenso wie von mitgliedstaatlichen Wettbewerbsverfälschungen. Hingegen wurde die Möglichkeit von Wettbewerbsverfälschungen als Folge von Gemeinschaftshandeln bislang noch nicht hinreichend in ihrem ordnungspolitischen Gefahrenpotential gewürdigt.[2] Dieses Potential ist gerade durch den Vertrag von Maastricht noch größer geworden (vgl. Streit, Mussler 1994). Ferner blieb die Selbstverpflichtung der Gemeinschaft zur Liberalisierung gegenüber Drittländern und die damit verbundene Wettbewerbsförderung hinter dem Möglichen zurück. Die "Festung Europa" hat durchaus klare Formen angenommen (z. B. Streit, Voigt 1991).

Zwar wurden mit dem Regelwerk der Gemeinschaft grundsätzlich die Voraussetzungen für Systemwettbewerb geschaffen, jedoch sind darüber hinaus weitere institutionelle Bedingungen zu beachten:

(1) Systemwettbewerb ist nur in dem Maße möglich, wie die Mitgliedstaaten (noch) über Regelungskompetenz verfügen. Mit der Ausweitung der durch die Union geregelten Rechtsgebiete nimmt der Einflußbereich potentiellen Systemwettbewerbs notwendig ab. Auf die Erosion des im EWG-Vertrag (Artt. 2,3) niedergelegten "Prinzip(s) der limitierten Einzelermächtigung" (z. B. von der Groeben, Mestmäcker 1974) kann hier

2 Dies ist jedoch gerade infolge der Ausweitung der Gemeinschaftskompetenzen durch den Vertrag von Maastricht dringend geboten. "Die neue verfassungspolitische und verfassungsrechtliche Herausforderung besteht in der Bindung der Gemeinschaftsorgane an das Gemeinschaftsrecht. Die Frage lautet: Welche materiell rechtlichen, also inhaltlichen Bindungen folgen aus dem Gemeinschaftsrecht für die gestaltenden Maßnahmen der Gemeinschaft? Wie verhält sich der Wettbewerb der Systeme zur Regulierungskompetenz der Gemeinschaft?" (Mestmäcker 1993a, 620 f.)

nicht näher eingegangen werden. Aufgeworfen ist damit auch die Frage, in welchem Maße das Integrationsziel eine Vereinheitlichung von Rechts- und Verwaltungsvorschriften überhaupt unabdingbar macht. Hier sind begründete Zweifel angebracht (z. B. Streit/Mussler 1995, 93ff).

(2) Systemwettbewerb muß als integrationskonforme Alternative zur Vereinheitlichung gemeinschaftsrechtlich durchgesetzt werden. Dazu ist zunächst anzumerken, daß die Folgen der Konstitutionalisierung der Grundfreiheiten für die Mitgliedstaaten im einzelnen anfänglich kaum absehbar waren.[3] Der Europäische Gerichtshof konnte die gemeinschaftsrechtliche Dimension der Grundfreiheiten erst nach und nach weiter ausleuchten. Diese Entwicklung soll hier nicht nachgezeichnet werden.[4] Hinsichtlich der Freiheit des Warenverkehrs und damit der Produktregulierung sind die "Dassonville"-Entscheidung von 1974 und das Urteil "Cassis de Dijon" von 1979 als Marksteine anzusehen. Zusammengenommen brachten die beiden Urteile einerseits eine beträchtliche Schmälerung des nationalen Regulierungsspielraums zugunsten der Marktfreiheit. Regulierungsbedingten Beschränkungen des Handels zwischen den Mitgliedstaaten wurde das Ursprungslandprinzip entgegengesetzt. Zum anderen wurden Ausnahmen von dem Grundsatz der Marktfreiheit im Interesse national unterschiedlich intensiv verfolgter Schutzzwecke eingeräumt, allerdings unter Wahrung des Grundsatzes der Verhältnismäßigkeit.

Das Ursprungslandprinzip erfordert die gegenseitige Anerkennung nationaler Rechtsvorschriften. Das kann rechtstechnisch entweder dadurch geschehen, daß Produkte aus Mitgliedsstaaten ausdrücklich von nationalstaatlichen Regulierungen ausgenommen werden oder aber dadurch, daß diese Regulierungen durch die nationalen Behörden auf solche Produkte nicht angewendet werden. Weder das eine noch das andere ist jedoch nach der bisherigen Erfahrung gewährleistet (vgl. Tigges 1991; Winkler 1995). Selbst wenn es zur gegenseitigen Anerkennung kommt, können z. B. mit Hilfe von besonderen Kennzeichnungspflichten für ausländische Produkte neue Handelshemmnisse errichtet werden. Ihre Vereinbarkeit mit dem Grundsatz der Anerkennung muß im Prinzip ebenso in jedem Einzelfall gerichtlich überprüft werden, wie eine Verweigerung der Anerkennung mit dem Argument "zwingender Erfordernisse" im Interesse nationaler Schutzzwecke. Ordnungsökonomisch ist das für ausländische Anbieter entstehende Rechtsdurchsetzungsproblem eine Ursache spezifischer Transaktionskosten mit potentiell handelsbeschränkender Wirkung.

Generell können bei der Öffnung nationaler Volkswirtschaften im Sinne der Gewährleistung von Grundfreiheiten Rechtsdurchsetzungsprobleme für diejenigen entstehen, welche von diesen Freiheiten Gebrauch machen möchten. Es ist immer möglich, daß die mit einer Öffnung aufgegebenen nationalen Beschränkungen des Handels, der Konvertierbarkeit und der Migration durch sogenannte Grauzonenmaßnahmen ersetzt und vereinbarte Ausnahmen expansiv ausgelegt werden. Speziell im Falle der EU ist jedoch eine gerichtliche Überprüfung zumindest prinzipiell möglich. Allerdings ist diese Art der Überprüfung im Falle von Regulierungen für private Akteure kostspielig und

---

3 So vermutet E.-J. Mestmäcker (1993b, 24) zum Vertrag zur Gründung der Europäischen Wirtschaftsgemeinschaft: "Mit hoher Wahrscheinlichkeit wäre keine der beteiligten Regierungen bereit gewesen, dem Vertrag 1958 zuzustimmen, wenn sie die Einbußen an Souveränität vorausgesehen hätten, die sich daraus im Laufe von 30 Jahren ergeben haben. ... als Motor der Integration wirkte die Rechtsprechung des Europäischen Gerichtshofs."

4 vgl. hierzu Streit/Mussler (1995)

langwierig. Soweit die Kommission als "Hüterin der Verträge" Kenntnis von Problemen bei der gegenseitigen Anerkennung durch private Akteure erhält oder selbst erwirbt, verfügt sie über beträchtlichen diskretionären Handlungsspielraum. Das gilt sowohl für die Entscheidung, entsprechende Fälle zu verfolgen, als auch gegebenenfalls für die Wahl des weiteren Verfahrens. Dabei bleibt vieles letztlich Verhandlungen zwischen der Kommission und den jeweiligen Mitgliedstaaten überlassen. Insofern ergeben sich selbst im Falle der EU nicht zu übersehende exogene Grenzen für einen funktionsfähigen Regulierungswettbewerb als Teil des Systemwettbewerbs. Die Grenzen selbst können mit Hilfe der politischen Ökonomie der Protektion sowie mit Hypothesen der Bürokratietheorie plausibel erklärt werden (vgl. z. B. Winkler 1995).

Endogene Grenzen des Systemwettbewerbs

Die Anpassungs- und Neuerungswirkungen des Systemwettbewerbs werden zunächst einmal durch den Prozeß selbst beschränkt. Prozeßbezogene Grenzen sind in den realen Funktionsbedingungen (insbesondere Informations- und Mobilitätsbeschränkungen) und der unterschiedlichen Funktionsweise von ökonomischem und politischem Wettbewerb sowie in der Verzahnung beider Teilprozesse zu suchen. Dem wird zumindest ein beträchtlicher Teil der Diskussion des Systemwettbewerbs nicht gerecht. Dieses Urteil drängt sich auf, wenn die zuvor (in Teil 2) aufgeworfenen Fragen ernst genommen werden. Einfache Antworten sind nur möglich, wenn (1) das Wissensproblem der ökonomischen und politischen Wettbewerber unterschätzt, (2) der ökonomische Wettbewerb lediglich als friktionsarmes Anpassungsverfahren an objektive "Daten" und nicht als transaktionskostenträchtiges Entdeckungsverfahren auf der Basis subjektiven Wissens modelliert sowie (3) der politische Wettbewerb in direkter Analogie zum gleichgewichtslogischen Anpassungswettbewerb konstruiert wird. Unter diesen Umständen stellt auch die Verzahnung von ökonomischem und politischem Wettbewerb kein besonderes Problem dar.[5]

Das Spektrum derartig einfacher Antworten ist durch zwei in der politischen Diskussion aufgegriffene Extremfälle definiert: (1) Systemwettbewerb als perfekte institutionelle Arbitrage mit der Selektion des "besten" der gegebenen Arrangements, die als "ex-post-Harmonisierung" interpretierbar ist. (2) Das Wettbewerbsversagen in der Form "ruinösen" Systemwettbewerbs, die sogenannte Null-Regulierung. [6] Sobald jedoch die extremen Informations- und Mobilitätsannahmen gelockert sowie die Analogie von ökonomischem und politischem Wettbewerb aufgehoben werden, ändert sich das Bild. Gerechtfertigt erscheint dann ein moderater Optimismus hinsichtlich der zuvor (Teil 3) erörterten, positiven Wettbewerbswirkungen.

Die zweite Kategorie endogener Begrenzung des Systemwettbewerbs ergibt sich aus möglichen Eigenschaften von Institutionen, die dem Systemwettbewerb ausgesetzt sind. Institutionentheoretisch handelt es sich einmal um die Systembezogenheit (Kompatibilität) und zum anderen um die Pfadabhängigkeit von Institutionen. Diese endoge-

5 Eine kritische Analyse der neoklassischen Modellierung des Systemwettbewerbs sowie einen Interpretationsversuch aus hayekianischer, marktprozeßtheoretisch-klassischer Sicht liefert Wohlgemuth (1995).

6 Wie sensitiv diese Ergebnisse hinsichtlich der Wissensannahmen sind, läßt sich bereits erahnen, wenn letztere in konventionellen Modellen asymmetrischer Information differenzierter gesetzt werden. Die Folge sind multiple Gleichgewichte (z. B. Leland 1979). Mit der Zulassung von Neuerungen wird der Rahmen konventioneller Modellierung definitiv gesprengt.

nen Grenzen sind qualitativ. In ihrem Strukturbezug bzw. ihrer historischen Dimension sind sie der konventionellen ökonomischen Analyse kaum zugänglich; denn in deren Fall müssen qualitative institutionelle Unterschiede modellierungsbedingt auf objektivierbare Kosten- bzw. Ertragsunterschiede reduziert werden.

Systembezogenheit von Institutionen im Sinne von Kompatibilität soll mit zwei Beispielen verdeutlicht werden. Eine Öffnung für Regulierungswettbewerb im Hochbau Deutschlands durch Ausnahme der Produkte aus Mitgliedstaaten der EU von den deutschen Produktnormen würde u. U. wesentlich an Wirkung verlieren, wenn nicht die Brandschutzverordnung als mögliche Beschränkung mit berücksichtigt würde. Als zweites Beispiel kann das Steuerrecht dienen. In dem konkreten Fall der indirekten Besteuerung in der Gemeinschaft wurde zugleich deutlich, daß Kompatibilitätserfordernisse auch für die Harmonisierung gelten. Die Harmonisierung der Mehrwertsteuersätze bereitete nämlich gerade deshalb große Schwierigkeiten, weil diese Steuerart Teil national sehr unterschiedlich strukturierter Steuersysteme ist. Das gilt insbesondere für das Verhältnis zwischen indirekter und direkter Besteuerung. Mit dem Blick auf Systemwettbewerb liegt in diesem Fall z. B. die Vermutung nahe, daß - isoliert betrachtet - Besteuerungsunterschiede nur in dem Maße Arbitrage auslösen können, wie kompensatorische Wirkungen der übrigen Besteuerung vermeidbar sind.

Pfadabhängigkeit bedeutet Beharrungsvermögen von in diesem Fall legislativ gesetzten oder externen Institutionen. Sie erwächst aus deren Nutzung über längere Zeiträume. Lerneffekte der einzelnen privaten Akteure im Umgang mit solchen Institutionen können sich dabei mit Netzwerkeffekten verbinden. Solche Effekte treten auf, wenn sich die Nutzung von Institutionen ausbreitet. Je mehr Akteure mit den Institutionen vertraut sind, desto mehr wird ihre Interaktion erleichtert, die sich auf solche Institutionen stützt. Als Folge davon dürfte der Transaktionskostenpegel sinken. Das Beharrungsvermögen dürfte zudem um so größer sein, je mehr die betrachteten externen Institutionen mit internen, privatautonom entwickelten Institutionen durch Komplementaritätsbeziehungen verknüpft sind.[7]

Die Flexibilitätserfordernisse des Systemwettbewerbs konfligieren mit dem Beharrungsvermögen von Institutionen. Jedoch ist dies zugleich ein Konflikt mit der Orientierungsleistung, die Institutionen nur dann erbringen können, wenn auf ihr Fortbestehen vertraut werden kann.[8] Institutionelle Flexibilität ist aus dieser Perspektive kontraproduktiv hinsichtlich der Bewältigung konstitutionellen Wissensmangels. Das gilt zumindest so lange, wie Pfadabhängigkeit keinen Pfadwechsel blockiert, der sich durch veränderte gesellschaftliche Bedingungen aufdrängt (vgl. z. B. Adams 1994 S. 524 ff.).

Wenn von dem zuletzt genannten Fall einmal abgesehen wird, liegt die Frage nahe, welche externen Institutionen in besonderem Maße dem Systemwettbewerb ausgesetzt sind. Die Antwort dürfte in erster Linie bei den Institutionen bzw. institutionellen Veränderungen zu finden sein, die sich aus wohlfahrtstaatlichen Steuerungsversuchen mit Mitteln des Rechts ergeben. Mit ihnen sollen i. d. R. konkrete Zwecke für bestimmte Personen bzw. Fälle erreicht werden. Der Steuerungserfolg ist von vornherein durch den konstitutionellen Wissensmangel gefährdet. Die Steuerungsabsicht droht in offenen

7 Eine Überprüfung des Arguments der Pfadabhängigkeit sowie eine Analyse der möglichen Beziehungen zwischen internen und externen Institutionen finden sich bei Kiwit/Voigt (1995).

8 So vermutet Priddat (1995, 219): "Die Effizienz von Institutionen beruht auf ihrer Persistenz, d. h. auf der auch künftig erwartbaren Regelmäßigkeit des Handelns aller beteiligten Institutionenmitglieder."

Systemen durchkreuzt zu werden. Da sie eine Diskriminierung beinhaltet, stellt sie eine Einladung an institutionelle Arbitrage dar. Es mangelt ihr an der Wettbewerbsresistenz, die von allgemeinen und abstrakten (universalisierbaren) Regeln erwartet werden kann.

Die Vermutung lautet also, daß gerade ein beträchtlicher Teil der wohlfahrtsstaatlichen Rechtsproduktion dem Systemwettbewerb ausgesetzt ist. Deregulierungswellen, Reaktionen auf Abwanderungsdruck als Folge von Kapitalertragsbesteuerung, wettbewerbsorientierte Änderungen der Unternehmensbesteuerung sind zugleich Beispiele für eine aktive Nutzung dieser Arten externer Institutionen im Systemwettbewerb. Ferner werden in der Debatte um die Position im internationalen Standortwettbewerb z. B. Manipulationen der Vertragsfreiheit (etwa ein selektiver Kündigungsschutz), Verzerrungen im ökonomischen Wettbewerb als Folge von Branchenprivilegien sowie kostentreibende Elemente in den Sozialversicherungssystemen genannt. Allerdings dürfte auch in diesen Fällen der Wettbewerbsdruck kaum eine totale Erosion von Verteilungsprivilegien bewirken. Dagegen spricht die erste Kategorie von prozeßendogenen Grenzen des Systemwettbewerbs.[9]

Als Zwischenergebnis läßt sich zum Systemwettbewerb festhalten: (1) Systemwettbewerb ist als Verfahren geeignet, institutionelle Neuerungen zu entdecken und die politischen Wettbewerber als institutionelle Anbieter in ihrem Verhalten durch die privaten Nachfrager mittels der potentiellen bzw. tatsächlichen Sanktion "Abwanderung" zu kontrollieren. (2) Selbst wenn Systemwettbewerb als komplexe Verknüpfung von ökonomischem und politischem Wettbewerb durch - politisch bestimmte - exogene Regeln ermöglicht wird, sind ihm endogene Grenzen gesetzt, die in dem Prozeß als solchem sowie in Eigenschaften der systembildenden Institutionen zu suchen sind. (3) Die letztgenannten endogenen Grenzen geben zugleich Anlaß zu vermuten, daß gerade ein beträchtlicher Teil der wohlfahrtsstaatlichen Rechtsproduktion mit redistributiver Zielsetzung dem Systemwettbewerb ausgesetzt sein dürfte.

5. Integration durch privatautonome Regelbildung

Wie zu Beginn betont, blieben jene - nicht auf die EU beschränkten - Integrationsschritte in der theoretischen Diskussion bislang weitgehend unbeachtet, die auf privatautonomen Initiativen beruhen. Sie beinhalten als unintendiertes Ergebnis eine wettbewerbliche Suche nach Rechtseinheit im grenzüberschreitenden Handel i. S. v. Ferguson und Hayek. Die Entstehung und die Durchsetzung von institutionellen Arrangements sowie deren wettbewerbliche Fortentwicklung sind zwar Ergebnis menschlichen Handelns, aber als System oder Ordnung beruhen sie nicht auf einem menschlichen Entwurf. Damit sind die weitgehend informellen Institutionen und ihre Durchsetzungsmöglichkeiten angesprochen, die als moderne Lex Mercatoria gelten.[10] Materiell geht es

---

9 Insofern sind befürchtete Folgen eines möglichst unbehinderten Systemwettbewerbs, die plakativ mit "Sozialem Dumping" oder als Ende des Sozialstaates (H.-W. Sinn 1990) bezeichnet werden, weitgehend unbegründet (vgl. zu einer ausführlichen Diskussion und Kritik derartiger Vorstellungen sowie daran geknüpfter wirtschaftspolitischer Forderungen das Gutachten des Wissenschaftlichen Beirats beim Bundesministerium für Wirtschaft 1994, Ziff. 90 ff.)

10 Eine ausführliche Analyse der modernen Lex Mercatoria und der internationalen Schiedsgerichtsbarkeit bietet Dasser (1989). Einen kurzen Überblick gibt z. B. Kappus (1990). Eine zusammenfassende Darstellung und Wiedergabe der Diskussion über ihre Durchsetzung vor allem durch juristische

um Standardverträge, Muster- und Handelsklauseln, Handelsbräuche, Verhaltenskodizes internationaler Organisationen und allgemeine, auch im formellen Privatrecht zu findende Grundsätze. Hinzu kommen einige formelle Institutionen wie das Wiener Kaufrechtsübereinkommen von 1980. Die Klärung von Streitigkeiten obliegt in erster Linie einer privaten Schiedsgerichtsbarkeit. Die Regeln der Lex Mercatoria dominieren im grenzüberschreitenden Handel in einem Maße, von dem Grossmann-Doerth für den Kaufvertrag schon 1930 feststellte: "Die staatliche Dispositiv-Regelung ... ist für den Überseekauf bedrucktes Papier, nichts weiter" (zit. nach Dasser 1989 S. 9).

Ordnungsökonomisch gesehen ist die moderne Lex Mercatoria eine privatautonome Reaktion auf den Umstand, daß grenzüberschreitende Transaktionen von Akteuren aus verschiedenen Territorialrechtssystemen vorgenommen werden. Es sind Transaktionen zwischen Rechtsordnungsfremden (Schmidtchen 1990 S. 64). In ihrem Fall ergeben sich besondere Rechtsdurchsetzungsprobleme, deren Lösung Transaktionskosten verursacht. Vertraglich begründete Ansprüche gegenüber Rechtsordnungsfremden können nicht ohne weiteres rechtswirksam überprüft und gegebenenfalls vollstreckt werden, da diese einer anderen Gerichtsbarkeit unterworfen sind. Wird von dort Rechtshilfe gewährt, können dennoch aufgrund der Unterschiedlichkeit von Privatsrechtstraditionen Durchsetzungsprobleme entstehen. Zwar ist mit dem Internationalen Privatrecht (IPR) ein Instrument entwickelt worden, das es erlauben soll zu entscheiden, welches nationale Privatrecht bei grenzüberschreitenden Transaktionen anzuwenden ist (Kollisionsrecht). Jedoch hat jeder Staat sein eigenes IPR mit der Folge, daß die privaten Akteure weiterhin mit der Territorialität des Rechts konfrontiert sind.[11]

Die Reaktion der privaten Akteure auf diese Unsicherheit kann aus der Perspektive des Systemwettbewerbs interpretiert werden. Das territoriale Privatrecht wurde bei grenzüberschreitenden Transaktionen zu einem beträchtlichen Teil durch einheitliche Regeln der Lex Mercatoria substituiert. Die erfolgreiche Substitution von formellen durch informelle Institutionen kann nicht zuletzt mit folgenden Vermutungen begründet werden:

(1) Bei den an die Lex Mercatoria anknüpfenden Transaktionen ist die Wiederbegegnungswahrscheinlichkeit der Parteien hoch. Dementsprechend bedeutsam wird Reputation bei der Begrenzung des Transaktionsdilemmas (Problem der Vertragstreue). Infolgedessen benötigen die Akteure den umfassenden, aber auch transaktionskostenintensiven Schutz des formellen Privatrechts ebensowenig wie die damit einhergehenden Beschränkungen in der Vertragsgestaltung. Reputation dürfte auch erklären helfen, warum Streitigkeiten i. d. R. mit dem Entscheid und u. U. der Vollstreckung durch eines der privaten Schiedsgerichte enden. Staatliche Gerichte werden - übereinstimmenden Informationen zufolge[12] - in eher weniger als 10 % aller Schiedsgerichtsfälle letztinstanzlich in Anspruch genommen. Dennoch dürfte es für die erfolgreiche Substitution von formellen durch informelle Institutionen im grenzüberschreitenden Handel bedeutsam sein, daß die Substitution von den Staaten nicht nur toleriert, sondern letztinstanzlich unterstützt wird. Die Unterstützung sowie die damit verbundene Möglichkeit

Autoren sowie eine Würdigung aus der Perspektive der Transaktionskostentheorie gibt Voigt (1992, 175 ff).

11 Zu Einzelheiten vgl. z. B. Schmidtchen (1995, 75 ff.) sowie die dort angegebene Literatur.

12 Die Unsicherheit ergibt sich aus der Vertraulichkeit des Schiedsgerichtsverfahrens.

der Überwachung der Schiedsgerichte in ihrer delegierten Rechtsprechungskompetenz variiert von Staat zu Staat.[13]

(2) Die Lex Mercatoria kommt dem transaktionskostenorientierten Wunsch nach international einheitlichen Regeln entgegen. Die Folge sind jedoch nicht Einheitsregeln, sondern eine Vielfalt transaktions- und branchenspezifischer Regeln, die den praktischen Bedürfnissen entsprechen. Hierzu gehört auch, daß die Regeln relativ reibungsarm an veränderte Bedingungen (z. B. Transport- und Kommunikationstechniken) angepaßt werden[14]. "Diese Regeln entstehen nicht am grünen Tisch eines zentral planenden Gesetzgebers. Sie entstehen vielmehr 'vor Ort', dort also, wo sich in den verschiedensten Winkeln und Nischen des internationalen Wirtschaftsverkehrs ein praktisches Bedürfnis für ihre Schaffung - und für ihre Veränderung - zu Wort meldet" (Kötz 1992 S. 216). Demgegenüber ist die legislatorische Rechtsvereinheitlichung hinzunehmendes Produkt eines wenig durchschaubaren politischen Kompromißfindungsprozesses.

(3) Die internationale Schiedsgerichtsbarkeit ist durch intensiven Standortwettbewerb gekennzeichnet. Das führt tendenziell zu geringeren Transaktionskosten, ohne daß über "competition in laxity" berichtet wird. Wettbewerbsparameter sind vor allem das durch die Schiedsgerichtsordnung festgelegte Schiedsverfahren, die Qualität der Schiedsrichter und deren Honorare. In diesen Wettbewerb wird das geltende formelle Recht einbezogen, das bei Anfechtung von Schiedssprüchen vor ordentlichen Gerichten und bei einer Vollstreckung zum Zuge kommt. Infolgedessen sind auch hier wettbewerbliche Anpassungen beobachtbar, wenngleich die Rolle der staatlichen Gerichte durch das Bestreben der Parteien relativiert wird, den umständlichen Instanzenzug formeller Gerichtsbarkeit zu vermeiden.

Zusammenfassend und mit dem Blick auf das Thema kann festgehalten werden, daß die moderne Lex Mercatoria ein Beispiel dafür ist, daß die Suche nach Rechtseinheit und der Wettbewerb um institutionelle Verbesserungen sich nicht ausschließen. Das Ergebnis ist ein Mehr an Integration, welches durch die staatliche Hinnahme des informellen Gebrauchs der Handlungsfreiheit, aber auch dessen begrenzte, formelle, judikative Unterstützung ermöglicht wird. "Sie klärt die Beteiligten, die Gesellschaft und schließlich den Gesetzgeber darüber auf, mit Hilfe welcher Regeln es den Beteiligten möglich ist, ihre eigenen Zwecke zu verwirklichen, ohne dabei die gleichen Rechte Dritter zu verletzen" (Mestmäcker 1994b S. 329).

---

13 Das Ausmaß, in dem die Staaten Anfechtungen von Schiedsentscheidungen zulassen, orientiert sich grundsätzlich immer noch am New Yorker Übereinkommen von 1958. Allerdings hat der intensive Wettbewerb um Anteile am internationalen "Schiedsgerichtsmarkt" in vielen Staaten zu Verfahrensvereinfachungen sowie zur Beschränkung der Möglichkeiten einer Anfechtung geführt. In diesem Wettbewerb dürfte Deutschland eher zurückhaltend sein, verglichen mit Frankreich, der Schweiz, Schweden und England, die zugleich auch wesentlich größere "Marktanteile" haben dürften (vgl. zu Einzelheiten Dasser 1989, 300 ff.).

14 Die Akteure selektieren dabei mit ihrem Verhalten Änderungsvorschläge durch private und politische institutionelle Anbieter (z. B. die Incoterms der Internationalen Handelskammer oder die Schiedsordnung des United Nations Committee on International Law, UNCITRAL) aus praktischen Erwägungen ohne das System zu reflektieren

Literatur

Adams, M. (1994): Rechte und Normen als Standards; in M. Tietzel (Hrsg.): Ökonomik der Standardisierung - Homo Oeconomicus XI (3), Acedo, 501-552.

Behrens, P. (1992): Die Konvergenz der wirtschaftlichen Freiheiten im europäischen Gemeinschaftsrecht; Europarecht 27, 145-162.

Dasser, F. (1989): Internationale Schiedsgerichte und lex mercatoria; Zürich, Schulthess

Kappus, A. (1990): "Conflict avoidance" durch "lex mercatoria" und UN-Kaufrecht; Recht der internationalen Wirtschaft 36, 788-794.

Kiwit, D./S. Voigt (1995): Überlegungen zum institutionellen Wandel unter Berücksichtigung des Verhältnisses interner und externer Institutionen; erscheint in ORDO, 46.

Kötz, H. (1992): Alternativen zur legislatorischen Rechtsvereinheitlichung; Rabels Zeitschrift für ausländisches und internationales Privatrecht 56, 215-218.

Leland, A. E. (1979): Quacks, Lemons, and Lecinsing: A Theory of Minimum Quality Standards; Journal of Political Economy 87, 1328-1346.

Mestmäcker, E.-J. (1993a): Der Kampf ums Recht in der offenen Gesellschaft; in: (ders.), Recht in der offenen Gesellschaft, Baden-Baden, Nomos, 11-25.

Mestmäcker, E.-J. (1993b): "Rom oder Maastricht?" in (ders.), Recht in der offenen Gesellschaft, Baden-Baden, Nomos, 618-624.

Mestmäcker, E.-J. (1994a): Zur Wirtschaftsverfassung in der Europäischen Union; in: R.H. Hasse u.a (Hrsg.), Ordnung in Freiheit; Stuttgart u.a.: Gustav Fischer, 263-292.

Mestmäcker, E.-J. (1994b): Aufklärung durch Recht; in: W. Möschel, M. E. Streit, U. Witt (Hrsg.), Marktwirtschaft und Rechtsordnung, Baden-Baden, Nomos, 311-327.

Olson, M. (1982): The Rise and Decline of Nations - Economic Growth, Stagflation, and Social Rigidities; New Haven/London: Yale University Press.

Priddat, B. P. (1995): Zeit und institutionelles Dilemma; List-Forum 21, 207-221.

Schmidtchen, D. (1990): Neue Institutionenökonomik Internationaler Transaktionen; in: U. Schlieper und D. Schmidtchen (Hrsg.): Makro, Geld und Institutionen; Tübingen: Mohr, 57-84.

Schmidtchen, D. (1995): Territorialität des Rechts, Internationales Privatrecht und die privatautonome Regelung internationaler Sachverhalte: Grundlagen eines interdisziplinären Forschungsprogramms; Rabels Zeitschrift für ausländisches und internationales Privatrecht 59, 56-112.

Siebert, H. (1990): The Harmonization Issue in Europe: Prior Agreement or a Competitive Process?; in: ders. (Hrsg.), The Completion of the Internal Market; Tübingen: Mohr, 53-75.

Sinn, H.-W. (1994): How Much Europe? Subsidiarity, Centralization and Fiscal Competition; Scottish Journal of Political Economy 41, 85-107.

Sinn, S. (1992): The Taming of Leviathan: Competition Among Governments; Constitutional Political Economy 3, 177-196.

Streit, M.E. (1995): Dimensionen des Wettbewerbs - Systemwandel aus ordnungsökonomischer Sicht; erscheint in: Zeitschrift für Wirtschaftspolitik 44.

Streit, M.E./S. Voigt (1991): Die Handelspolitik der Europäischen Gemeinschaft aus weltwirtschaftlicher Perspektive; Hamburger Jahrbuch für Wirtschafts- und Gesellschaftspolitik 36, 193-219.

Streit, M. E./W. Mussler (1994): The Economic Constitution of the European Community - From "Rome" to "Maastricht"; Constitutional Political Economy 5, 319-353.

Streit, M. E./W. Mussler (1995): Wettbewerb der Systeme und das Binnenmarktprogramm der Europäischen Union; in: L. Gerken (Hrsg.): Europa zwischen Ordnungswettbewerb und Harmonisierung - Europäische Ordnungspolitik im Zeichen der Subsidiarität; Berlin, Heidelberg, New York: Springer-Verlag, 75-107.

Tigges, U. (1991): Zur Aktualität nichttarifärer Handelshemmnisse im europäischen Binnenmarkt; Baden-Baden: Nomos.

v. d. Groeben, H./E.-J. Mestmäcker (Hrsg.)(1974): Verfassung oder Technokratie für Europa; Frankfurt: Fischer Athenäum.

Winkler, T. D. (1995): Wo kein Kläger, da kein Richter - Die Verwirklichung der gegenseitigen Anerkennung von Produktregulierungen in der Europäischen Union; Diskussionsbeitrag 07-95, Max-Planck-Institut zur Erforschung von Wirtschaftssystemen, Jena.

Wissenschaftlicher Beirat beim Bundesministerium für Wirtschaft (1994): Ordnungspolitische Orientierung für die Europäische Union; BMWi Dokumentation 356, Bonn.

Wohlgemuth, M. (1995): Economic and Political Competition in Neoclassical and Evolutionary Perspective; Constitutional Political Economy 6, 71-96.

Rationale Wirtschaftspolitik im Rahmen sozialtechnischer Möglichkeiten*

1. Kategorien von Entscheidungsproblemen

Wie fundiert wirtschaftspolitische Entscheidungen grundsätzlich vorbereitet werden können, hängt davon ab,

- wie gut die Handlungsmöglichkeiten und ihre Folgen empirisch absicherbar sind, d. h., wie gut das vorhandene und erwerbbare Lenkungswissen ist, und
- wie gut das Entscheidungsproblem (entscheidungslogisch) durch die Entwicklung problemadäquater Entscheidungsverfahren analytisch erschließbar ist.

Das anwendbare Lenkungswissen ist notwendigerweise um so geringer, je mehr sich erwogene Aktionen von bisherigem Tun oder Unterlassen entfernen, also außerhalb der wirtschaftspolitischen Erfahrung liegen. Die analytische Durchdringung des Entscheidungsproblems wird um so schwieriger, je vielschichtiger sich erwogene Aktionen darstellen. Wie Entscheidungsprobleme nach ihrem wirtschaftspolitischen Stellenwert, ihrer Reichweite, eingeschätzt werden, hängt davon ab, wie die möglichen Folgen der implizierten Aktionen, also die angestrebten Veränderungen gesellschaftlicher Zustände und Entwicklungen, bewertet werden.

Auf diese Veränderungen bezogen, lassen sich wirtschaftspolitische Probleme unter Berücksichtigung der praktischen Möglichkeiten einer Entscheidungsvorbereitung wie folgt kategorisieren (in Anlehnung an BRAYBROOKE und LINDBLOM, 1963, S. 62 ff. sowie JOCHIMSEN, 1967, S. 63 ff.):

- nach den Möglichkeiten, die erwogene Veränderung analytisch und empirisch zu erschließen, und
- nach der Reichweite der mit einer wirtschaftspolitischen Entscheidung implizierten Veränderung.

Da die Beurteilung der Reichweite von Veränderungen ein Bewertungsproblem darstellt, kann von vornherein ausgeschlossen werden, daß vollständige Übereinstimmung darüber zu erzielen ist, wie mögliche Veränderungen eingestuft werden sollen. Diese Schwierigkeit wird erkennbar, wenn gefragt wird, wie z.B. eine Änderung der Diskont-, Lombard- und Offenmarktpolitik, eine befristete fünfprozentige Senkung der Einkommensteuerschuld aller Steuerpflichtigen, eine Umstellung der Studienbeihilfen auf zinsgünstige Darlehensfinanzierung, die Eingliederung einer zuvor unabhängigen Notenbank in das Finanzministerium, die Überführung der Montanindustrie in ein staatlich reguliertes Kartell, die Umstellung der Agrarpolitik auf direkte Transferzahlungen, die Deregulierung der Versicherungswirtschaft oder die Überführung aller Betriebe mit abhängig Beschäftigten in Gemeineigentum zu beurteilen ist. Die Beispiele dürften genügen, um zu illustrieren, daß bei individueller Beurteilung nach dem Kriterium weitreichende bzw. begrenzte Veränderung die größte Übereinstimmung wohl bei Extremfällen erwartet werden kann. Das genügt aber, um die Frage zu diskutieren, wie gesell-

* Erstveröffentlichung in: Streit, M.E.: Theorie der Wirtschaftspolitik, 5. Aufl., Düsseldorf: Werner, 2000, 16.Kap.

schaftliche Verbesserungen angestrebt werden können. Auch die Ausprägungen des zweiten Merkmals, der analytischen und empirischen Erschließung erwogener Veränderungen, stellen ein Kontinuum dar. Am einen Ende des Möglichkeitsbereichs stehen Veränderungen, für die es hinsichtlich der tangierten Wertvorstellungen und der relevanten Wirkungszusammenhänge sowohl an theoretischem Wissen als auch an empirischen Informationen fehlt. Am anderen Ende stehen Veränderungen, deren Folgen überschaubar und bewertbar sind, die sich also für ein Entscheidungskalkül in besonderem Maße eignen.

Es muß also hinsichtlich der Wissensanforderungen zwischen entscheidungstheoretisch zugänglichen und unzugänglichen Problemen unterschieden werden. Die erste Kategorie dürfte im wirtschaftspolitischen Alltag in einer gelenkten Marktwirtschaft vorherrschen. Dabei kann die Qualität des hinzuziehbaren Lenkungswissens allerdings sehr unterschiedlich sein. Aber die ins Auge gefaßten Veränderungen halten sich ebenso in Grenzen wie die möglichen Folgen von Fehleinschätzungen. Demgegenüber sind die weitreichenden, vielschichtigen Veränderungen vergleichsweise selten. Ein unstrittiges Beispiel hierfür dürfte ein Wechsel der Wirtschaftsordnung sein. Hier liefert schon allein die Geschichte Deutschlands in diesem Jahrhundert bis in die Gegenwart hinein ausreichendes Anschauungsmaterial. Jedoch können solche Veränderungen ebenso wie bereits die Wirtschaftspolitik in einer gelenkten Marktwirtschaft hinsichtlich der zielorientierten Gestaltungsmöglichkeiten des gesellschaftlichen Teilsystems Wirtschaft sehr unterschiedlich eingeschätzt werden. Im Falle eines Wechsels der Wirtschaftsordnung kommt es sogar noch mehr darauf an, zu unterscheiden zwischen

- einer skeptischen Einschätzung der zielorientierten Gestaltungsmöglichkeiten von evolutorischen Systemen, als die Gesellschaften aus der individualistischen Perspektive des kritischen Rationalismus gelten;
- einer optimistischen Einschätzung dieser Gestaltungsmöglichkeiten in der Tradition des konstruktivistischen Rationalismus vor allem dann, wenn diese noch mit einer kollektivistischen Gesellschaftsvorstellung verknüpft werden.

2. Entscheidungstheoretisch zugängliche Probleme

2.1 Erfahrungsgestützte Entscheidungskalküle

Versuche, begrenzte Probleme zu lösen, orientieren sich an den bisherigen Erfahrungen mit der Funktionsweise gesellschaftlicher Systeme (funktionelle Ausrichtung) und beinhalten tastende, schrittweise Veränderungen. Dieser Lösungsansatz läßt sich anhand von Problemen verdeutlichen, die analytisch und empirisch noch am ehesten die Verwendung quantitativer Entscheidungsmodelle erlauben. Insofern ist es aufschlußreich, zu prüfen, welche Aktionsmöglichkeiten mit welcher Verläßlichkeit hinsichtlich ihrer Ergebnisse etwa aus Entscheidungsmodellen zur makroökonomischen Stabilisierung im günstigsten Fall abgeleitet werden können.

Was die Kenntnis des Entscheidungsfeldes angeht, präsentiert das zugrundeliegende erfahrungswissenschaftliche Modell, wie der Name schon sagt, die Erfahrung mit Stabilisierungsversuchen, soweit sie einer Quantifizierung zugänglich ist. Prognosen über mögliche Handlungsergebnisse sind aus dem Modell nur aufgrund der bereits gemachten Erfahrungen ableitbar. Etwas formaler ausgedrückt, müssen sie sich strenggenommen auf solche Variationen von vorherbestimmten Variablen beschränken, die im Rahmen des bereits in der Vergangenheit Beobachteten bleiben; denn auf derartige Beobachtungen stützen sich die Koeffizientenschätzungen (Stützbereich). Auch das Ausmaß von erwägbaren Veränderungen wird deutlich, wenn z. B. noch einmal die in den Multiplikatoren der reduzierten Form des Modells enthaltene Aussage hinzugezogen wird; es handelt sich um den Multiplikatoreffekt einer marginalen Veränderung der jeweiligen vorherbestimmten Variablen, der bestenfalls mit Aposteriori-Wahrscheinlichkeiten angebbar ist. Ferner handelt es sich nur um den in einer (der ersten) Periode ausgelösten Effekt. Fernwirkungen sind zwar grundsätzlich aus dem Modell ableitbar (sogenannte dynamische Multiplikatoren). Wenn sie jedoch zur Formulierung von Handlungssequenzen herangezogen würden, wäre zu berücksichtigen, daß sich im Zeitablauf neue Erfahrungen ansammeln; rationales Vorgehen erfordert es, diese Erfahrungen auch bei einer Überprüfung der Modellstruktur und einer neuen Schätzung zu verwerten. Erkennbar wird hierbei das analytisch schwer zugängliche Problem der Formulierung wirtschaftspolitischer Strategien. Solche Strategien sind aber auch deshalb schwer formulierbar, weil nicht ausgeschlossen werden kann, daß sich im Zuge der Problemlösungsversuche sowohl die Verhaltensweisen (z. B. infolge begrenzt rationaler Erwartungen) als auch die Bewertungen ändern.

Welche Beurteilung folgt aus all dem für den Problemlösungsansatz? Er erlaubt in der Tat im günstigsten Fall nur die Abwägung kleiner Veränderungen. Allerdings können sie aus mehreren, gleichzeitigen Aktionen (Instrumentvariationen) bestehen. Wie viele Handlungsmöglichkeiten es gibt, hängt nicht zuletzt davon ab, wie gut das Entscheidungsfeld erschlossen und die Entscheidungsregel einschließlich der Bewertung der Instrumente selbst, z. B. durch die Aufnahme von Randbedingungen, formuliert werden konnte.

Daß das Ergebnis, das mit dem Lösungsansatz erzielbar ist, dem Rationalitätskriterium einer möglichst fundierten Analyse des Entscheidungsproblems gerecht wird, ist schon wegen der begrenzten Quantifizierbarkeit der Entscheidungsprobleme mehr als zweifelhaft. Außerdem gibt das Modell höchstens Aufschluß über Wirkungszusammenhänge der bisherigen wirtschaftspolitischen Praxis. Neuerungen wie z. B. eine Vergrößerung des Instrumentariums oder eine (institutionelle) Änderung von Kompetenzen sprengen den Rahmen der Erfahrung. Sie sind aber gleichwohl zu erwägen. Würde diese Möglichkeit abgelehnt, entspräche dies einem konservativen Werturteil zugunsten der bisherigen wirtschaftspolitischen Praxis. Daher wäre eine aus derartigen Modellen abgeleitete Entscheidung höchstens als vorläufig anzusehen. Aus dieser notwendigen Einschränkung zu folgern, daß die verwendete deduktive Methode unbrauchbar ist (z. B. BRAYBROOKE und LINDBLOM, 1963, S. 37 ff.), wäre allerdings unnötig restriktiv. Nur wenn bei Entscheidungen die Grenzen vernachlässigt werden, die diesem Vorgehen gezogen sind, läge eine nicht rationale Überschätzung der Problemlösungsmöglichkeiten vor. Auch hier sollte gelten, daß bei der Lösung von Problemen das vorhandene Wissen zu nutzen ist, was das Wissen über die Grenzen dieses Wissens mit einschließt (POPPER, 1957, S. 64).

2.2 Zur Sozialtechnik schrittweiser Reformen

Nicht zuletzt aus der Bedeutung des Wissens über die Grenzen des Wissens läßt sich die Forderung ableiten,

- begrenzte Veränderungen im Interesse des gesellschaftlichen Fortschritts möglichst systematisch zu erwägen sowie
- die Organisation von Entscheidungsprozessen und den Entscheidungsaufwand den tatsächlichen Analyse- und Informationsmöglichkeiten anzupassen.

Die mit dem ersten Teil des Postulats angesprochene Vorgehensweise wurde wohl am überzeugendsten von POPPER (1945, Bd. 1, Kap. 9; 1957, S. 64 ff.) mit seinem Plädoyer für eine Sozialtechnik schrittweiser Reformen („piecemeal social engineering") formuliert. Der zweite Teil der Forderung bezieht sich darauf, wie sich diese Sozialtechnik praktisch umsetzen läßt. Als ein Versuch, auf diese Forderung einzugehen, kann die in erster Linie von LINDBLOM (1958; BRAYBROOKE und LINDBLOM, 1963) vorgeschlagene Methode der unverknüpften, schrittweisen Veränderung („disjointed incrementalism") interpretiert werden; allerdings bestehen bei dieser Methode fließende Übergänge zu einer reinen Deskription vorgefundener Praktiken bis hin zum orientierungslosen Opportunismus (z. B. DROR, 1964).

2.2.1 Gründe für die Wahl schrittweiser Reformen

Die Sozialtechnik schrittweiser Reformen läßt sich mit den Eigenschaften der sonst verbleibenden Möglichkeiten begründen. Mit einer Politik des „Durchwurstelns" würden die Chancen nicht genutzt, die bei aller Begrenztheit des Wissens in einem rationalen Vorgehen liegen können. Aus der gleichen Erkenntnis der Begrenztheit menschlichen Wissens leitet sich aber auch eine tiefe Skepsis gegenüber dem ab, was POPPER (1945, S. 157) als utopische Sozialtechnik bezeichnet. Es handelt sich um die bereits bei PLATON zu findende konstruktivistische Position, nach der ein Gesellschaftsideal mit Hilfe eines umfassenden Plans als realisierbar betrachtet wird. Die Skepsis gegenüber dieser Position gilt unabhängig davon, welche Vorstellungen ein Vertreter dieser Sozialtechnik von einer idealen Gesellschaft haben mag. Es ist auch unabhängig davon, ob er hofft, daß eine solche Gesellschaft einmal erreicht werden kann. Ausschlaggebend ist vielmehr (POPPER, 1945, S. 158 f.),

- daß Idealvorstellungen, verglichen mit herrschenden Mißständen, nicht erfahrbar sind und damit auch schwer bewertbar sein dürften;
- daß zumindest ungewiß bleiben muß, ob es eine ideale Gesellschaft gibt, die sowohl von der gegenwärtigen Generation als auch von zukünftigen Generationen, über deren Schicksal in beträchtlichem Maße mitentschieden werden müßte, als eine solche beurteilt würde;
- daß das Entscheidungsfeld Gesellschaft zu komplex ist, um einen umfassenden Plan für eine weitreichende, vielschichtige Veränderung im Hinblick darauf beurteilen zu können, ob er so durchführbar ist, welche Verbesserung der Situation von der Durchführung erwartet werden kann und welche Kosten, auch in Form menschlichen Leids, mit ihr verbunden wären.

Im Unterschied dazu wird bei einer Sozialtechnik der schrittweisen Reformen davon ausgegangen,

- daß gesellschaftliche Mißstände anders als Idealzustände leichter zu ermitteln sein dürften, weil es Gesellschaftsmitglieder geben muß, die sie als solche erfahren und darunter leiden, und andere, die sie praktisch bestätigen, wenn sie nicht bereit sind, mit den davon Betroffenen zu tauschen;
- daß es deshalb eher möglich sein dürfte, sich auf die Bekämpfung von konkreten Mißständen zu einigen, als darauf, wie die beste aller Zukunftsgesellschaften praktisch aussehen sollte und wie sie zu realisieren wäre;
- daß das erforderliche technologische Wissen einschließlich desjenigen über Nebenwirkungen bei begrenzten Veränderungen noch am ehesten verfügbar ist oder erworben werden kann;
- daß infolgedessen durch konkrete Mißstände begründbare, begrenzte Veränderungen von den positiv wie negativ davon Betroffenen eher beurteilt werden können;
- daß daher ein dezentralisierter, demokratischer Willensbildungsprozeß Chancen eröffnet, der unbekannten Vielfalt möglicher Bewertungen in einem Kompromiß über die vorzunehmende Veränderung zumindest teilweise Geltung zu verschaffen;
- daß im Falle der Fehleinschätzung von Folgen einer begrenzten Veränderung sich auch der damit angerichtete Schaden in Grenzen halten dürfte;
- daß die Ursachen für einen möglichen Fehlschlag bei einer begrenzten Veränderung eher aufspürbar sein dürften als bei einem vielfältigen, weitreichenden Aktionsprogramm und daher auch leichter Abhilfe geschaffen werden kann;
- daß wegen der beiden zuletzt genannten Gründe das mit begrenzten Veränderungen verbundene Risiko ebenfalls begrenzt sein dürfte;
- daß deshalb auch Entscheidungen weniger kontrovers sein und daher nicht in einem das demokratische Verfahren gefährdenden Maße polarisierend wirken dürften.

Auf den Bereich der Wirtschaftspolitik bezogen, beinhaltet diese Sozialtechnik zunächst, daß begrenzte, aber doch deutliche Verbesserungen der jeweiligen Ausgangslage angestrebt werden. Charakteristisch hierfür sind Zielvorgaben, wie z. B. eine deutliche Senkung der Inflationsrate, eine Verminderung der Stickstoffbelastung des landwirtschaftlich genutzten Bodens, eine Erleichterung des Übergangs von abhängiger in selbständige Beschäftigung, ein Abbau nichttarifärer Handelsbeschränkungen, eine Senkung der Kosten des Gesundheitswesens usw. Solche Zielvorgaben, die zugleich mit praktischen Maßnahmen verknüpft werden, schließen nicht aus, daß zugleich auch langfristige Ziele programmatisch formuliert werden, wie z. B. Preisniveaustabilität, Verbesserung der Umweltqualität, Wettbewerbsförderung, Senkung der Abgabenlast. Für das praktische Vorgehen kommt es jedoch darauf an, Veränderungen zu konzipieren, die von als unbefriedigend erkannten Situationen und Entwicklungen wegzuführen versprechen, und nicht in erster Linie solche Veränderungen, die zu „letzten" Zielen hinführen sollen.

So gesehen kann die Sozialtechnik schrittweiser Reformen auch als Leitbild für eine rationale Wirtschaftspolitik verstanden werden. Der Umstand, daß diese Sozialtechnik von POPPER im Kontrast zu einer von ihm als utopisch beurteilten Position entwickelt wurde, kann jedoch nicht als Urteil interpretiert werden, weitreichende und vielschichtige Veränderungen seien grundsätzlich nicht wünschenswert. Vielmehr verdeutlicht seine Gegenüberstellung hinsichtlich der Wissensanforderungen, daß solche Veränderungen bestenfalls bruchstückhaft antizipiert werden können und daher mit kaum kalkulierbaren Anpassungslasten verbunden sind; über sie kann nicht einfach hinweggegangen werden. Hinsichtlich der Zielsetzungen ist zwar die Richtung angebbar. Jedoch tritt an die Stelle von als wünschenswert erachteten gesellschaftlichen Endzuständen trotz der Orientierung an Grundwerten wie vor allem dem der Freiheit eine offene Entwicklung.

2.2.2 Komplementäres Verfahren: Demokratie

Bei schrittweisen Reformen wird eine konsistente und umfassende Bewertung der herrschenden Zustände und möglichen Veränderungen, wie sie etwa mit einer gesellschaftlichen Wohlfahrtsfunktion impliziert wäre, erst gar nicht angestrebt. Vielmehr tritt an ihre Stelle die „soziale Fragmentierung von Analyse und Bewertung" (BRAYBROOKE und LINDBLOM, 1963, S. 104 ff., 235 ff.). Gemeint ist damit, daß sowohl die Beschaffung und Verarbeitung von Informationen über das Entscheidungsfeld als auch die wirtschaftspolitische Entscheidung dezentralisiert vorgenommen werden. Das impliziert nichts anderes als die Anwendung demokratischer Willensbildungsprozesse.

Im Hinblick auf Analyse und Bewertung bedeutet Dezentralisierung, daß mit dem gleichen Problem z. B. Ministerien, Parlamentsausschüsse, Forschungsinstitute, Verbände, Unternehmen und Einzelpersonen befaßt sein können. Zu vermuten ist, daß sie das Problem aus ihrer eigenen Erfahrung und nach ihren eigenen Interessen beurteilen und dementsprechende Lösungen zu finden versuchen. Daher dürften ihre Lösungsvorschläge divergieren. Zugleich dürften sie fremde Analysen und Vorschläge darauf prüfen, ob sie übernommen und damit unterstützt oder ob sie bekämpft werden sollen. Im günstigen Fall kontrollieren sich also die Beteiligten gegenseitig bei Problemlösungsversuchen (LINDBLOM, 1958, S. 306). Trotzdem werden ihre Bewertungen der Vor- und Nachteile von Veränderungen durch die eigenen Interessen geprägt sein. Aber dazu läßt sich geltend machen, daß solche Informationen immer noch besser sind als gar keine und nur diejenigen, die eine einzelne Planungsinstanz zusammenzutragen und auszuwerten vermag. Gerade durch das Interesse an dem jeweils erkannten Problem und durch die Chance, eigene Lösungsvorschläge und Bewertungen wirksam einzubringen, werden – so läßt sich vermuten – die am demokratischen Verfahren Beteiligten motiviert, Analyse und Bewertung in besonderem Maße voranzutreiben. In diesem Informationspotential liegt der Vorzug des Verfahrens. Dezentralisierte Analyse und Bewertung dieser Art kann zumindest die Grundlagen für relativ umfassend abgesicherte Aktionen liefern, wenn nicht davon ausgegangen wird, daß alle Beteiligten in gleicher Weise irren, vernachlässigen oder bewußt ausklammern.

Eine zentrale Schwierigkeit besteht auch hier darin, die Problemlösungsmöglichkeiten entscheidungsreif zu bewerten. Allerdings wird bei diesem Verfahren nicht nach einer umfassenden Entscheidungsregel gesucht, was ohnehin vergeblich ist. Vielmehr wird versucht, die divergierenden Interessen zumindest in dem Maße anzunähern, daß sich für konkrete Veränderungen Mehrheiten finden. Die Mehrheiten zu organisieren ist eine der Aufgaben politischer Unternehmer. Daß dabei anspruchsvolle Reformideen durch kurzsichtige Manöver verdrängt, klare Lösungen durch zweifelhafte Kompromisse ersetzt, dringliche Problemlösungen hinausgezögert, von Veränderungen Betroffene nicht gebührend oder auch über Gebühr berücksichtigt werden können, sind wohlbekannte Mängel des Verfahrens. Jedoch läßt sich zugunsten der Verfahrensnorm Demokratie geltend machen, daß es bislang noch keine bessere Methode gibt, Reformen – wenn nötig durch Ablösung politischer Entscheidungsträger – möglichst konfliktarm abzubrechen und zu korrigieren.

Die Grenzen des demokratischen Verfahrens sind zugleich auch Grenzen für eine Politik schrittweiser Reformen. Vorausgesetzt werden muß Interessenharmonie in einem Maße, das unüberwindliche Gegensätze von Standpunkten und Interessen ausschließt (JOCHIMSEN, 1967, S. 63). Daher eignet sich diese Sozialtechnik am besten für Gesellschaften, in denen ein Konsens über wesentliche Inhalte von Grundwerten ebenso besteht wie über die allgemeine Richtung des angestrebten sozialen Wandels (LINDBLOM, 1958, S. 30). Wirtschaftspolitisch ist damit die Existenz einer mehrheitsfähigen Konzeption angesprochen. Das aber bedeutet, daß die Sozialtechnik schrittweiser Reformen kein orientierungsloses Durchwursteln zu sein braucht. Ebensowenig beinhaltet eine solche Konzeption ein unverrückbares Gesellschaftsideal, das in kleinen Schritten statt durch einen großen Sprung erreicht werden soll. Vielmehr ist auch die Konzeption dem Wandel unterworfen. Deshalb ist die Ordnungspolitik, die hiermit angesprochen ist, keine endgültig lösbare Aufgabe.

Soweit die Chancen für eine Politik schrittweiser Reformen durch die politische Praxis gemindert werden, stellt deren Korrektur selbst eine sozialtechnische Aufgabe dar. Ihre Lösung liegt in einer ständigen Verbesserung der institutionellen Regelungen für das demokratische Verfahren, nicht in der Suche nach einem neuen, besseren Menschen. Das folgt ebenfalls aus der Erkenntnis der Begrenztheit menschlicher Problemlösungsfähigkeiten. Es kann nur darum gehen, institutionelle Vorkehrungen dafür zu treffen, daß höchst durchschnittliche Entscheidungsträger keine allzu großen und schwer korrigierbaren Fehler machen können. Betriebssichere Institutionen gibt es jedoch nicht. Ihre Funktionsfähigkeit wird immer von der Qualität der sie betreibenden Menschen abhängig bleiben (POPPER, 1957, S. 66).

2.2.3 Zur Kritik an der Sozialtechnik schrittweiser Reformen

Nicht nur von Befürwortern einer utopischen Sozialtechnik, sondern auch von anderen radikalen Gesellschaftsreformern wird häufig Kritik an der Sozialtechnik schrittweiser Reformen und ihrer Umsetzung mit Hilfe des demokratischen Verfahrens in seiner vorherrschenden institutionellen Ausprägung geübt. Dabei wird vor allem eingewendet, diese Sozialtechnik sei immanent „systemerhaltend". Sie blockiere den sozialen Fortschritt, liefere ein Alibi für wirtschaftspolitische Abstinenz und begünstige eine „Konzeption der Konzeptionslosigkeit". Derartiger Kritik läßt sich entgegenhalten:

- Sozialer Fortschritt kann unterschiedlich schnell angestrebt werden. Soweit begrenzte Veränderungen die Konsequenz haben sollten, den gesellschaftlichen Wandel zu verlangsamen, mag das auch Nachteile haben; solche Nachteile werden mit der Befürwortung einer Sozialtechnik schrittweiser Reformen in Kauf genommen und als eher hinnehmbar angesehen als die Gefahren und unvorhersehbaren Kosten weitreichender Veränderungen.

- Begrenzte Veränderungen müssen nicht notwendig unbedeutsam sein. Sie beziehen sich jedoch immer nur auf Teilbereiche eines gesellschaftlichen Systems. Dort können sie durchaus umfangreich und vielschichtig sein; die hochgradige Interdependenz innerhalb eines Teilbereiches kann kleineren Reformschritten hier entgegenstehen.
- Veränderungen sind nicht immer gleichbedeutend mit gesellschaftlichem Fortschritt. Soweit die Sozialtechnik schrittweiser Reformen es erlaubt, technologisches Wissen systematisch zu erwerben, ist es u. U. nutzbar für Aussagen darüber, welches Verhältnis zwischen Ertrag und Aufwand bei erwogenen Veränderungen erwartet werden kann; wenn auf diese Weise viele Veränderungen an Attraktivität einbüßen und unterbleiben, ist das kein Ausdruck von wirtschaftspolitischer Abstinenz, sondern von Rationalität im Unterschied zu Aktivismus. Ebensowenig ist die Zurücknahme von Veränderungen nicht notwendigerweise reaktionär, sondern u. U. durchaus reformerisch.
- Der Einwand, eine Sozialtechnik schrittweiser Reformen wirke immer „systemerhaltend", beinhaltet die Diagnose, alle erkannten Mißstände seien dem realisierten System zuzurechnen und zugleich die Empfehlung, zu einem ebenso operationalen anderen System überzugehen, in dem solche Mißstände selbstverständlich nicht möglich sind. Ferner wird damit die Möglichkeit ausgeschlossen, daß ein Problemstau auch weitreichende Reformen auszulösen vermag, die geeignet sein können, erkannte Mißstände zu beheben.
- Begrenzte Veränderungen, orientiert an konkreten Mißständen, müssen nicht konzeptionslos sein. Vielmehr können sie so vorgenommen werden, daß sie den bisherigen Erfahrungen und Bewertungen von gesellschaftlichen Koordinationsverfahren entsprechen. Auf die Möglichkeiten zentraler Plan- bzw. dezentraler Marktkoordination bezogen, sind sowohl die Funktionsvoraussetzungen bekannt als auch die Tatsache, daß die Verfahren nicht beliebig austauschbar sind, um Einzelprobleme zu bewältigen; die Einschätzung ihrer Eignung zur Lösung der Grundfragen gesellschaftlichen Wirtschaftens schlägt sich in wirtschaftspolitischen Konzeptionen ebenso nieder wie ihre Beurteilung im Hinblick auf die Realisierungschancen gesellschaftlicher Grundwerte.
- Die Sozialtechnik schrittweiser Reformen ist nicht davor geschützt, als Alibi für eine stümperhafte Wirtschaftspolitik mißbraucht zu werden. Mißbrauch läge vor, wenn der Hinweis auf diese Technik dazu diente, sozialen Fortschritt zu blockieren, Aktivismus zu begründen oder Konzeptionslosigkeit zu bemänteln. Würde diese Sozialtechnik deshalb abgelehnt, bliebe die Frage nach der Alternative zu beantworten. Wird die Beantwortung nicht in der utopischen Sozialtechnik gesucht, kann auch hier nur der Weg beharrlicher, schrittweiser Reformen beschritten werden, um die Möglichkeiten des Mißbrauchs zu verringern.

Die Argumente zugunsten begrenzter Veränderungen in reformerischer Absicht mögen in den Fällen überzeugen, in denen kein grundsätzlicher Vorbehalt gegenüber der bestehenden Wirtschafts- und Gesellschaftsordnung geltend gemacht wird. Übersehen werden sollte jedoch nicht, daß es sich letztlich um ein Plädoyer für eine bestimmte normative Position handelt; sie entspricht der des kritischen Rationalismus. Dagegen mag eingewendet werden, daß begrenzte Veränderungen wie z. B. eine Verschärfung der Fusionskontrolle, eine Förderung der Vermögensbildung von Beziehern unterer und mittlerer Einkommen, eine Abgasbesteuerung zum Zwecke des Umweltschutzes auch zusammengenommen kaum ein inspirierendes Reformprogramm ausmachen. Ein derartiges Programm reflektiert im günstigen Fall das, was BOULDING (1969) die ökonomische Ethik totaler Kosten-Nutzen-Analyse nennt. Das bei ihr vorherrschende Bestreben, Aufwand und Ertrag möglichst sorgfältig abzuwägen, führt dazu, sich am Erfaßbaren zu orientieren. So schwierig und mit Ungenauigkeiten behaftet diese Orientierung im Einzelfall auch sein mag, die nüchterne Abwägung kann und wird durch noch so leuchtende, aber auch wenig konkretisierte Ideale nicht verdrängt.

Für idealistisch Denkende muß diese Position Ausdruck grauen Krämergeistes sein. Opfer zugunsten der Verfolgung eines fernen Ideals werden aus der Perspektive der Ethik totaler Kosten-Nutzen-Analyse zu Aufwand, der erst angemessen wäre, wenn der Ertrag einigermaßen konkretisierbar und größer erscheint. Hochfliegenden, inspirierenden Plänen und mutigen Absichten stehen tastende Schritte und nüchtern kalkuliertes Risiko nahezu unversöhnlich gegenüber. Aber vielleicht ist es gerade die Spannung zwischen idealistischem Drang und nüchterner Verhaltenheit, die den Motor gesellschaftlicher Entwicklung ausmacht.

2.2.4 Grenzen der Sozialtechnik

Notwendige Folge der Begrenztheit des Wissens ist, daß Reformen fehlschlagen können. Eine rationale Politik erfordert daher auch, die Möglichkeit der Fehleinschätzung von Veränderungen von vornherein zu berücksichtigen. Hiermit läßt sich wiederum die Forderung begründen, nur begrenzte, schrittweise Veränderungen vorzunehmen. Sie erlauben im Fall eines Fehlschlags noch am ehesten, Rückschlüsse auf die möglichen Ursachen zu ziehen. Solche Kenntnisse sind für erfolgversprechende Korrekturen unerläßlich. Sie werden allerdings nur durch eine sorgfältige Erfolgskontrolle erworben. Das setzt die Bereitschaft voraus, Fehler zu suchen und daraus zu lernen. Unter diesen Bedingungen weist die Sozialtechnik schrittweiser Reformen Ähnlichkeiten mit einer systematischen und kritischen Verwendung der Methode des Probierens und Korrigierens, des „trial and error" (POPPER, 1957, S. 87) auf.

Allerdings ist der Hinweis auf das tastende Experiment nur in sehr beschränktem Maße geeignet, die Eigenschaften dieser Vorgehensweise zu verdeutlichen (hierzu z. B. TUMLIR, 1978, S. 19 ff.):

- Gesellschaftsbezogene Reformen finden unter evolutorischen Bedingungen statt. Sie sind infolgedessen weder wiederholbar noch revidierbar, ohne daß sich das jeweilige Entscheidungsfeld – auch unter der Wirkung einer Reform – teilweise irreversibel verändert hat. Das schränkt jede sozialtechnische Erfahrungssuche grundsätzlich ein. Sie ist noch am ehesten möglich, wenn unterschiedliche Problemlösungen zur gleichen Zeit versucht werden können. Hierin liegt auf wirtschaftspolitischem Gebiet ein möglicher, wenn auch nur begrenzt wahrnehmbarer Vorteil des Föderalismus.

- Reformen beziehen sich im Zweifel nicht auf Gesellschaftsmitglieder, die in mechanischer Weise reagieren. Vielmehr dürften sie versuchen, Politikänderungen in ihren Folgen zu antizipieren und – wo als zweckmäßig erachtet – in ihre Pläne einzubeziehen. Diese mögliche, spieltheoretisch deutbare Beziehung zwischen Politik und Betroffenen ist im Falle der Wirtschaftspolitik Kern des Arguments tendenziell rationaler Erwartungen und Ursache spezifischer Lenkungsprobleme. Wirtschaftspolitisches Herumtasten ist zudem nicht möglich, ohne die Unsicherheit für die davon Betroffenen zu vergrößern; politisch vergrößerte Unsicherheit löst für sich genommen u. U. wiederum Reaktionen aus und erschwert damit die wirtschaftspolitische Erfahrungssuche.
- Die Möglichkeiten, Erfahrungen zu sammeln, werden auch dadurch beschränkt, daß unter realistischen Bedingungen zur gleichen Zeit mehrere Veränderungen auf unterschiedlichen, im Zweifel jedoch nicht genügend voneinander unabhängigen Politikfeldern vorgenommen werden bzw. noch wirksam sein dürften. Das begrenzt die Chancen für eine isolierte Ursachenzurechnung.
- Wenn Reformen auch nur in sehr eingeschränktem Maße erfahrungsträchtig sein sollen, müssen sie hinreichend lange politische Unterstützung finden. Das ist jedoch keinesweges gewährleistet. Ungeduld der Wählerschaft, Schwierigkeiten bei der Zurechnung von Wirkungen, eine beide Faktoren opportunistisch ausnutzende parlamentarische Opposition sind gewichtige Gründe dafür, daß Reformen für eine Erfahrungssuche zu früh abgebrochen oder modifiziert werden.

Infolgedessen sind schrittweise Reformen nicht analog zu naturwissenschaftlichen Experimenten interpretierbar. Gerade die Gründe, die dem entgegenstehen, sind aber geeignet, nochmals die Grenzen der Steuerbarkeit von Gesellschaften zu verdeutlichen, in denen politische und wirtschaftliche Freiheitsrechte einen hohen Rang haben. Deshalb kann die Konsequenz nicht eine Aufgabe des Rationalitätspostulats sein. Vielmehr kommt es – wie bereits betont – darauf an, das zur Politik schrittweiser Reformen komplementäre demokratische Verfahren so mit Kontrollen und Sicherungen zu versehen, daß die Grenzen sozialer Steuerungsmöglichkeiten nicht übersehen werden. Andernfalls müßte am Ende als Folge einer kurzatmigen (ephemeren) Gesetzgebung mit einer Interventionsspirale und einem Verlust an Freiheit gerechnet werden, ohne daß tatsächliche Fortschritte, nicht zuletzt im Hinblick auf andere gesellschaftliche Grundwerte, erzielt würden.

3 Umfassende Änderungen von Wirtschaft und Gesellschaft

3.1 Zur Planbarkeit umfassender Änderungen

Entscheidungen über umfassende Änderungen von Wirtschaft und Gesellschaft sind nicht alltäglich. Oft werden sie Entscheidungsträgern durch die Situation aufgedrängt, seltener werden sie bewußt von ihnen herbeigeführt. Als z. B. der spätere amerikanische Außenminister J. F. DULLES im Januar 1948 vor einem Senatsausschuß erklärte, Deutschland sei der Engpaß für einen Wiederaufbau Europas, äußerte er eine weitverbreitete Überzeugung. Wie dieser Engpaß jedoch beseitigt werden sollte, war sehr umstritten, und zwar nicht nur aus weltanschaulichen Gründen. Vielmehr konnten mangels ausreichender analytischer Durchdringung und praktischer Erfahrung die Schwierigkeiten sehr unterschiedlich beurteilt werden, die mit dem Übergang von der Nachkriegszwangswirtschaft zu dem einen oder anderen Wirtschaftsordnungstyp verbunden sein würden. Damit waren auch die Folgen dieses Systemwechsels sehr ungewiß, unabhängig davon, wie die angestrebte Wirtschaftsordnung selbst beurteilt wurde.

Was für den damaligen Systemwechsel gilt, galt auch für den Übergang sozialistischer Volkswirtschaften zu marktwirtschaftlichen Ordnungen und demokratischen Verfassungen (Transformation). Es war die Schubkraft ungelöster ökonomischer und politischer Probleme, die den Entscheidungsträgern die umfassende Änderung von Wirtschaft und Gesellschaft unausweichlich aufdrängte; die ordnungstheoretischen Überlegungen (Kap. 2) dürften im übrigen keinen Zweifel daran zulassen, daß der Problemstau die Folge inhärenter Systemmängel war. Wiederum vermag der Vergleich mit realisierten und funktionsfähigen marktwirtschaftlichen Ordnungen sowie der Rückgriff auf Erfahrung mit Systemwechseln wie dem von 1948 auf dem Gebiet der späteren Bundesrepublik Deutschland nur begrenzten Aufschluß darüber zu geben, was in welcher Reihenfolge getan werden sollte und mit welchen Folgen im einzelnen zu rechnen ist. Diese und vergleichbare Situationen sind zwar für Entscheidungsträger einmalige Gelegenheiten für Taten von historischem Rang. Die Entscheidung basiert jedoch mehr auf Intuition und Mut, sich zu entscheiden, als auf kühlem Abwägen von Vor- und Nachteilen (DROR, 1964, S. 155).

Derart umfassende Veränderungen von Wirtschaft und Gesellschaft können aus sehr unterschiedlichen Grundhaltungen heraus vorgenommen werden. Das zeigt sich nicht zuletzt daran, wie die Übergangsprobleme in die Überlegungen einbezogen werden. Bei der einen Position kann auch dann, wenn eine umfassende Veränderung als unvermeidlich und wünschenswert erscheint, die Überzeugung, die richtige Entscheidung zu treffen, den Blick für die unvermeidlichen Anpassungskosten nicht verstellen. Als z. B. Ludwig ERHARD vor der Vollversammlung des Wirtschaftsrates des vereinigten Wirtschaftsgebietes am 21. 4. 1948 für den Übergang zur Marktwirtschaft und die Währungsreform warb, legte er u. a. dar (ERHARD, 1962, S. 45): „Jene finanzwirtschaftliche Operation (die Währungsreform, MES) wäre . . . eine relativ simple Aufgabe, aber diese zahlenmäßig glatte Rechnung ginge ohne Rücksichtnahme auf die sozialen Erfordernisse und wirtschaftlichen Möglichkeiten eben doch nicht auf . . . Es ist meine feste Überzeugung . . ., daß die in der Währungsreform sichtbar werdenden unabdingbaren Opfer nur dann nicht zur Auflösung der sozialen Ordnung treiben, wenn sie eine gerechte Umlegung erfahren, wenn der ehrliche Wille zu einem Lastenausgleich mit der Reform auch zur Tat wird."

Vertreter der utopischen Sozialtechnik nehmen zu Übergangsproblemen eine völlig andere Position ein. Der LENIN zugeschriebene Ausspruch, wonach es unmöglich sei, ein Omelett zu machen, ohne Eier zu zerbrechen, ist wohl für sie charakteristisch. Die Übergangsprobleme nehmen sich gegenüber dem Gesellschaftsideal bescheiden aus. Sie haben für die Betroffenen Opfer zur Folge, die hinzunehmen sind. Dies um so mehr, wenn sie aus der Perspektive des historischen Materialismus betrachtet werden; denn dann sind es unumgängliche Geburtswehen einer neuen Ordnung, die bestenfalls abgekürzt werden können.

Entscheidend für diese Grundposition ist jedoch nicht der Glaube an historische Zwangsläufigkeit, sondern das konstruktivistische Vertrauen in die Gestaltbarkeit von Gesellschaften nach einem Ideal. Zweifel daran, daß es eine für alle, auch für zukünftige

Generationen gleichermaßen überzeugende Gesellschaftsordnung geben kann, bestehen nicht. Hinzu kommt die Überzeugung, daß das Ideal für Planungszwecke hinreichend genau beschrieben und angestrebt werden kann.

Wie begrenzt und wie wenig gesichert das Wissen für eine solche umfassende Gesellschaftsplanung tatsächlich ist, mußte LENIN erfahren. Ein planmäßiger Übergang zum Sozialismus in der Sowjetunion erwies sich als unmöglich. Am Ende des „Kriegskommunismus" der Jahre 1917 bis 1921 stand ein wirtschaftliches Chaos. Die 1921 von LENIN verkündete „Neue Ökonomische Politik" brachte sowohl für den landwirtschaftlichen als auch den gewerblichen Bereich eine teilweise Rückkehr zu kapitalistischen Wirtschaftsformen. Ein neuer Anlauf, eine funktionsfähige, von kapitalistischen Relikten gesäuberte zentralisierte Planwirtschaft zu etablieren, wurde 1928 mit dem ersten Fünfjahresplan gemacht. Weitere Reformen folgten, ohne daß eine dauerhaft befriedigende sozialistische Ordnung für die Sowjetunion gefunden werden konnte. Vor allem während der ersten Jahrzehnte zeigte es sich, daß der Versuch eines umfassenden Neubeginns eine Vielfalt unvorhergesehener Konsequenzen hatte. Ihnen konnte nur mit Improvisation begegnet werden. An die Stelle verläßlicher Planung mußte die adhoc-Reaktion, die „ungeplante Planung" (POPPER, 1957, S. 69), treten.

3.2 Gefahren der utopischen Sozialtechnik

Grundsätzlich läßt sich gegen die utopische Sozialtechnik hinsichtlich ihrer Wissensanforderungen und noch mehr hinsichtlich ihrer immanenten Gefahren geltend machen (POPPER, 1945, S. 159 ff., 1957, S. 83 ff.):

- Für die damit verbundene Ganzheitsplanung sind die Wissensanforderungen unerfüllbar. Das erforderliche Wissen läßt sich auch nicht im Verlauf solch umfassender Veränderungen schrittweise erwerben. Viel zu viele Veränderungen müssen gleichzeitig vorgenommen werden, als daß auch nur eine halbwegs verläßliche Ursachenzurechnung möglich wäre.
- Kritik sowohl an Teilen als auch am gesamten Vorgehen kann aus der Sicht des Ganzheitsplaners kaum Aufschluß über Mängel bzw. Verbesserungsmöglichkeiten geben. Weitreichende, vielschichtige Veränderungen von gesellschaftlichen Systemen beeinflussen die Situation vieler davon Betroffener auch negativ, was entsprechend Kritik auslöst. Sie von positiv kritischen Einwänden zu trennen ist sehr schwierig. Daher wird Kritik vom Ganzheitsplaner primär als Reflex von Übergangsproblemen interpretiert. Auf sie kann aber im Interesse des „Ganzen" kaum Rücksicht genommen werden. Da somit Kritik eher hinderlich ist, liegt es außerdem nahe, sie zu unterdrücken.
- Noch schwerer wiegt, daß Kritik an der Vorgehensweise, die Aufschluß über Planungsmängel geben könnte, aus holistischer Perspektive strenggenommen unmöglich ist; denn wäre sie berechtigt, würde sie das Planungswissen und damit auch die Fähigkeit in Frage stellen, umfassend zu planen. Daher liegt es nur zu nahe, Kritik eher als Ausdruck „falschen Bewußtseins" zu deuten. In diesem Fall drängt sich als Lösung auf, auch das Denken zu lenken; denn auf diese Wei-

se kann revolutionsgefährdenden Fehlhandlungen von negativ Betroffenen vorgebeugt werden.

- Die Durchführung einer Ganzheitsplanung erfordert eine zentrale und totalitäre Kontrolle durch wenige. Wenn nicht der gesamte Plan durch Fehlleistungen an einzelnen Stellen gefährdet werden soll, muß das Vorgehen zentral kontrolliert werden. Wegen der hochgradigen Interdependenz gesellschaftlichen Geschehens kann es auch kaum Lebensbereiche geben, die der individuellen Gestaltung als Freiraum überlassen bleiben; die Kontrolle muß totalitär sein. Zentrale, holistische Planung und individuelle Lebensgestaltung kollidieren sehr leicht; die Kollision ist nur vermeidbar, wenn das „richtige Bewußtsein" bei allen Gesellschaftsmitgliedern vorhanden ist. Da dies von Vertretern der Ganzheitsplanung zumindest nicht zu Beginn einer Revolution unterstellt wird, muß die Kontrolle denjenigen übertragen werden, die einen privilegierten Zugang zu dem erforderlichen Wissen haben. Demokratische Willensbildungsprozesse können das Experiment nur gefährden; erforderlich ist die Diktatur derjenigen, die über eine Blaupause für die ideale Zukunftsgesellschaft verfügen.

In letzter Konsequenz enthält das Plädoyer für eine umfassende und planmäßige Veränderung der Wirtschafts- und Gesellschaftsordnung und damit die Anwendung der utopischen Sozialtechnik die Forderung, diejenigen herrschen zu lassen, die die beste und damit auch nicht mehr reformbedürftige Ordnung zu kennen behaupten. Die Frage ist also nicht, wie die Herrschenden beeinflußt und kontrolliert werden sollen, sondern wer herrschen soll. Auch die Gefahr eines Mißbrauchs der Herrschaft stellt sich nicht, da angenommen wird, daß die Herrschenden nur davon beseelt sind, das Beste, nämlich die ideale Zukunftsgesellschaft, zu schaffen und daß sie dabei auch nicht irren können. Die Vorstellung von dieser neuen Gesellschaft ist eine alte; sie entspricht dem verführerischen Bild PLATONs von einer Herrschaft des wohlmeinenden, mit allem erforderlichen Wissen ausgestatteten Diktators.

Literatur

Boulding, K.E. (1969), Economics as a Moral Science. American Economic Review 59, S. 1–12.

Braybrooke, D., und Ch.E. Lindblom (1963), A Strategy of Decision – Policy Evaluation as a Social Process, London.

Dror, Y. (1964), Muddling Through – „Science" or Inertia? Public Administration Review 24, S. 153–157.

Erhard, L. (1962), Deutsche Wirtschaftspolitik – Der Weg der Sozialen Marktwirtschaft, Düsseldorf u.a.

Jochimsen, R. (1967), Strategie der wirtschaftspolitischen Entscheidung. Weltwirtschaftliches Archiv 99 (1967/II), S. 52–78.

Lindblom, Ch.E. (1958), Policy Analysis. American Economic Review 48, S. 298–312.

Popper, K.R. (1945), The Open Society and its Enemies, Vol. I – The Spell of Plato, Golden Jubilee Edition, London 1995.

Popper, K.R. (1957), The Poverty of Historicism, 6. Aufl., Neudruck, London 1999. Übersetzt in: Kiesewetter, H. (Hrsg.), Gesammelte Werke 4, Das Elend des Historizismus, 7. durchges. u. erg. Aufl., Tübingen 2003.

Tumlir, J. (1978), Die unbeabsichtigte Gesellschaft – Einige Bemerkungen über Nozick. Ordo 29, S. 14–33.

III. Anmerkungen zu F. A. Hayek

Wissen, Wettbewerb und Wirtschaftsordnung - Zum Gedenken an Friedrich August von Hayek*

The curious task of economics is to demonstrate to men how little they really know about what they imagine they can design.
(Hayek 1988, S. 76)

Am Nachmittag des 23. Marz starb Friedrich August von Hayek, nur wenige Wochen vor seinem dreiundneunzigsten Geburtstag. Mit ORDO war er seit der Gründung durch seinen früh verstorbenen Freund, Walter Eucken, helfend verbunden. Das sich über sieben Jahrzehnte erstreckende wissenschaftliche Werk dieses herausragenden Gesellschaftswissenschaftlers hinreichend zu würdigen, bedarf der Bemühungen vieler. Nicht nur die thematische Breite macht dies erforderlich, sondern auch die Originalität, mit welcher die Grundlagen einiger Teildisziplinen verändert wurden.

Infolgedessen sollen nachstehend einige Schwerpunkte seines Schaffens und ihre Verknüpfung in Erinnerung gerufen werden. Dies geschieht in zwei Schritten. In einem ersten Teil werden erkenntnistheoretische Grundlagen vorgestellt, die von Hayek vor allem mit seiner »Sensory Order« zu legen versuchte. In einem zweiten Teil werden wirtschaftstheoretische und ordnungspolitische Vorstellungen von Hayeks präsentiert, die durch die erkenntnistheoretische Position und das daraus abgeleitete Grundverständnis von gesellschaftswissenschaftlichen Untersuchungsgegenständen geprägt sind.

I. Erkenntnistheoretische Grundlagen

Von Hayeks theoretische Einsichten, sein Menschenbild und, damit eng verknüpft, seine normative Position wurzeln vor allem in psychologischen Grundlagen, die er bereits in den zwanziger Jahren in wesentlichen Teilen entwarf und bis 1952 weiterentwickelte, um sie dann als »Sensory Order« vorzustellen.[1] Von den von ihm erzielten Ergebnissen dürften vor allem die nachstehend skizzierten für seine gesellschaftswissenschaftlichen, insbesondere die ökonomischen Erkenntnisse eine Schlüsselfunktion gehabt haben. Insofern sind sie ein wesentlicher Teil dessen, was von Hayek »im Lichte einer einigenden Idee sehen lernt(e) . ..« (Hayek 1970, S. 4).

---

* Erstveröffentlichung in: ORDO Bd. 43, 1992, 1-30. Wiederabdruck in: H.-H. Francke (Hrsg:): Ökonomischer Individualismus und freiheitliche Verfassung, Gedenkakademie für Friedrich August von Hayek, Rombach-Verlag, 1995, 147-185.

1 Dies sah er wohl ebenso. Später (Hayek 1979, Fußnote 26, S. 199) äußerte er sich dahingehend, dass die Gesellschaftswissenschaftler dieses Buch uninteressant oder unverdaulich fanden. Für ihn war es jedoch eine große Hilfe, seine Vorstellungen von Evolution und spontaner Ordnung zu entwickeln und die Methoden und Grenzen unserer Bemühungen zu analysieren, komplexe Phänomene zu erklären.

1. Wahrnehmung als Theoriebildung

Das erste Ergebnis betrifft die menschliche Wahrnehmung. Für von Hayek ergab sie sich aus den Beziehungen zwischen (1) der physischen Ordnung der Außenwelt des Menschen, (2) seiner eigenen neurosensorischen Ordnung und (3) der mentalen oder phänomenologischen Ordnung seiner Sinneseindrücke (Hayek 1952/76, S. 39f.). Von Hayeks zentrale Aussage dazu war, daß zwischen der ersten und den beiden übrigen Ordnungen keine Isomorphie bestehen kann. Die dritte Art der Ordnung erfüllte für ihn eine heuristische Funktion. Sie diente als Hilfe, um über Denkvorgänge Aussagen machen zu können. Er suchte damit sowohl zu vermeiden, daß dem Denken außerphysikalische Qualitat - eine besondere »Substanz« (op.cit. S. 177) - zugewiesen wird, als auch dem Umstand Rechnung zu tragen, daß wir das Denken nicht unmittelbar als Folge neuronaler Vorgänge beobachten können (op.cit., S. 178). Die Wahrnehmung, so vermutete er, ist das Ergebnis von »Klassifikation« und damit der Bildung von Relationen zwischen Sinneseindrücken. Klassifikation wird aber nur möglich, wenn bereits ein entsprechendes Zuordnungsschema besteht. Um ein Beispiel von Hayeks zu verwenden (op.cit., S. 186): So wie eine Maschine, die Objekte nach ihrer Länge ordnen soll, in der Lage sein muß, unterschiedliche Längen zu identifizieren, während jedes einzelne Objekt nur eine Länge hat, erfordert Klassifikation als mentaler Akt grundsätzlich Schemata, die eine höhere Komplexität haben müssen als jene Eigenschaften der Teile der Außenwelt, nach welchen klassifiziert wird. Infolgedessen stellt Wahrnehmung stets eine Interpretation im Sinne der versuchten Zuordnung von Eindrücken zu einer oder mehreren Klassen eines vorgedachten, komplexeren ordnenden Systems dar. Das bedeutet ferner, daß die Eigenschaften, welche wir Teilen unserer wahrgenommenen Außenwelt zuordnen, streng genommen nicht solche dieser Teile selbst sind, sondern Relationen, die wir durch Klassifikation herstellen. Hayek vermutete sich im Ergebnis wohl zu Recht in Übereinstimmung mit Popper (und dann auch mit Kant), wenn er feststellte (op.cit., S. 143), daß alles, was wir über unsere Außenwelt wissen, Theorien sind. Das einzige, was die Konfrontation mit der Außenwelt bewirken kann, ist die Änderung dieser Theorien. Das bedeutet zugleich, daß unsere gesamte Wahrnehmung »abstrakt« und eine Unterscheidung zu »konkret« sinnlos ist.

2. Subjektabhängigkeit des Wissens

Das zweite, mit der Art der Wahrnehmung verknüpfte Ergebnis betrifft die Beschaffenheit des Wissens. Wenn Wahrnehmung und Interpretation identisch und abstrakt, also keine exakten Wiedergaben der Wirklichkeit sind, leistet das Gehirn ständig aus sich selbst entwickelte Komplexitätsreduktion der Wirklichkeit. Erfaßt werden weder alle noch die wirklichen Eigenschaften von Teilen der Außenwelt und ihres Zusammenwirkens (wozu auch der eigene vom neurosensorischen System erfaßte Körper gehört), sondern »Aspekte« davon. Es sind vermutete Beziehungen zu anderen Objekten als Folge einer bereits bei früherer Gelegenheit vorgenommenen Klassenbildung (op.cit., S. 143). Frühere neurosensorische »Erfahrungen« sowie das in Modellen oder »Gestalt«-Eigenschaften geronnene Wissen sind Ausgangspunkt für weitere Wahrnehmungen und für mögliche Korrekturen im Sinne von Reklassifikationen. Komplexitätsreduktion und Reklassifikation beinhalten teilweise ein hohes Maß an Kreativität und damit an Unvorhersehbarkeit. Sie sind kennzeichnend für eine evolutorische Wahrnehmung, die durch Selektion eine kognitive und handlungsrelevante Anpassung an die Außenwelt erlaubt.

Von Hayek stellte in diesem Zusammenhang auch laufende Wahrnehmungen und »memory images« gegenüber (op.cit., S. 144). Die laufenden Wahrnehmungen werden ständig mit solchen »images« in Verbindung gebracht und dabei interpretiert. Auf diese Weise können bruchstückhafte laufende Wahrnehmungen »aufgefüllt« werden. Gleichzeitig können laufende Wahrnehmungen aber auch bewirken, daß bestehende »images« ergänzt bzw. korrigiert werden.[2] Das dürfte noch einmal die Subjektabhängigkeit des Wissens verdeutlichen.

3. Wissenserwerb, Selbstreferenz und Selbstexplikation

Das dritte Ergebnis bezieht sich darauf, wie der Prozeß des Klassifizierens und damit letztlich des Wissenserwerbs beschaffen ist und welche Folgen dies für die Erkenntnismöglichkeiten hat. Von Hayek führte ihn physiologisch auf ein komplexes Zusammenwirken von Neuronen zurück. Aus dieser Perspektive bildet sich (über angeborene, stammesgeschichtlich bedingte, neuronale Verbindungen - linkages - hinaus) im Verlauf der Geschichte eines Individuums und als Folge unterschiedlicher Sensitivität einzelner Neuronen bzw. Neuronenfelder auf unterschiedliche Stimuli ein System von sensorisch bestimmten, neuronalen Verbindungen heraus. Es ist in der Lage, die relative Häufigkeit zu registrieren, mit der Teile des sensorischen Systems mit externen Impulsen (z. B. visueller Art) zusammengewirkt haben (op.cit., S. 60ff.). Auf einer höheren sensorischen Ebene läßt sich mit diesem Apparat zur „multiplen Klassifikation" (op.cit., S. 51) auch registrieren, welche Neuronen bei externen Impulsen zugleich angesprochen wurden und wie häufig dies in gleicher oder doch ähnlicher Weise geschah. Damit ist im Hinblick auf die mentale Ordnung der neurosensorische Weg zu Generalisierungen und zum Lernen ebenso frei (op.cit., S. 76) wie der zur Vermutung von Regeln im Sinne von Regelmäßigkeiten in den registrierten Vorgängen der Außenwelt einschließlich der eigenen Interaktion mit ihr.

Folgende Anschlußfragen liegen nahe: (1) Nach welchen genaueren Regeln laufen diese neurosensorischen und mentalen Prozesse ab?, (2) Wie kommt es zu Änderungen dieser Regeln? sowie (3) Ist die Verstandesleistung als Ganzes erklärbar? Die Antworten sind im vermuteten Prinzip der Klassifikation und darin angelegt, daß das Gehirn alle Klassifikationsprozesse aus sich selbst heraus entwickeln muß (es ist selbstreferentiell und selbstexplikativ). Das bedeutet, daß die Erklärung jeder einzelnen Regel aus einem übergeordneten Regelsystem stammen muß und die Erklärung der Verstandesleistung als Ganzes aus sich heraus unmöglich ist.[3] Für das Ganze ist lediglich eine Er-

---

2 Von Hayek beschrieb damit Vorgänge, die in einfacher, aber sehr eingängiger Weise von Boulding in seinem »Image« (1956/77) fur verschiedene gesellschaftliche Phänomene dargestellt wurden.

3 Im Ergebnis stimmte von Hayek mit Hume und Kant darin überein, daß der menschliche Verstand durch sich selbst nicht vollständig erklärbar ist. Hinsichtlich der Fähigkeit zu kausalem Denken unterschied er sich jedoch von beiden. Er zog nämlich das Humesche Schiff des Skeptizismus von der Sandbank, wo es Kant vermutete und verfaulen lassen wollte (Kant 1783/1911, S. 262), ohne sich jedoch einem Steuermann anzuvertrauen, der dem Apriori folgt. Vielmehr wollte von Hayek an dieser Stelle die Metaphysik durch die Neurophysiologie ersetzen.

klärung des modus operandi - des Prinzips - möglich. Wenn wir das Denken nicht unmittelbar als Folge neuronaler Vorgänge beobachten und mit deren Hilfe erklären können, so bedeutet das, daß mentale Prozesse etwas Besonderes, aber dennoch Physiologisches sein müssen (op.cit., S. 190f.). Für Erklärungen von Vorgängen in der Außenwelt ergibt sich daraus, daß im Grunde alle Erklärungen solche des Prinzips sind, wenn auch von unterschiedlichem empirischen Gehalt. Von Hayek wollte jedoch Erklärungen des Prinzips auf Aussagen mit einem hohen Allgemeinheitsgrad beschränken Und bezeichnete sonstige Erklärungen als solche des Details (op.cit., S. 183). Die Grenzen der Selbsterklärungsmöglichkeiten des Verstandes, die Subjektabhängigkeit sowie die evolutorische Qualität der komplexitätsreduzierenden Wahrnehmung bedeuten, daß von Hayek in unüberbrückbarer Weise mit cartesianischen Vorstellungen brach. Der menschliche Verstand kann nicht mit allgemeingültigen und naturnotwendigen Axiomen erklärt werden. Es ist ferner unmöglich, gegenüber der Welt eine von der subjektiven Wahrnehmungsgeschichte völlig losgelöste Beobachterposition einzunehmen. Schließlich ist alles Wissen subjektiv, woraus auch folgt, daß es unabänderlich in einem nicht angebbaren Maße beschränkt ist.

4. Unbewußtes Wissen und zivilisatorischer Fortschritt

Das vierte Ergebnis betrifft die Unterscheidung zwischen Verhalten, das aus bewußten, und Verhalten, das aus unbewußten mentalen Prozessen resultiert (op.cit., S. 133). Zwischen beiden Kategorien bestehen fließende Übergange, nicht zuletzt weil zu jedem Zeitpunkt nur ein begrenzter Teil der sensorischen Erfahrung, die mental zu Modellen geführt hat, verhaltensvorbereitend abgerufen wird (und abgerufen werden kann) und ständig Unbewußtes oder Halbbewußtes hinzutreten kann, aber auch umgekehrt. Von Hayek verwies auf die Analogie, wonach die bewußte Erfahrung Bergspitzen gleicht, die gerade durch die ziehenden Wolken ragen, während ihre Position zueinander durch die unsichtbare Struktur des Massivs bestimmt wird (op.cit., S. 139).

Durch die beiden Kategorien ist aber auch eine Unterscheidung abgedeckt, die für von Hayek zunehmend an Bedeutung gewann: das unbewußte im Unterschied zum bewußten Wissen um Regeln erfolgversprechenden Verhaltens. Zumindest ein Teil dieses Wissens ist physiologisch auf die vorsensorischen »linkages« zurückzuführen (Hayek 1952/ 76, S. 167). Unbewußtes Wissen äußert sich z.B. in praktischem Können (z. B. Radfahren), dessen theoretische Grundlagen durch den Handelnden auch nach Reflexion nicht notwendig und schon gar nicht vollständig artikulierbar sind. Von Hayek selbst führte an späterer Stelle (1963/67, Kap. 3, S.45) das Sprachgefühl an; es erlaubt z. B. die Identifikation falscher Sprachverwendung, ohne daß dies durch den Urteilenden linguistisch erklärbar sein muß. Das gleiche gilt fur das Rechtsgefühl, das es erlaubt, Verstöße gegen Regeln gerechten Verhaltens zu identifizieren, ohne diese selbst artikulieren zu können. In all diesen Fällen ist Irrtum nicht ausgeschlossen, aber auch nicht dessen Stimulanz zu adaptivem Lernen.

Aus einer auf das Wissen abstellenden Perspektive ist das Handeln nach unbewußten Regeln ebenso wie die Wahrnehmung nach solchen Regeln von zentraler Bedeutung. Wir wissen offenbar mehr, als wir artikulieren können. Noch bedeutsamer ist jedoch unter Nützlichkeitsaspekten die Entlastungsfunktion, die dem Denken und Handeln nach unbewußten Regeln zukommt: Bei vielen Aufgaben des Wahrnehmens und

Handelns kommen wir mit entsprechend weniger bewußten mentalen Prozessen aus. An anderer Stelle hob von Hayek (1945/76, Kap. IV; S. 117) dies positiv hervor und zitierte dazu den Mathematiker und Philosophen Whitehead: »Es ist ein völlig irriger Gemeinplatz ..., daß wir die Gewohnheit entwickeln sollen, bewußt zu denken, was wir tun. Gerade das Gegenteil ist der Fall. Der Fortschritt der Zivilisation besteht darin, daß die Zahl der wichtigen Handlungen, die wir ohne Nachdenken ausführen können, immer größer wird.« In dieser zunehmenden Routine kommt eine wachsende und durch Regeln kodiert übertragbare Erfahrung zum Ausdruck. Für komplexe und evolutorische Systeme bedeutet dies jedoch nicht, daß damit der Bedarf an bewußten Problemlösungen abnimmt. Der zivilisatorische Fortschritt wird vielmehr gerade dadurch möglich, daß Routine es erst erlaubt, immer neue Probleme aufzugreifen, deren bewußte Lösung wiederum weitere Routine begünstigen kann.

5. Erkenntnis und Gesellschaft

Das fünfte Ergebnis stellt schließlich die Verbindung der Erkenntnistheorie von Hayeks zu den Gesellschaftswissenschaften her. Es geht über die Perspektive der »Sensory Order« hinaus und erschließt sich daher besser, wenn weitere Arbeiten von ihm hinzugezogen werden. Der Schritt von dem, was wir über Wahrnehmung und Handeln des Menschen grundsätzlich wissen können, zu dem, was wir über sein Zusammenwirken mit anderen, also über gesellschaftliche Zusammenhänge, sagen können, muß wiederum vom wahrnehmenden Subjekt ausgehen. Von Hayek (1959/79, S. 300, Fußnote 32) beschrieb den Ausgangspunkt wie folgt: »Die Lage des Menschen in der Mitte zwischen Natur- und Sozialerscheinungen - von den einen ist er die Wirkung, von den anderen die Ursache - bringt es mit sich, daß die wesentlichen Grundtatsachen, die wir für die Erklärung von Sozialerscheinungen brauchen, Teil der allgemeinen Erfahrung sind, Teil unseres eigenen Denkens.« Nach der einen Seite, zur Natur hin, kam von Hayek in der »Sensory Order« zum Befund, daß sich der Mensch von ihr nicht so weit lösen kann, um sich einschließlich seiner mentalen Entwicklung vollständig selbst zu erklären. Auch nach der anderen Seite, zur Gesellschaft hin, bleibt er als Beobachter kognitiv abgeschlossen. Das bedeutet im Hinblick auf andere, »daß wir ihre Handlungen und die Gegenstände ihres Handelns in Klassen oder Kategorien einteilen, die wir nur aus unserem eigenen Denken kennen« (Hayek 1943/76, Kap. III, S. 86). Mit solchen »anthropomorphen« Versuchen dürften wir um so erfolgreicher sein, je »ähnlicher« uns andere im zweckorientierten Umgang mit physischen Objekten und untereinander sind.[4]

Diesen Kulturbezug sowie die Definition von Objekten und Handlungen durch Meinungen oder Absichten von Handelnden und nicht als »objektive« Tatsachen verdeutlichte von Hayek mit vielen Beispielen. Sie reichen von Objekten, die in unterschiedlichen Kulturen als Geld nützlich sind, bis hin zu Sitten sowie zur Mimik und Sprache als Mittel der Kommunikation. Schon aus dieser Perspektive kann es in den Gesellschaftswissenschaften nicht darum gehen, das Handeln anderer zu »erklären«; denn empirisch

4 Allerdings hat diese verstehende oder »kornpositive« Methode erfahrungswissenschaftliche Schwierigkeiten zur Folge (vgl. hierzu z. B. Graf 1978, S. 13ff.). Um eine intersubjektive Überprüfbarkeit von Aussagen zu gewährleisten, rnüssen Konventionen darüber getroffen werden, wie die Gegenstände der Analyse gesehen werden sollen.

würden wir nur überprüfen können, inwieweit fremdes Handeln mit dem eigenen Denken übereinstimmt, woraus allerdings nicht verläßlich gefolgert werden kann, daß auch das Denken übereinstimmt. Das schließt nicht aus, daß wir uns z. B. als Ökonomen mit der Logik von Wahlhandlungen als bewußtem Denkvorgang beschäftigen. Mit den ableitbaren Ergebnissen sind jedoch Handlungen nicht prognostizierbar. Erschlossen werden auf diese Weise lediglich Möglichkeiten bewußten Handelns. Dieses Handeln selbst ist auch gar nicht Erklärungsgegenstand von Gesellschaftswissenschaften und damit - wie von Hayek (1959/79, S. 49) mit Verweis auf Robbins betonte auch nicht der Ökonomik, sondern der Psychologie.

Was aber bleibt dann für die Gesellschaftswissenschaften als Erklärungsgegenstand übrig? Offensichtlich nichts, was über die Anwendung von Logik hinausginge, wenn alle beobachtbaren Strukturen der Interaktion auf bewußte Entwürfe von Ordnungen zurückführbar wären. Die für von Hayeks Arbeiten ausschlaggebende Konsequenz lautete: »Nur insoweit als Resultat der individuellen Handlungen eine Art Ordnung entsteht, doch ohne daß sie von irgend einem Individuum geplant ist, erhebt sich ein Problem, das theoretische Erklarung fordert« (op.cit., S. 50). Die damit angesprochenen spontanen Ordnungen menschlicher Interaktion als Erklärungsgegenstände der Gesellschaftswissenschaften erlauben grundsätzlich kein Vorgehen analog zu dem, wie es in Teilen der Naturwissenschaften erfolgreich ist.

Von Hayek (op.cit., S. 53) suchte dies zu verdeutlichen, indem er ein naturwissenschaftliches Erklärungsproblem gesellschaftswissenschaftlich umstrukturierte. In seinem Beispiel hatte ein Physiker dann die Aufgabe, die Interaktion von Atomen zu erklären, von denen er aber lediglich das Innere in Erfahrung bringen konnte und dies nur im Rahmen der begrenzten Möglichkeiten seiner Analyseinstrumente. Nur befristete Beobachtungen über die Art und Weise des Zusammenwirkens weniger Atome waren möglich, so daß die Vielfalt der Umstände, unter denen Atome zusammenwirken können, unbekannt bliebe. Experimente mit Klumpen von Materie waren ausgeschlossen. Der Physiker konnte dann zwar versuchen, durch kombinatorische Modellierung von Atomverbindungen eine möglichst große Annäherung an die wenigen Beobachtungen zu erreichen, die dem komplexen Makrokosmos entstammen. Die so erworbenen bescheidenen Kenntnisse des Mikrokosmos würden es ihm jedoch kaum erlauben, Ergebnisse weiterer Beobachtungen systematisch exakt zu prognostizieren. Eine Bestätigung der vermuteten Gesetzmäßigkeiten durch kontrollierte Experimente bliebe ihm versperrt, Widerlegungen durch mit der Theorie unvereinbare Beobachtungen waren aber jederzeit möglich. Die zur Illustration dem Physiker vorgegebene Problemstellung wäre nun noch dadurch zu ergänzen, daß die Atome selbst evolvierende Systeme sein müßten. Die »organisierte Komplexität« (z. B. Hayek 1975, S. 15 in Anlehnung an den Naturwissenschaftler Weaver), die daraus resultiert, daß die beobachteten Strukturen nicht nur von den Eigenschaften der Atome und deren relativer Häufigkeit abhängen würden, sondern auch davon, wie sie miteinander verbunden waren, würde sich noch weiter erhöhen.

Der Versuch, das so gestellte Problem zu lösen, führte im weiteren bei von Hayek zur Theorie komplexer Phänomene (1964/67, Kap. 2), zu Erklärungen gesellschaftlicher Phänomene als solche des Prinzips, zu Struktur- oder Mustervorhersagen, zur Identifikation von Beschränkungen, denen die Strukturbildung unterliegt und die Verbotshypothesen begünstigen können, sowie - evolutionsbedingt - zur Abhängigkeit der Stabilität allgemeiner Interaktionsstrukturen von der permanenten Adaptation ihrer Elemente.

II. Wirtschaftstheoretische und ordnungspolitische Konsequenzen

Die weitreichenden Konsequenzen, die sich aus der »Sensory Order« sowie aus Arbeiten, die damit direkt in Verbindung stehen, für die Wirtschaftstheorie und die Ordnungspolitik ergeben, sollen im Folgenden an einigen zentralen Fragestellungen demonstriert werden, die zugleich Schwerpunkte in den Arbeiten von Hayeks seit den 30er Jahren waren.

1. Sozialistische Wirtschaftsrechnung

Von Hayeks Aufsätze zur sozialistischen Wirtschaftsrechnung bildeten den Auftakt zu einer lebenslangen Beschäftigung mit dem Sozialismus und den ihm zugrundeliegenden theoretischen Vorstellungen. Sie sollten ihn schon bald zu dem vernichtenden Urteil führen, daß Sozialismus mit einem fortschreitenden Mißbrauch der Vernunft gleichzusetzen ist (Hayek 1959/1979, S. 9).

Ökonomisch griff von Hayek zunächst die frühe Kritik durch von Mises (1920, 1922/1981) auf. Das gilt vor allem für die beiden ersten Aufsätze (Hayek 1935/1976, Kap. VII, VIII), während der dritte (Hayek 1940/ 1976, Kap. IX) bereits verstärkt auf das erkenntnistheoretische Problem sozialistischer Vorstellungen zielt. Das zentrale Argument von Mises', das seinen Kritikern nicht klar geworden war und das auch nach von Hayeks Bemühungen selbst in der Nachkriegszeit zunächst nicht hinreichend gewürdigt wurde, läßt sich darauf reduzieren, daß es in einer nicht-stationären, evolutorischen Ökonomie für eine Planbehörde unmöglich ist, sich an dem zu orientieren, was als Informationsgrundlage für erfolgreiches gesellschaftliches Wirtschaften unabdingbar ist, die Kenntnis der Opportunitätskosten der Ressourcenverwendung.[5] Die wirtschaftstheoretische Diskussion wurde bereits von Dickinson (1933) in die falsche Richtung gelenkt, indem er das allgemeine Gleichgewicht zum Referenzsystem machte.[6] Es ist schon faszinierend zu beobachten, wie sehr sich die Diskussion darin festlief, obgleich von Mises wie von Hayek bemüht waren darzulegen, daß die Verwendung des logischen Apparats der allgemeinen Gleichgewichtstheorie unangemessene Abstraktionen beinhaltet, die geeignet sind, den Blick für die tatsächlichen Probleme zu verstellen. In einer realen Ökonomie, die permanentem und unvorhersehbarem Wandel ausgesetzt ist, geht es nicht darum, Schattenpreise für die »gegebenen« Ressourcenbestände bei »gegebenen« Produktionstechniken und Nutzenfunktionen zu ermitteln. Sie sind unter sol-

5 Vgl. hierzu auch Rothbard (1976, S. 73f.), der eine Erläuterung der Implikationen des Konzepts der Opportunitätskosten durch Buchanan heranzieht, die das notwendigerweise subjektivistische Element dieses Konzepts hervorhebt.

6 So argumentierte er (1933, S. 246f.): »Capitalist Society, with its deviations from equilibrium due to inequalities in individual income, to competition, to monopoly, and to the mutual ignorance of entrepreneurs' activities, is a very imperfect approximation to the economic ideal. The beautiful systems of economic equilibrium described by Wieser, Marshall and Cassel are not descriptions of society as it is but prophetic visions of a socialist economy of the future.«

chen Bedingungen kein Äquivalent fur Opportunitätskosten. Diese orientieren sich nicht an einer mehr oder weniger bekannten Gegenwart, sondern an gegeneinander abzuwägenden, subjektiven Ertragserwartungen, über denen der Schleier struktureller Ungewißheit im Sinne von Knight liegt.

Unter evolutorischen Bedingungen werden alle ökonomischen Entscheidungen spekulativ. Und von Spekulation kann nur erwartet werden, daß sie zu einer sorgsamen Abwägung von Risiken und Ertragschancen einer Ressourcenverwendung führt, wenn die Verantwortung für die entsprechenden Entscheidungen eindeutig zugewiesen und wenn um die Verwendung der Ressourcen konkurriert wird. Das erklärt, warum bereits von Mises die Anreizqualität des Sondereigentums, die kontrollierende Funktion der Kapitalmärkte sowie die Rolle der Kapitalisten, Unternehmer und - was nicht nur bei Sozialisten Aversionen und Unverständnis hervorrief - Spekulanten als Handelnder betonte und warum auch von Hayek (z. B. 1935/76, Kap. VIII, S. 223ff.; 1940/76, Kap. IX, S.250ff.) die davon abweichende Rolle der Verwalter von Unternehmen im Sozialismus so ausführlich erörterte.

In der weiteren wissenschaftlichen Diskussion wurden weder das Anreiz- noch das Wissensproblem aufgegriffen. Die Diskussion verharrte vielmehr in der Logik des allgemeinen Gleichgewichts und entdeckte zunächst die praktische Unmöglichkeit der Anwendung dieses Kalküls durch eine Zentralplanbehörde. Von Hayek (z. B. 1940/76, Kap. IX, S. 233f.) erinnerte daran, daß dies jedoch schon von Pareto erkannt und über die Kalkulierbarkeit hinaus als ein Wissensproblem identifiziert worden war, dessen Lösung nur dem Markt überantwortet werden kann.[7] Er erweiterte Paretos Wissensargument und verdeutlichte durch Beispiele (z. B. 1935/67, Kap. VIII, S. 198ff.), wie sehr die Erschließung und Verwertung subjektiven Wissens und die Reaktion auf die fortwährenden, kleinen und vielfältigen Veränderungen für eine erfolgreiche Arbeitsteilung von Bedeutung sind. Die Kenntnisse dieser besonderen örtlichen und zeitlichen Umstände sowie die Geschicklichkeiten jedes einzelnen stellen weit mehr an relevantem Wissen dar, als eine Planbehörde jemals erwerben und verarbeiten kann, ganz zu schweigen davon, daß mit der statistischen Erfassung der Planungsgrundlagen weitere Informationsverluste notwendig verbunden sind. Mit einem Rückgriff auf die »Sensory Order« faßte von Hayek (1988, S. 79) seine Fundamentalkritik dahingehend zusammen, daß so wenig, wie es dem menschlichen Verstand möglich ist, sich selbst zu erklären, so wenig es für diesen Verstand möglich ist, die Ergebnisse des Zusammenwirkens einer großen Zahl von Gehirnen zu erklären oder vorherzusagen.

Den von Taylor, Lange, Lerner und anderen gesuchten Ausweg eines als-ob Wettbewerbs beschrieb von Mises (1940/1980, S. 638) in seiner drastischen Weise wie folgt:

---

7 Zu den Eigentümlichkeiten dieser Debatte dürfte gehören, daß Lange (1965/1977) nach seinem Versuch, dem Problem durch einen als-ob Wettbewerb gerecht zu werden, es als wesentliche Begrenzung des Marktes ansah, »daß er das Problem der Wirtschaftsrechnung in ausschließlich statischen Kategorien ausdrückt, d. h. als Gleichgewichtsproblem« (op.cit., S.326). Aufgrund dieser Verwechslung von Modell und Realität folgert er, mathematische Programmierung müsse sich der langfristigen Probleme annehmen. Der Computer »erfüllt eine Funktion, die auszuüben der Markt niemals imstande war« (op.cit., S. 327). Erstaunlich ist dabei die vergleichbare Einschätzung des Computers, die sich bei Arrow (1974) mit Bezug auf die Vorkriegsdiskussion findet und die nur schwer mit seinen Fortschritten bei der Einschätzung der Bedeutung des begrenzten Wissens in Einklang zu bringen ist: »Indeed, with the development of mathematical programming and high-speed computers, the centralized alternative no longer appears preposterous. After all, it would appear that one could mimic the workings of a decentralized system by an appropriately chosen centralized algorithm« (op.cit., S. 5).

»Man will Sondereigentum, den Austausch von Gütern und Diensten, das Geld und die Marktpreise abschaffen, um die Menschen dann Sondereigentum, Gütertausch und Preisbildung spielen zu lassen.« Von Hayek kritisierte wie von Mises das Verharren des konkurrenzsozialistischen Modells in der stationären Gleichgewichtslogik, das nicht zuletzt zu einer Scheingenauigkeit des Kostenbegriffs (z. B. 1935/76, Kap. VIII, S. 216ff.) als Grundlage des Lange-Lerner-Kriteriums führt und das es erlaubt, die intertemporale Allokation scheinbar folgenlos aus dem »Pseudo-Wettbewerb« herauszulösen. Ferner identifizierte er ebenfalls die Verkennung der Anreizqualitäten des Sondereigentums als Folge davon, daß im Gleichgewichtsansatz von Institutionen abstrahiert wird. Er ging aber auch über von Mises hinaus, indem er noch deutlicher als dieser hervorhob und durch Beispiele zu belegen suchte, »daß kein anderer Vorgang denkbar ist, der in gleicher Weise alle relevanten Tatsachen in Rechnung zieht wie der Preisbildungsprozeß des Wettbewerbsmarktes« (Hayek 1935/76, Kap. VII, S. 186). Diese das Wissensproblem betonende Behauptung zu begründen, war wohl das zentrale Anliegen von Hayeks in den nachfolgenden wirtschaftstheoretischen Arbeiten.

2. Wirtschaftstheorie und Wissen

Von Hayeks Aufsatz mit dem gleichen Titel (1937/76) markiert den Beginn dieser Begründungen. Sie haben notwendig die Annahmen und Aussagen über das Wissen sowie die Vorstellungen über das ökonomische Geschehen zum Gegenstand, welche der konventionellen Gleichgewichtstheorie zugrunde liegen. Mit diesen Begründungen verbessert sich zugleich der erkenntnistheoretische Zugang zu sozialistischen Vorstellungen; denn die Debatte um die sozialistische Wirtschaftsrechnung wurde - wie aufgezeigt - vorwiegend im Rahmen der Gleichgewichtstheorie im Sinne einer systemneutralen Allgemeinen Theorie geführt.

Von Hayeks bis heute im wesentlichen unbeantwortet gebliebene Fundamentalkritik an der allgemeinen Gleichgewichtstheorie bestand darin, daß dieses zentrale Paradigma der Neoklassik vom Ansatz her ungeeignet ist, zur Erklärung der Koordination von Handlungen dezentraler, autonomer ökonomischer Entscheidungsträger beizutragen. Die Theorie verkennt schlicht das, was von Hayek (1937/76, Kap. II, S. 70) in Anlehnung an von Mises »das Problem der Wissensteilung« nannte und als »das zentrale Problem der Volkswirtschaftslehre als einer Sozialwissenschaft« kennzeichnete. Die Verkennung schlägt sich darin nieder, daß kein Unterschied gemacht wird zwischen (1) dem Problem, wie ein einzelner Entscheidungsträger seine ökonomischen Aktivitäten koordiniert und (2) dem Problem, wie ökonomische Aktivitäten autonomer Entscheidungsträger durch Markthandlungen koordiniert werden. Das erste Problem läßt sich, wie von Hayek (1937/1976, Kap. II, S.52) betonte, durchaus als Gleichgewichtsproblem behandeln, indem danach gefragt wird, welche Handlungen von Individuen nach ihrem jeweiligen situations- und personenbezogenen Kenntnisstand als Teile eines konsistenten Wirtschaftsplans organisiert gelten können.[8] In der Gleichgewichtstheorie wird jedoch das zweite Problem gleichfalls als ein Wahlhandlungsproblem gesehen. Das wäre nur adäquat, wenn (1) die »Daten«, an denen die Individuen ihre Pläne orientieren, Tat-

8 Allerdings verwendete von Hayek den Gleichgewichtsbegriff nicht immer in der gleichen Weise. Das gilt auch für seine »Tendenz zum Gleichgewicht« (vgl. hierzu Loy 1988, insbes. S. 96ff.).

sachen in einem naturwissenschaftlichen Sinne und allen bekannt sein würden und (2) diese für die beobachteten Akteure relevanten »Daten« dem (wissenschaftlichen) Beobachter ebenso zugänglich wären wie die personenbezogenen Umstände. Unter diesen Bedingungen entspräche die Position des Beobachters der eines vollkommen informierten zentralen Planers. Das gesellschaftliche Koordinationsproblem wäre als ein Problem der Entscheidungslogik rekonstruierbar.[9]

Wenn hingegen das marktwirtschaftliche Geschehen nicht »von oben herunter«, sondern in einer dem Phänomen adäquaten Weise »von unten herauf« (Hayek 1968/69, S.257) analysiert wird, rücken die Individuen der »Sensory Order« ins Blickfeld. Ausgehend von ihrer theoriebildenden, kreativen Wahrnehmung sowie ihrem personen- und situationsbezogenen Wissen ist im Hinblick auf die Koordination ihrer arbeitsteiligen Aktivitäten - die Systemebene - zu fragen: (1) Wie wird subjektives Wissen über solche ökonomischen Umstände verbreitet, die auch anderen für ihre Dispositionen dienlich sein könnten, und (2) wie werden die Individuen zur Wissensbeschaffung angeregt und die Verwertung dieses Wissens auf unvermeidliche subjektive Fehleinschätzungen kontrolliert sowie deren Allokationswirkung begrenzt? Von Hayeks Antwort lautete: Durch Wettbewerb als ein Entdeckungsverfahren, das nicht nur dem einzelnen Chancen eröffnet, sein individuelles Wissen gewinnbringend zu verwerten, sondern auch anderen Informationen in der kodierten Form von Preisen vermittelt (z. B. Hayek 1976, S. 117), ohne daß jemand das Gesamtgeschehen überblicken müßte.

Damit gab von Hayek der Analyse des Marktgeschehens eine völlig andere Richtung als jene, welche in der Mikroökonomik einschließlich der preistheoretisch geprägten Wettbewerbsanalyse vorherrscht. Sie ist wohl am besten durch zwei Aussagen von Hayeks gekennzeichnet, die völlig konträr zu konventionellen Fragestellungen sind. Mit der ersten Aussage hebt er den sonst für einen umfassend informierten Beobachter wohldefinierten Güterraum auf: »Aber welche Güter knapp oder welche Dinge Güter sind, oder wie knapp oder wie wertvoll sie sind, ist gerade einer der Umstände, die der Wettbewerb entdecken soll. Es sind jeweils die vorläufigen Ergebnisse des Marktprozesses, die den einzelnen sagen, wonach zu suchen es sich lohnt« (Hayek 1968/69, S. 253).[10] Mit der zweiten Aussage werden Effizienzurteile über die Ebene individueller

---

9 Die Kritik läßt sich zwar dahingehend abmildern, daß von der Gleichgewichtstheorie keine ernsthafte Anstrengung unternommen wird, zu zeigen, wie es zur Koordination der individuellen Pläne kommt, sie also keine Marktprozeßtheorie ist. Das ändert aber grundsätzlich nichts daran, daß die neoklassische Art des Modellierens immer die Existenz eines Gleichgewichts der individuellen Pläne benötigt. Ob sie explizit formuliert oder ob ein Modell erst in einem zweiten Schritt darauf überprüft wird, ist zweitrangig. Mit dieser Annahme wird notwendig vom Problem der Wissensteilung abstrahiert, unabhängig davon, wie formal anspruchsvoll das jeweilige Modell ist. Der Marktprozeß als ein Prozeß der Selbstkoordination (vgl. Abschnitt II. 4), welcher auf begrenztem subjektivem Wissen beruht, wird durch Annahme unzugänglich.

10 Ein für das neoklassische Vorgehen charakteristisches Mißverständnis ist es jedoch, die kodierte Information in Preisen bzw. Preisänderungen im Sinne von objektiven, erklärenden Tatsachen entschlüsselbar zu definieren (z. B. Radner, 1979). Es kommt i. d. R. nur für wenige Akteure darauf an, herauszufinden, warum sich ein Preis geändert haben könnte. Wesentlich wichtiger ist, daß sie dieses Signal aus der Perspektive ihrer Umstände auswerten und u. U. zu Markthandlungen einsetzen. Auch Versuche, die Akteure eines Modells nur mit »unvollkommener« Information auszustatten, stellen keine adäquate Annäherung an das reale Problem dar. Jedes Informationsdefizit dieser Art wird modelltheoretisch nur handhabbar dadurch, daß der wissenschaftliche Beobachter einen überlegenen Informationsstand hat, mit dessen Hilfe er die Defizite identifizieren kann. Würde es den Akteuren ge-

Wahlhandlungslogik hinaus bedeutungslos: »Wo wir aber die Tatsachen, die wir mit Hilfe des Wettbewerbs entdecken wollen, nicht schon vorher kennen, können wir auch nicht feststellen, wie wirksam er zur Entdeckung aller relevanten Umstände führt, die hätten entdeckt werden können.« (op.cit., S. 250). Das bedeutet aber zugleich, »daß die Gültigkeit der Theorie des Wettbewerbs für jene Fälle, in denen sie interessant ist, nie empirisch nachgeprüft werden kann« (ibid). Grundsätzlich und im Hinblick auf das Forschungsprogramm der konventionellen Gleichgewichtstheorie betonte von Hayek wiederholt:

Das Problem ist ... in keiner Weise gelöst, wenn wir zeigen können, daß alle Fakten, wenn sie einem einzelnen bekannt waren (so wie wir hypothetisch annehmen, daß sie dem beobachtenden Nationalökonomen gegeben sind), die Lösung eindeutig bestimmen würden; statt dessen müssen wir zeigen, wie eine Lösung durch das Zusammenwirken von Menschen hervorgebracht wird, von denen jeder nur Teilkenntnisse besitzt. (Hayek 1945/76, Kap. Iv, S. 120).

Die dem konventionellen Ansatz eigene Sicht »von oben herunter« durch eine Art »freischwebende Intelligenz« (Hayek 1959/79, S. 124) ist durchaus adäquat im Falle von Problemen, mit denen vor allem Ingenieurwissenschaftler konfrontiert sind.[11] Auf sozialwissenschaftliche Fragestellungen angewendet, wird diese Art des Denkens jedoch mangels Adäquanz zum Forschungsobjekt zu einer »szientistischen« Methode (op.cit., S. 15) mit den charakteristischen gesellschaftlichen Gefahren für eine Gesellschaft, die von einem »konstruktivistischen Rationalismus« ausgehen kann.

Im Falle marktwirtschaftlicher Systeme führt die szientistische Methode nicht zuletzt zur Theorie des »Marktversagens« und nur zu leicht zu dem unbefangenen Plädoyer zugunsten eines wirtschaftspolitischen, das »Versagen« kompensierenden Interventionismus, dem dann der Vorwurf nicht erspart werden kann, ein »Nirwana-Ansatz« (Kapp, Demsetz) zu sein. Im Falle sozialistischer Systeme gehört die ingenieurwissenschaftliche Zweckrationalität zu deren ideengeschichtlicher Entwicklung. Die »szientistische Hybris« (Hayek 1959/79, S. 143), die diese Denkweise bei ihrer Anwendung auf Gesellschaftswissenschaften zumindest begünstigt, dürfte zugleich eine der geistigen Quellen fur die Tyrannei sozialistischer Planwirtschaft sein, die z. B. Dickinson durchaus befürchtete und mit dem Konkurrenzsozialismus zu vermeiden suchte, worauf von Hayek (1940/76, Kap. IX, S. 261) hinwies. Die Tyrannei wurde aber ebenso zur geschichtlichen Realität wie das wirtschaftliche Scheitern des Sozialismus, der sich als das erwies, was von Hayek stets vermutete, als ein folgenschwerer erkenntnistheoretischer Irrtum.

---

lingen, den gleichen Wissensstand zu erreichen, wäre der Wissensmangel logisch nicht mehr handhabbar und wir befänden uns in der merkwürdigen Modellwelt rationaler Erwartungen.

11 Dem entspricht, daß z. B. die gleichgewichtsorientierte Partialmarktanalyse um so mehr an Erklärungskraft gewinnt, je stärker die betreffenden Teilmärkte reguliert sind. Je mehr dadurch die Verhaltensmöglichkeiten der Akteure auf die von Ökonomisierern reduziert werden, desto mehr wird das betrachtete Teilsystem geschlossen. Die Entwicklung neuer Handlungsmöglichkeiten wird behindert bzw. wirtschaftlich unattraktiv. Für das Teilsystem bedeutet das, daß es seine Komplexität - d.h. die Vielfalt der Zustände, die es einnehmen kann - weniger zu erhöhen vermag, als dies ohne regulierungsbedingte Verhaltensbeschränkungen möglich wäre. Es wird in eine interventionsgerechte Stationarität gezwängt. Erst sie verleiht einer gleichgewichtsorientierten Deutung des Geschehens analytische und prognostische Qualität.

3. Die Irrtümer der Makroökonomik

Die Irrtümer der Makroökonomik[12] und ihre wirtschaftspolitischen Folgen ergaben sich für von Hayek ebenfalls aus der Anwendung der szientistischen Methode und besonders der Ausdehnung der Gleichgewichtstheorie auf gesamtwirtschaftliche Aggregate, wie sie vor allem im volkswirtschaftlichen Rechnungswesen enthalten sind. Dabei werden die aus definitorischen Zusammenhängen gewonnenen Makrorelationen kausalanalytisch interpretiert. Das wäre auch für von Hayek noch akzeptabel gewesen, wenn damit auf die Gewinnung von »Faustregeln zur Bildung von Voraussagen bei unzureichender Information« (Hayek 1968/69, S. 252f.) abgestellt würde. In der makroökonomischen Theorie werden diese Beziehungen jedoch als Ausdruck eines durchschnittlichen oder repräsentativen Verhaltens von Individuen im Hinblick auf klassifizierte Handlungen (z. B. Investieren, Konsumieren, Exportieren) interpretiert. »Theoretische Makroökonomik ist in vieler Hinsicht nichts anderes als Mikroökonomik in der Sprache der Makroökonomik.«[13]

An solchen Interpretationen wäre lediglich dann nichts auszusetzen, wenn die gesamtwirtschaftlichen Größen und Relationen das Ergebnis einer konsistenten Aggregation von korrespondierenden Mikrogrößen und Mikrorelationen (Kausalitäten) wären. Das ist jedoch definitiv nicht der Fall, und eine Mikrofundierung der Makroökonomik ist selbst dann nur unter äußerst extremen Abstraktionen vorstellbar, wenn von einem neoklassischen Tatsachenverständnis ausgegangen wird. Schon die Unmöglichkeit einer Mikrofundierung im obigen Sinn bedeutet, daß makroökonomische Gleichgewichtskonzepte, die auf Plankonsistenz abstellen, nur über reine Fiktionen Aufschluß geben können. Werden nun noch die Handelnden aus der Perspektive der »Sensory Order« betrachtet, dürfte verständlich sein, warum von Hayek vermutete, daß die Sätze der Makrotheorie wissenschaftliche Eigenschaften »im strengen Sinn überhaupt nicht besitzen« (op.cit., S. 253).

Mit dem Blick auf die evolutorische Dynamik preisgesteuerter Wettbewerbsprozesse als Folge der Interaktion von Individuen, die aufgrund sich permanent ändernder personen- und situationsbezogener Umstände handeln, konnte aber auch der makroökonomische Reduktionismus von Hayek nicht überzeugen. Für ihn war das Gesetz der großen Zahl als Grundlage des Reduktionismus und Voraussetzung für ökonometrische Schätzungen auf Phänomene organisierter Komplexität nicht anwendbar. Dort fehlt es an permanenten und konstanten Beziehungen zwischen Aggregaten oder Durchschnitten, die es uns erlauben würden, statistisch ermittelte Wahrscheinlichkeiten an die Stelle

---

12 So lautet eine Zwischenüberschrift in einer der Ludwig von Mises-Vorlesungen von Hayeks (1978/83, S. 24).

13 Die Aussage ist einem Lehrbuch (Richter, Schlieper, Friedmann 1981, S. 97) entnommen, in dem Vorbehalte gegenüber den Ergebnissen der Makroökonomik umsichtig erörtert werden. Allerdings wird die Aussage anschließend wieder wie folgt relativiert (op. cit., S. 98): »Aggregiert wird im übrigen grundsätzlich nach der Fragestellung - ein Verfahren nach dem bei der Konstruktion von Modellen ohnedies vorgegangen wird.....Insofern ist Aggregation nichts Besonderes oder womöglich Beunruhigendes für den, der versucht, Probleme der wirklichen Welt zu erklären.« In einem anderen deutschsprachigen Lehrbuch heißt es schlicht: »Das sog. Aggregationsproblem wird in der Makroökonomik sozusagen als gelöst unterstellt oder als irrelevant angesehen; eine zufriedenstellende Lösung hierfür liefert nur die mikroökonomische Totalanalyse (à la Walras), die aber für einen Makroökonomen völlig inoperational ist.« (Claassen 1980, S. 5).

besonderer Umstände zu setzen (Hayek, z. B. 1978/83, S. 25).[14] Die permanente Koordination durch Markthandlungen - von Hayeks »Katallaxie« läßt, mit den Worten Leijonhufvuds (1976/81, S. 323), eine moderne Volkswirtschaft zu einer wenig wahrscheinlichen Struktur werden. Sie gleicht Phänomenen der neueren Mikrobiologie, in der staunend gefragt wird, wie sich z. B. die Zelle als eine so wenig wahrscheinliche Struktur von Molekülen selbst erhält. Von Hayek hätte der Argumentation Leijonhufvuds wohl zustimmen können, wonach dieser (op.cit., S. 328) vermutet, daß Keynes zu anderen Antworten gekommen wäre, wenn er mit der Frage begonnen hätte »Wie ist es vorstellbar, daß Aktivitäten jemals vernünftig koordiniert werden?«, statt sofort die Frage beantworten zu wollen »Wie hat das System versagt?«. Dann wäre er vermutlich darauf gestoßen, daß Symptome wie Arbeitslosigkeit auf ein Koordinationsversagen zurückführbar sind und daß die zur Koordination erforderliche Kommunikation zwischen den Akteuren versagte, weil die dazu benötigten Informationen oder Signale nicht gegeben wurden (op.cit., S. 332).

Es ist so gesehen nicht verwunderlich, daß die Kommunikationsleistungen eines wettbewerblichen Preissystems von Anfang an den Kern der Vorbehalte von Hayeks gegenüber den Vorstellungen von Keynes ausmachten und erst recht gegenüber dem, was sich danach in der Makroökonomik daraus entwickelte.[15] Schon in seiner Reflexion über den» Treatise on Money« (Hayek 1931), auf die Keynes sehr unsachlich, fast rüde reagierte (Keynes 1931), basierte die Argumentation in österreichischer Theorietradition auf dem preisgesteuerten Wandel der Produktionsstruktur, der im Großen wie im Kleinen ständig stattfindet und dessen Vernachlässigung als Folge der Betrachtung von Aggregaten zu Fehlschlüssen verleiten kann. Die Kritik von Hayeks an der »General Theory« und der nachfolgenden Makroökonomik[16] läßt sich auf drei zentrale Einwände reduzieren: (1) das Konzept der Gesamtnachfrage ist als grobe Vereinfachung irreführend, hat bei seiner beschäftigungspolitischen Anwendung inflatorische Folgen und ist bestenfalls in der Depression von begrenztem Wert; (2) das Problem der Arbeitslosigkeit ist in erster Linie eine Folge verstellter Signale, Folge einer Manipulation von Reallohnniveau und Lohnstruktur durch die Arbeitsmarktkartelle;[17] (3) das statistische ex post-Konstrukt des Preisniveaus ist geeignet, die Geldpolitik dazu zu verleiten, die Preis- und Lohnstrukturen als Signale in ihrer unterschiedlichen Flexibilität bis hin zur Rigidität zu negieren oder gar den Versuch zu unternehmen, sie zu überspielen.

14 Das wird in der Makroökonomik zumindest der Tendenz nach auch gesehen, wenn eingeschränkt wird, „daß das reduktionistische Aggregationskonzept um so angemessener ist, je weniger sich die Strukturen wichtiger Einflußgrößen ändern und je ähnlicher die individuellen Verhaltensweisen sind" (Blümle und Patzig 1990, S. 623).

15 Diese Differenzierung scheint wichtig, wurde sie doch mehrfach durch von Hayek gemacht. Um ein Beispiel zu zitieren: ». .., daß es wie eine Ironie des Schicksals ist, daß gerade Keynes für diese Wendung zur Makro-Theorie verantwortlich werden sollte, denn er hielt in Wirklichkeit wenig von der Ökonometrie, wie sie damals gerade populär wurde, und ich glaube auch nicht, daß er ihr irgendeine Anregung verdankt« (Hayek 1966/69, S.91).

16 Sie kann hier nicht nachgezeichnet werden. Vgl. hierzu z. B. die weiterhin lesenswerte Zusammenstellung von entsprechenden Textstellen aus verschiedenen Publikationen von Hayeks durch S. R. Shenoy (Hayek 1972).

17 Dabei sah von Hayek (1976/78, Kap. 13, S. 199) einen Wandel, den Keynes seit seinen »Economic Consequences of the Peace« (1919) vollzog: »... he began with the recognition that it was necessary to lower real wages, came to the conclusion that this was politically impossible, and finally convinced himself that it would be vain and even harmful«.

Die Faszination, die von der Keynesschen Theorie und der Makroökonomik auf Ökonomen, Regierungen, Verwaltungen und die wählenden Bürger ausging, liegt in ihrem Reduktionismus und der Meß- und Beobachtbarkeit der statistischen Artefakte, auf denen sie beruht. Sie fügte sich deshalb zugleich wissenschaftssoziologisch in Bestrebungen, zu mehr Ansehen als einer - gemessen an Teilen der Naturwissenschaften - »intermediately hard science« (Samuelson, 1947/65, S. IX) zu gelangen.[18] Deshalb schien auch die Frage berechtigt, ob wir nicht jede Information darüber nutzen sollten, wie die Akteure sich verhalten, wenn wir die Wirtschaft, in der wir leben, modellieren wollen (Tobin 1980, S. 35). Auf diese Weise wird aber nur zu leicht wichtig, was meßbar ist. Aus Erhebungen in der Form von statistisch reduzierten Ergebnissen menschlichen Handelns wurde eine Ordnung des Wirtschaftsablaufs konstruierbar, die keinen nachvollziehbaren Bezug mehr zur Komplexität des Marktgeschehens, wohl aber eine verführerische Transparenz hat.

Der szientistische Irrtum suggeriert eine Manipulierbarkeit des Wirtschaftsablaufs im Interesse kollektiver Ziele. Sie werden den Zielen übergeordnet, nach denen die Marktakteure unter wettbewerblicher Kontrolle handeln. Mögliche Abweichungen von dem kollektiv Gewünschten lassen sich dann sogar von Politikern als eine Art Gemeinwohlverstoß der Marktakteure interpretieren und z. B. durch steuerliche Zwangsmaßnahmen ahnden. Eine Gefahr, die von der in der Makroökonomik angelegten »Anmaßung von Wissen« (Hayek 1975) ausgehen kann, hat Keynes indirekt, wenn auch in einer etwas merkwürdigen Weise, im Vorwort zur deutschen Übersetzung der »General Theory« aufgezeigt, worauf von Hayek (1952/67, Anhang, S. 346) hinwies. Dort äußerte Keynes die Vermutung, daß seine Produktionstheorie im Ganzen viel leichter den Bedingungen eines totalen Staates angepaßt werden kann als die Theorie, die unter den Bedingungen freien Wettbewerbs und einem hohen Maß an »laisser-faire« entwickelt wurde.[19] Eine zumindest auf den ersten Blick weniger düstere Gefahr besteht darin, daß die makroökonomischen Aggregate mit bestimmten organisierten Gruppen in Verbindung gebracht werden. Von dieser Assoziation bis zu dem Versuch, Vertreter dieser Gruppen in politische Entscheidungen einzubinden und ihnen Mitverantwortung für das Erreichen von makroökonomischen Zielgrößen zu übertragen, ist es nur ein kleiner Schritt. Der demokratisch höchst zweifelhafte und in der Praxis zu kollektiver Verantwortungslosigkeit tendierende Korporativismus wird durch makroökonomische Vorstellungen vom Wirtschaftsablauf zumindest begünstigt.

---

18 Spätestens an dieser Stelle scheint der Hinweis geboten, daß von Hayek die Mathematik als der Ökonomik nützliche Hilfswissenschaft nicht in Abrede stellte. Allerdings distanzierte er sich davon, wie sie vorwiegend gebraucht wird (z. B. 1978/83, S. 23). "They (the founders of mathematical economics, MES) understood much better than their successors that algebraic mathematical formulae are the pre-eminent method for describing abstract patterns without assuming or possessing particular information about the specific magnitudes involved. One great mathematician has indeed described a mathematician as a maker of patterns. In this sense mathematics can be very helpful to us.«

19 Das Zitat lautet im Original (Keynes 1936, S. IX): "Denn ich gestehe, daß vieles in dem folgenden Buche hauptsächlich mit Bezug auf die Verhältnisse in den angelsächsischen Ländern erläutert und dargelegt worden ist. Trotzdem kann die Theorie der Produktion als Ganzes, die den Zweck des folgenden Buches bildet, viel leichter den Verhältnissen eines totalen Staates angepaßt werden als die Theorie der Erzeugung und Verteilung einer gegebenen, unter Bedingungen des freien Wettbewerbs und eines großen Maßes von laisser-faire erstellten Produktion. Das ist einer der Gründe, die es rechtfertigen, daß ich meine Theorie eine allgemeine Theorie nenne.«

4. Rechtsordnung und Handelnsordnung

Die Beantwortung der Frage, wie es vorstellbar ist, daß Aktivitaten autonomer Entscheidungsträger jemals vernünftig koordiniert werden, führt auf der Systemebene bei von Hayek zu preisgesteuerten Wettbewerbsprozessen, die eine Entdeckung und Verwertung von Kenntnissen mit sich bringen, welche niemand in ihrer Gesamtheit wissen kann und auch nicht wissen muß. »Von unten herauf« gleichen die Preise und ihre Änderungen sowie die Objekte, auf die sie sich beziehen, wiederum den in einem früheren Analogon bemühten Bergspitzen. Die Frage nach dem wolkenverhangenen Massiv ist nunmehr eine solche der Ordnungstheorie: »Welcher Art müssen die Regelmäßigkeiten im Verhalten der menschlichen Individuen sein, damit die Reaktionen jedes einzelnen auf die ihm bekannten Umstände zu einer Ordnung des Ganzen führen?« (Hayek 1967a, S. 206). Diese Frage muß nicht zuletzt deshalb gestellt werden, weil die Preise das Ergebnis von Verträgen sind, deren Anbahnung, Aushandlung und Einhaltung in vielfältiger Weise auf Erwartungen über transaktionskonformes Verhalten von Akteuren beruht, die sich häufig völlig fremd sind. Ähnliches gilt für die Erwartung der Transaktionspartner, daß sie mit den erworbenen Objekten selbstgesetzte Ziele nach ihrem Gutdünken verfolgen können, ohne von anderen daran gehindert zu werden.

Von Hayeks Antwort war institutionentheoretisch und hatte schon deshalb für die Ökonomik Pioniereigenschaften.[20] Sie bereitet intellektuelle Schwierigkeiten, weil sie - wie von Hayek (1967a, S. 197) wohl zu Recht vermutete - nicht der »tief eingewurzelten Neigung unseres Denkens« entspricht, »überall dort, wo wir Ordnung finden, sie auf das Wirken eines persönlichen Anordners zurück(zu)führen«. Diese Schwierigkeiten, aus dem Denkmuster einer gemeinsamen Zwecken unterworfenen geplanten Ordnung oder Organisation auszubrechen, sind charakteristisch für das Verständnis der Koordination durch das Marktgeschehen, mit dem eine Handelnsordnung bewirkt wird. Der neoklassische, gleichgewichtsorientierte Ansatz zur Rekonstruktion von Marktergebnissen kann durchaus als Ausdruck dieser Neigung und der damit verbundenen Schwierigkeiten angesehen werden. Die Rolle eines Organisators übernimmt in diesem Fall der (gedachte) Walrasianische Auktionator, der durch »tâtonnement« die gleichgewichts- und effizienzorientierten Preissignale vorweg ermittelt. Sie können je nach dem, wie die Marktakteure und ihr handlungsrelevantes Umfeld modelliert sind (Rationalitäts- und Wettbewerbsannahmen), im Grunde den Befehlen eines umfassend informierten Planers gleichgesetzt werden.[21] Auch aus dieser Sicht dürfte der skizzierte Verlauf der Sozialismusdiskussion verständlich sein.

---

20 In wesentlichen Elementen wurde sie bereits in seinem Beitrag »Rechtsordnung und Handelnsordnung« (1967 a) zur Ringvorlesung der Freiburger Rechts- und Staatswissenschaftlichen Fakultät im Wintersemester 1966/67 sowie in einigen weiteren Aufsätzen aus dieser Schaffensperiode (insbesondere Hayek 1963/67, 1967b, 1967c) formuliert. Die Periode begann in etwa mit den »Arten der Ordnung« (1963) und erreichte wohl mit dem ersten Band von »Recht, Gesetzgebung und Freiheit« (1973) ihren Kulminationspunkt.

21 Das soll hier und an anderer Stelle ebensowenig, wie es von Hayek intendierte, eine böswillige Unterstellung sein. Vielmehr ist es im Sinne von Hayeks (1988, S.86) zu verstehen: »The hypothetical assumption, customarily employed in theoretical descriptions of the market process (descriptions made by people who usually have no intention of supporting socialism), to the effect that all such facts (or parameters) can be assumed to be known to the explaining theorist, obscures all this and consequently produces the curious deceptions that help to sustain forms of socialist thinking.«

Die Schwierigkeiten, die auf der Ebene der Ergebnisse menschlichen Zusammenwirkens mit der Unterscheidung zwischen spontaner und geplanter Ordnung - zwischen Kosmos und Taxis (Hayek 1973, Kap. 2) - bestehen, sind auch beim Verständnis der komplementären Systeme von Verhaltensregeln zu finden. Nach ihrer Funktion müssen diese Regeln für die Handelnsordnung des marktwirtschaftlichen Systems so beschaffen sein, daß sie sowohl den Individuen die Verfolgung selbstgesetzter Zwecke durch Verwertung ihres personen- und situationsbezogenen Wissens erlauben als auch die Erwartungen in einem Maße stabilisieren, welches die Koordination durch Markthandlungen begünstigt. Dazu muß das Regelsystem vor allem das bewirken, was Hume (1888/1976, S. 526) - auf den sich von Hayek auch in diesem Fall bezog - mit »the stability of possession, of its transference by consent, and of the performance of promises« umschrieb. Die hierfür erforderlichen Regeln sind nur zum Teil im artikulierten Privatrecht enthalten. Hinzu kommen viele Regeln der Sitte und Moral sowie der Gewohnheit, aber auch individuelle Erfahrungen, die es erleichtern, zutreffende Erwartungen über das Verhalten anderer zu bilden (z. B. Hayek 1967a, S. 209). Funktionsrelevante Eigenschaft vieler dieser Regeln ist ihre »Abstraktheit« oder, genauer, ihr Maß an Universalisierbarkeit[22] in dem Sinne, daß sie Beschränkungen von Handlungen für unbekannte Umstände enthalten, mit deren Einhaltung andere rechnen können. Erst solche Regeln - so argumentierte von Hayek (op.cit., S. 216) - erlaubten die Bildung einer Großgesellschaft, »die nicht mehr die Verfolgung konkreter Zwecke voraussetzte, sondern es möglich machte, daß einander unbekannte Menschen mit ganz divergenten Zwecken ihr Wissen wechselseitig in einanders Dienste stellen konnten.«

Auch dieses Ergebnis hat einschneidende wirtschaftswissenschaftliche Konsequenzen. Die Wohlfahrtsökonomik wird damit in mehrfacher Hinsicht in Frage gestellt. Die dort analysierte Wohlstandsmaximierung unter Nebenbedingungen muß nicht nur an der Unlösbarkeit des Aggregationsproblems, sondern grundsätzlich an der unabänderlichen Beschränkung unseres Wissens scheitern. Sie setzt dem wirtschaftlichen Geschehen zudem ein konkretes Ziel, das niemand verfolgt. Selbst wenn dies nur aus analytischen Gründen geschähe, um die allgemeine Vorteilhaftigkeit marktwirtschaftlicher Systeme zu überprüfen, müßte dieser Versuch scheitern, weil Effizienzurteile - wie dargelegt - über die individuelle Wahlhandlungsebene hinaus schon aus Wissensgründen bedeutungslos sind.

Das in der Wohlfahrtsökonomik ebenso wie in der traditionellen Allokationstheorie praktizierte methodologische Prinzip der institutionellen Neutralitat der Analyse (z. B. Sohmen 1976, S.439) erweist sich im Lichte der Ergebnisse von Hayeks als unhaltbar. Werden Institutionen als Regeln im zuvor skizzierten Sinne verstanden, dann ist es gerade ihr Informationsgehalt in der Form erwartungsstabilisierender Beschränkungen von Handlungsmöglichkeiten, der den Schritt in die Katallaxie der offenen Großgesellschaft erst möglich macht. Ferner darf die entlastende Wirkung nicht übersehen werden, die für alle Akteure mit der häufig unbewußten, im Prozeß der Sozialisation erlernten Einhaltung und Entwicklung von Regeln verbunden ist, in denen sich die Erfahrungen und Kenntnisse von vielen niedergeschlagen haben. Nur wenn »das Hausgespenst in unse-

22 Solche Regeln sind (1) allgemein, weil sie fur eine unbekannte und unbestimmbare Zahl von Personen und Fällen gelten (Hayek 1973, S. 50), (2) offen, weil sie lediglich solche Handlungen beschreiben, die als nicht erlaubt gelten, womit es möglich bleibt, auch neue Handlungsweisen zu nutzen, sowie (3) bestimmt, weil erwartet werden kann, daß es dem Einzelnen möglich ist, praktische Situationen als Anwendungsfälle der Regel auch zu identifizieren.

rem Schrank, der homo oeconomicus, den wir mit beten und fasten ausgetrieben haben, durch die Hintertüre wieder hereingekommen ist in der Gestalt eines quasi allwissenden Einzelmenschen« (Hayek 1937/76, S. 65), werden solche Entlastungen unnötig. Die Frage nach den Institutionen kann man aus den genannten Gründen nicht von der »reinen Theorie« zunächst fernhalten, um dann zu fragen, mit welchen institutionellen Vorkehrungen die deduzierten Ergebnisse erzielt werden könnten (so wiederum z. B. Sohmen, ibid.). Wie von Hayek überzeugend dargelegt hat, gehören zur spontanen wie zur geplanten Ordnung ganz spezifische Regelsysteme. Im einen Fall begünstigen sie Vereinbarungen zwischen Gleichgestellten, im anderen sind sie Anweisungen eines übergeordneten Organisators. Im Recht ist es der Unterschied zwischen Nomos und Thesis (Hayek 1973, Kap. 5 bzw; 6). Eine Instrumentalisierung der Regelsysteme im Sinne der obigen Frage wird nur durch die szientistische Methode möglich. Sie führte, wie dargelegt, in die Sackgasse des Konkurrenzsozialismus und ist darüber hinaus geeignet, einen marktwidrigen institutionellen Pragmatismus zu begünstigen.

Schließlich erweist sich das Prinzip der institutionellen Neutralität auch im Hinblick auf den damit verfolgten Zweck, in der Wohlfahrtsökonomik mit einem Minimum an grundlegenden, als weithin akzeptabel vermuteten, paretianischen Werturteilen auszukommen,[23] als eine irreführende Reaktion auf die Werturteilsdebatte. Folgt man der Analyse von Hayeks (z. B. 1973, Kap. 5, 1976, Kap. 8), dann stützt sich die Handelnsordnung nicht nur auf ein Regelsystem mit spezifischen Eigenschaften. Darüber hinaus - so läßt sich die Analyse zusammenfassen - ist das Regelsystem gewissermaßen in einem doppelten Sinne werthaltig: Es dient dem notwendig abstrakten Ziel der Freiheit der Handelnden durch Regeln gerechten Verhaltens.

Das abstrakte Ziel wird in dem Maße erreicht, wie es mit Hilfe der Regeln gelingt, Konflikten durch den Schutz individueller Einflußsphären vorzubeugen und zugleich die Kooperation zwischen Individuen in den Fällen zu erleichtern, in denen sie ihnen aus der Sicht selbstgesetzter Zwecke und spezifischer Umstände erstrebenswert erscheint. Weil es sich um Zwecke und Umstände handelt, die niemandem in ihrer Gesamtheit bekannt sein können, müssen sich die Regeln notwendig von der Herbeiführung konkreter Ergebnisse lösen. Dann erlauben sie aber auch keine allgemeingültigen ergebnisorientierten Urteile mehr, auf die sich ihre Akzeptanz stützen könnte. Viele regelorientierte Handlungen werden unbeabsichtigte Nebenwirkungen haben, die als ungerecht gelten würden, wenn sie mit Absicht herbeigeführt würden. Eine Handelnsordnung bringt viele Änderungen hervor (nicht zuletzt bei den Tauschwerten und Einkommenserzielungschancen), die als ungerecht eingestuft würden, wenn sie das Ergebnis eines menschlichen Entwurfs wären. Nur in einer Großgesellschaft von Allwissenden wären solche Ungerechtigkeiten vielleicht vermeidbar, weil die Individuen auch die Voraussicht hätten, dies zu tun. Diesseits eines solchen Nirwanas stellen abstrakte, ergebnisunabhängige Regeln eine Anpassung an unsere Unwissenheit dar (Hayek 1976, S. 39) und damit an unsere Unfähigkeit, Zustände herbeizuführen, die von allen stets als gerecht angesehen würden.

Bezogen auf das Werturteilsproblem bedeutet dies: Wenn das Untersuchungsobjekt, die Handelnsordnung, das Ergebnis der Befolgung von Regeln gerechten Verhaltens ist,

23 Zur immanenten Kritik der »widely acceptable« paretianischen Werturteile vgl. z.B. Nath (1969, Kap. VI). Eine radikalere, den Hayekschen Vorstellungen in vielen Punkten nahe kommende Kritik lieferten Rowley und Peacock (1975).

dann ist Wertabstinenz eine unangemessene Abstraktion. Vielmehr ist es unter diesen Umständen durchaus möglich, ohne naturalistischen Trugschluß weitere Sollregeln abzuleiten. Wenn die Handelnsordnung als erhaltenswert gilt, kann es Gegenstand wissenschaftlicher Bemühungen sein, zu klären, ob weitere Normen mit den Regeln dieser Ordnung und damit ihrem Fortbestehen kompatibel sind (Hayek 1967a, S.228f). Dabei sind gerade die am häufigsten artikulierten, ergebnisorientierten Gerechtigkeitsvorstellungen am wenigsten mit der Freiheit als der Norm des Nomos verträglich, einer Norm, die von niemandem gesetzt wurde. Vielmehr war sie für von Hayek (1960, S. 54) ein »Artefakt der Zivilisation«, das den Menschen aus den Fesseln der kleinen Gruppe löste, und das im Prozeß der kulturellen Evolution von regelgerechtem Verhalten geformt wurde.

5. Zwischen Instinkt und Vernunft

Die Interpretation der Freiheit als Artefakt der Zivilisation läßt wohl manchen Idealisten erschauern. Aber es war gerade die Absicht von Hayeks, mit seiner »Verfassung der Freiheit« (1960) das Verständnis fur diesen Wert und nicht den Enthusiasmus zu fördern (op.cit., S. 6). Dazu lag es nahe, den Akzent auf seine Nützlichkeit zu legen. Diese ließ sich wiederum aus der Perspektive des Wissensproblems analysieren.

Freiheit als Artefakt der Zivilisation wird mit Hilfe der »Zwillingsidee von Evolution und spontaner Ordnung« (Hayek 1967/76, S. 250) verständlich. Mandeville, für den von Hayek »nicht mehr (beanspruchte, MES), als daß er Hume möglich gemacht hat« (op. cit., S. 264), verhalf dieser Idee mit seiner Bienenfabel geistreich provokant zum Durchbruch. Spontane Ordnungen wie die Sprache und die Katallaxie basieren auf Regeln, die mit den Worten Fergusons zwar »Ergebnisse menschlichen Handelns, aber nicht menschlichen Entwurfs« sind (Hayek 1967c). In der Schichtung der menschlichen Verhaltensregeln liegen sie zwischen denen des Instinkts und denen der Vernunft.[24] Dementsprechend werden sie weder genetisch propagiert noch bewußt für konkrete Zwecke entwickelt oder adaptiert. Sie sind also weder »natürlich« noch »künstlich«, sondern das Ergebnis kultureller Evolution. In deren Verlauf wurden Verhaltenspraktiken entdeckt, die nur zu häufig mit Traditionen brachen, sich aber durchsetzten, weil die Gruppen, die nach ihnen handelten, besser als andere prosperierten, ohne daß ihnen bewußt sein mußte, inwiefern sie dies der Einhaltung solcher Verhaltensregeln verdankten (Hayek, z. B. 1979, S. 159ff.).

Von Hayek argumentierte in der Tradition der schottischen Moralphilosophie, daß Zivilisationen, in denen sich freiheitskonforme, abstrakte Verhaltensregeln durchsetzen konnten, deshalb prosperierten, weil sie in besonderem Maße einen »Prozeß der Adaptation und des Lernens« (Hayek 1960, S. 40) begünstigten. Mit der Hinwendung zu abstrakten Regeln nahm die Zahl der Chancen zu, experimentierend sowohl zu neuen Lösungen für alte Probleme zu gelangen als auch für völlig Neues die Wertschätzung anderer zu gewinnen. Der Umstand, daß jeder einzelne so wenig wissen kann, erwies sich in dem Maße als weniger hinderlich, in dem Gesellschaften auf die unabhängigen und

24 Mit „Between Instinct and Reason" ist das erste Kapitel von »The Fatal Conceit" (1988) überschrieben, in dem von Hayek noch einmal verdeutlichte, daß die zwischen Instinkt und Vernunft angesiedelten Sitten und Traditionen das Ergebnis kultureller Evolution sind, eine Einsicht, der sich Vertreter des konstruktivistischen Rationalismus verweigern.

wettbewerblichen Anstrengungen von vielen vertrauen lernten, um das Entstehen von dem anzuregen, »was wir wünschen werden, wenn wir es sehen« (op.cit., S. 29). Wie sehr diese »Expansion der Ordnung in das Unbekannte« (Hayek 1988, S. 38) von der Entwicklung freiheitskonformer Verhaltensregeln einschließlich des Sondereigentums bestimmt wird, suchte von Hayek an Hand der Entwicklung der europäischen Zivilisation, beginnend mit ihren mediterranen Ursprüngen zu überprüfen (z. B. 1988, Kap. 2,3).[25] Sein historischer Befund war, daß sich die Freiheit auch im interkulturellen Vergleich als nützlich oder erfolgreich in dem Sinne erwiesen hat, daß sie einer wachsenden Zahl von Menschen mehr als das Überleben sicherte. Wie aber läßt sich die dazu erforderliche Einhaltung der Regeln gerechten Verhaltens erklären, wo doch in der Institutionenökonomik inzwischen zahllose Dilemmata modelliert worden sind, die in Beziehungen zwischen Fremden gerade die Einhaltung aus der Perspektive der Zweckrationalitat eher zum Sonderfall werden läßt? Von Hayek vermutete, daß die Freiheit niemals ohne tiefwurzelnde Überzeugungen möglich ist, die die Einhaltung der Regeln gegen Opportunismus sichern helfen (Hayek 1960, S. 62).[26] Hinter diesen Überzeugungen stehen Werte, die selbst, wie die Moral, Kreaturen der Zivilisation sind (op.cit., S. 35), mit der Folge, daß es keine universelle Ethik geben kann.[27] Damit sind wir aber auch in diesem Punkte auf die kulturelle Evolution verwiesen.

Zwar wurde die Idee der Evolution, wie von Hayek (z. B. 1967/78, S. 264f.) darlegte, bereits vor ihrer Einführung in die Naturwissenschaften durch Darwin, unter anderem von Herder, Savigny und von Humboldt im Anschluß an Mandeville, Hume und Vico in den Gesellschaftswissenschaften verfolgt. Sie entwickelte sich jedoch dort nicht in einem Maße, wie es in der Biologie der Fall war. Zwar löste der Reimport aus der Biologie in der Form des Sozialdarwinismus eine breite Diskussion aus. Jedoch war er gerade wegen seiner biologisch begründeten Konzentration auf das genetische Element keine überzeugende sozialwissenschaftliche Theorie (Hayek 1979, S. 154). Von dem geringen Erkenntnisfortschritt im Hinblick auf evolutorische Phänomene war auch die Ökonomik nicht ausgenommen, obgleich sie mit der Innovation ein Phänomen zum Gegenstand hat, das im Grunde die vorherrschende Betrachtungsweise ständig hatte herausfordern müssen. Selbst Schumpeter, der der Innovation als solcher Geltung verschaffte, unternahm keinen Versuch, sie so in die Theorie zu integrieren, wie er sie erkannt hatte, als ein systemendogen hervorgebrachtes Phänomen. Erst in jüngerer Zeit mehren sich Versuche, zu einer evolutorischen Ökonomik vorzudringen.[28] In diesem Kontext und im Hinblick auf die Entstehung und Verbreitung von Innovationen dürften sowohl die »Sensory Order« mit ihrer Betonung des Lernens und der Kreativität als

25 Seine Ergebnisse, zum Teil gewonnen mit der Methode der »mutmaßenden Geschichte« (»conjectural history«, Hayek 1967b, S.75; 1988, S.69) als Hilfe bei Versuchen einer Erklärung des Prinzips entsprechen in vielem den Erklärungen, die Jones (1981) für das »europäische Wunder« sowie Rosenberg und Birdzell (1986) für den »Aufstieg des Westens« versuchten.

26 Er erwog deshalb (Hayek 1970, S. 28, FuBnote 4), Max Webers Wertrationalität im Gegensatz zu den von ihm kritisierten zweckrationalen Erklärungs- bzw. Begründungsversuchen zu wählen, fand jedoch, daß die Trennschärfe gegenüber der Zweckrationalität bei Weber zu gering war.

27 Zu den regelsichernden Elementen gehört nicht zuletzt die Religion. Von Hayek (1988, Kap. 9) stellte seinen entsprechenden Überlegungen folgendes Zitat voran: »Religion, even in its crudest form, gave a sanction to the rules of morality long before the age of artificial reasoning and philosophy« (Adam Smith).

28 Einen Uberblick über diese noch tastenden, heterogenen Versuche gibt Witt (1991).

auch der »Wettbewerb als Entdeckungsverfahren« als ein Verfahren der Wissensverbreitung und Wissensüberprüfung wesentliche Einsichten vermitteln.

Von Hayeks eigentliche Evolutionshypothese galt jedoch der Entstehung, Verbreitung und Bewahrung von Verhaltensregeln und der sie stützenden Moral als den Grundlagen zivilisatorischer Entwicklung.[29] Wenn der skizzierte Verlauf der Diskussion der Idee der Evolution berücksichtigt wird, dürfte sein Ansatz eher noch am Beginn einer gesellschaftswissenschaftlichen Theoriebildung stehen.[30] Seine zentrale Hypothese zur kulturellen Evolution war die der »Gruppenselektion« von Regelsystemen. Die Systeme selbst sind das Ergebnis historischer Zufälligkeiten und unbewußter, lernender Übernahme von Regeln durch die Gruppenmitglieder. Dabei setzen sich solche Regelsysteme durch, welche einer Gruppe die Anpassung an unvorhersehbare Umstände besser ermöglichen als anderen Gruppen. Die Überlegenheit äußerte sich in einer Frühphase gesellschaftlicher Entwicklung darin, daß die Gruppe den organisatorischen Grenzen der Kleingruppe zu entwachsen vermochte. Dazu mußte sie, wie auch in späteren Phasen, besonders gute Vermehrungs- sowie Zuwanderungschancen[31] bieten.

Über eindrucksvoll ausformulierte Teilaspekte hinaus ist die Evolutionstheorie von Hayeks wenig ausgearbeitet, so daß er manchen möglichen Implikationen nicht genügend Rechnung tragen konnte.[32] Inzwischen sind hierzu eine Reihe von Fragen aufgeworfen, aber auch zum Teil scharfe Kritik geäußert worden.[33] Auf sie kann hier nicht eingegangen werden. Lediglich ein Aspekt soll aufgegriffen werden, der gerade im Hinblick darauf von Bedeutung ist, daß von Hayek selbst Vorschläge zu institutionellen Reformen gemacht hat. Sie reichen von solchen zur Geldverfassung (1978b) bis zu einer politischen Modellverfassung (1979, Kap. 17). Daraus ergibt sich schon, daß er durchaus Chancen fur eine bewußte Gestaltung von Institutionen sah. Das galt nicht nur für politische Institutionen, sondern auch für die Regeln der Handelnsordnung, an denen sich sein evolutorisches Denken vor allem orientierte. Sonst hätte er es nicht länger »als Besonderheit der Rechtsregeln ansehen können, daß wir sie in einem gewissen Grade bewußt so gestalten können, daß sie in Verbindung mit den anderen Regeln und in den zu erwartenden tatsächlichen Umständen zur Bildung einer Gesamtordnung führen« (Hayek 1967a, S.209). Darin kommt lediglich zum Ausdruck, daß - wie von Hayek (1988, S. 25) es mit Verweis auf Popper formulierte - die kulturelle Evolution den Lamarckismus simuliert. Die Basis, auf der wir uns intelligent versuchen können, bleibt

29 Vgl. hierzu den Epilog in Hayek 1979 (S. 153ff.) sowie Hayek 1967b, 1988 (insbes. Kap. 1 u. 8).

30 Diese Theoriebildung dürfte mit besonderen Schwierigkeiten konfrontiert sein, die sich aus den vorherrschenden Wissenschaftsstandards ergeben. Von Hayek (1988, S. 61) fasste sie wie folgt zusammen: »These declarations (of faith of modern science and philosophy of science, MES), definitions, postulates, have created the impression that only that which is rationally justifiable, only that which is provable by observational experiment, only that which can be experienced, only that which can be surveyed, deserves belief.« Das behindert nicht nur die Analyse der Grenzen unseres Wissens, sondern es versperrt auch den Zugang zu Phänomenen, die zwischen Instinkt und Vernunft liegen, und die für die kulturelle Entwicklung, wie von Hayek vermutete, von zentraler Bedeutung sind (op. cit., S.62).

31 Von Hayek (1988, S. 132) betonte: »It is not the present number of lives that evolution will tend to maximise but the prospective stream of future lives.«

32 Dies räumte er am Ende des zitierten Epilogs (Hayek 1979, S. 176) selbst ein: "In concluding this epilogue I am becoming increasingly aware that it ought not to be that but rather a new beginning." Seine späteren Überlegungen brachten ihn nur noch ein begrenztes Stück weiter.

33 Vgl. z.B. Radnitzky (1984), Vanberg (1986), Voigt (1991), Witt (1989).

die Tradition,[34] das was zwischen Instinkt und Vernunft an Wissen entsteht und weitergegeben wird.

6. Der Atavismus der sozialen Gerechtigkeit

Von Hayek hat niemals einen Zweifel daran gelassen, daß er die Handelnsordnung des Kapitalismus, die er als das Ergebnis kultureller Evolution ansah, wegen des hohen Maßes an Freiheit befürwortete, das diese Ordnung beinhaltet und erfordert. Er betonte aber auch, daß er den naturalistischen Trugschluß vermeiden wolle, die Ergebnisse der Gruppenselektion als notwendig »gut« anzusehen.[35] Das schloß seine nach langer Beschäftigung mit dieser Ordnung sowie mit rationalistischen Gesellschaftsentwürfen gewonnene Überzeugung nicht aus, daß die Preisgabe der die Ordnung tragenden Traditionen einen Großteil der Menschheit zu Armut und Tod verurteilen würde (Hayek 1988, S.27).

Diese Gefahr kann nicht schon deshalb als gebannt gelten, weil nahezu alle sozialistischen Systeme in dramatisch kurzer Zeit zusammengebrochen sind und ein Erbe an Armut und Zerstörung hinterlassen haben, das selbst überzeugten Sozialisten in kapitalistischen Ländern zumindest vorübergehend die Sprache verschlug. So ist jedenfalls auch heute noch die Warnung interpretierbar, die von Hayek bereits vor fast vier Jahrzehnten in seinem - wie er es selbst bezeichnete - politischen Buch »Der Weg zur Knechtschaft« (1944/62) zum Ausdruck brachte. Er widmete es ausdrücklich nicht aus Hohn (Hayek 1956/67, S. 216) den Sozialisten in allen Parteien. Von Hayek war der Auffassung, daß der Sozialismus als Gesellschaftsmodell, welches in westlichen Ländern viele Sympathien genossen hatte, hundert Jahre nach Erscheinen des Kommunistischen Manifests nicht nur in den Vereinigten Staaten weitgehend diskreditiert war. Das rechtfertigte nach seiner Auffassung jedoch keine Selbstzufriedenheit. Vielmehr befürchtete er bereits mitten im wirtschaftlichen Aufschwung der Nachkriegszeit, daß der Sozialismus von vielen Gesellschaftsreformern durch einen »Mischmasch« inkonsistenter Ziele unter dem Etikett des Wohlfahrtsstaates ersetzt würde, der sorgfältig darauf überprüft werden müsse, ob seine Ergebnisse nicht denen eines ausgewachsenen Sozialismus sehr ähnlich sein würden (op.cit., S. 221).

In der Folgezeit verwandte von Hayek einen Großteil seiner sozialphilosophischen Bemühungen darauf, diesem Verdacht nachzugehen. Das Ergebnis läßt sich mit Hilfe seiner Formulierungen prägnant umreißen: »Der Atavismus der sozialen Gerechtigkeit«, »die Anmaßung von Wissen« sowie »der fatale Defekt in der vorherrschenden Form von Demokratie« drohen einen »Verfall des Rechts« zu bewirken, welches zusammen mit nicht artikulierten Traditionen als Regelsystem fiir die Handelnsordnung des Kapitalismus unentbehrlich ist.[36]

---

34 Von Hayek (1979, S. 167) umschrieb diese Gratwanderung zwischen Gebrauch von Vernunft und Anmaßung von Wissen wie folgt: »We must build on tradition and can only tinker with its products.«

35 »I do not claim that the results of group selection of traditions are necessarily >good< anymore than I claim that other things that have long survived in the course of evolution, such as cockroaches, have moral value« (Hayek 1988, S. 27).

36 Die Formulierungen, die benutzt werden, urn die These von Hayeks zu umreißen, geben Titel von Aufsätzen (Hayek 1978, 1975), Teile einer Zwischenüberschrift (Hayek 1979, S. 3) bzw. eine Kapitelüberschrift (Hayek 1960, Kap. 16) wieder. Die Fundstellen sind zugleich Arbeiten, in denen von

Aussagen über soziale Gerechtigkeit sind nach dem Urteil von Hayeks Ausdruck einer sowohl instinktiven als auch intellektuellen Revolte. Sie richtet sich sowohl gegen die abstrakten Regeln gerechten Verhaltens, deren Entstehen zwischen Instinkt und Vernunft angesiedelt ist, als auch gegen die Ergebnisse ihrer Befolgung. Die Aussagen reflektieren entweder Unkenntnis oder rationalistische Kritik an dem Befund, daß die zivilisatorische Entwicklung - wie dargelegt - erst in dem Maße möglich wurde, wie sich die Verhaltensregeln von der Herbeiführung konkreter Zwecke lösten und es ermöglichten, arbeitsteilig die verschiedensten individuellen Zwecke unter Verwertung persönlichen Wissens anzustreben, die niemandem in ihrer Gesamtheit bekannt sein können. Die Ergebnisse dieses Prozesses können weder als gerecht noch als ungerecht, sondern nur als rechtmäßig in dem Maße gelten, wie sie Folge der Einhaltung von Regeln gerechten Verhaltens sind (z. B. Hayek, 1976, S. 70). Die Regeln beziehen ihre Legitimation - wie dargelegt - nicht aus den durch sie mitbewirkten Ergebnissen im Einzelfall. Vielmehr entwickelten sie sich als Erfahrungsregeln, mit deren Einhaltung gewissermaßen einer Mustervorhersage gefolgt wird, nach der auf diese Weise Schaden von anderen ferngehalten werden kann.[37]

Die instinktive Revolte wird getragen von Vorstellungen, die für die geschlossene Hauswirtschaft und die Stammesgesellschaft charakteristisch waren. In ihnen wurde in für alle überschaubarer Weise eine gemeinsame Hierarchie von Zielen verfolgt und das Erwirtschaftete nach gemeinsamen Ansichten uber »Gleichheit, Wert und Verdienst« (Hayek 1958) verteilt. Die intellektuelle Revolte kann sich auf die beachtlichen organisatorischen Erfolge stützen, die dem Menschen durch Gebrauch seiner Vernunft möglich wurden. Diese Erfolge begünstigen immer wieder eine Überschätzung der Möglichkeiten vernunftgeleiteter Gesellschaftsgestaltung.[38]

Werden Vorstellungen über soziale Gerechtigkeit auf die Ergebnisse einer Handelnsordnung angewendet, so bedeutet das notwendig, daß dieser Ordnung Zwecke vorgegeben werden. Systemtheoretisch formuliert handelt es sich jedoch bei der spontanen Ordnung um sich selbst organisierende Strukturen (Hayek 1979, S. XII). Sie ist gekennzeichnet durch Selbstkoordination und Selbstkontrolle mittels preisgesteuerter Wettbewerbsprozesse und basiert ausschließlich darauf, daß die Handelnden selbstgesetzte Zwecke zu erreichen suchen. Ob dies gelingt, ist im einzelnen nicht prognostizierbar, sondern hängt vom Glück und Geschick der Handelnden ab. Nicht ihre Absichten und Selbsteinschätzungen sind ausschlaggebend, sondern die Bewertung der individuellen Leistungen durch andere an Hand von Maßstäben und Umständen, die ihnen

---

Hayek die entsprechenden Elemente seiner These erläuterte. An weiteren Arbeiten zu diesern Themenbereich seien Hayek 1976 (insbes. Kap. 9, 11) und 1988 (insbes. Kap. 4-7) hervorgehoben.

37 Diese Interpretation der Vorstellung von Hayeks folgt dem Gerechtigkeitsverständnis von Adam Smith (1759/1976, S. 167): »Mere justice is, upon most occasions, but a negative virtue, and only hinders us from hurting our neighbour. The man who barely abstains from violating either the person or the estate, or the reputation, of his neighbours, has surely very little positive merit. He fulfills, however, all the rules of what is peculiarly called justice, and does every thing which his equals can with propriety force him to do, or which they can punish him for not doing.« Demgegenüber entsprach Verteilungsgerechtigkeit dem, was er »benevolence« oder »beneficience« (op.cit., S. 436) nannte, wobei galt "beneficience is always free, it cannot be extracted by force« (op.cit., S. 160).

38 Sie ist zusammen mit auffälliger Unkenntnis ökonomischer Zusammenhänge gerade bei ungewöhnlich intelligenten Menschen anzutreffen, wie von Hayek (1988, Kap. 4) durch Zitate von berühmten Wissenschaftlern wie Monod, Einstein und Born zu belegen suchte. Im übrigen sei auf die eindrucksvolle Dokumentation der rationalistischen Hybris in von Hayek 1959/79 (Teil 2) verwiesen.

weitgehend unbekannt bleiben müssen.[39] Dies verletzt nur zu leicht von der Hauswirtschaft und Stammesgesellschaft geprägte Gefühle und Überzeugungen von Wert und Verdienst. »Das Spiel der Katallaxie« (Hayek 1976, S. 115) erweist sich aber auch gegenüber rationalistischen Versuchen, Gerechtigkeitsvorstellungen in die Analyse einzubeziehen, als unzugänglich. Diese Erfahrung mußte z.B. in der Wohlfahrtsökonomik gemacht werden, obgleich von den Problemen gesellschaftlichen Wirtschaftens - wie dargelegt - bereits inadäquat abstrahiert worden war. Die Suche nach Mitteln der Umverteilung, welche die Effizienz möglichst wenig beeinträchtigen sollten, war lediglich symptomatisch dafür, daß es nicht gelang, »Allokation« und »Verteilung« folgenlos voneinander zu trennen.[40]

Eine Vorgabe von Zwecken, die Vorstellungen über soziale Gerechtigkeit zum Ausdruck bringen sollen, steht notwendig im Widerspruch zu den Systemeigenschaften der Katallaxie. Sie setzt im Unterschied dazu - abstrakt formuliert - einen externen Beobachter der Katallaxie voraus, der nicht zuletzt Einkommenserzielungschancen und Einkommenspositionen von Individuen und Gruppen vergleicht und bewertet. Definitionsversuche von sozialer Gerechtigkeit beinhalten genau dies und weisen demokratisch legitimierten Organisationen die Aufgabe zu, nach in diesem Sinne gefällten Werturteilen zu handeln.[41] Die Interpretation und Umsetzung der sozialen Gerechtigkeit wird also dem politischen Willensbildungsprozeß überantwortet. Dieser hat jedoch seine Eigengesetzlichkeiten, die nur zu häufig deshalb übersehen oder verdrängt werden, weil Demokratie nicht nur als Verfahren zur Herbeiführung von Kollektiventscheidungen und als Mittel angesehen wird, die Spannungen zwischen Freiheit und unumgänglicher politischer Herrschaft so gering wie möglich zu halten. Vielmehr wird dem Verfahren in der Tradition von Rousseau positiver Eigenwert beigemessen und so die Erwartung begünstigt, daß seine Ausdehnung auf immer mehr gesellschaftliche Lebensbereiche eine gute Sache sein muß, weil Demokratie an sich gut ist (Hayek 1960, S.104).

Aus der Perspektive atavistischer Instinkte kann der demokratisch organisierte Wohlfahrtsstaat so in den Augen vieler zu einem guten Hausvater werden, der das ökonomische Schicksal der Gesellschaftsmitglieder, nicht zuletzt ihr Einkommen nach Art und Umfang, ausgleichend nach Bedarf und Verdienst gestaltet (Hayek 1960, S. 240f.). Dies ist in mehrfacher Hinsicht ein Trugbild. Der Staat wird mit der sozialen Gerechtigkeit auf ein Ziel verpflichtet, das in der Katallaxie die Bedeutungsvielfalt einer für viele wohlklingenden Leerformel hat, die im Hinblick auf den permanenten Wandel der ma-

---

39 Als Handlungsmaxime ergibt sich daraus für von Hayek (1958, S.20f.): »Sollen die Menschen ihre Kenntnisse und Fähigkeiten nutzen, dann dürfen sie nicht dadurch geleitet werden, was andere über die Art denken, wie sie zu ihrem Ziel gelangen, sondern einzig dadurch, was andere über die zu erwartenden Resultate denken.«

40 Der Versuch, eine wie auch immer geartete, vollständig definierte Norm der Verteilungsgerechtigkeit umzusetzen, hatte, sofern konsequent betrieben, für von Hayek (1960, S. 100) eine eindeutige Folge: »The principle of distributive justice, once introduced, would not be fulfilled until the whole society was organized in accordance with it. This would produce a kind of society which in all essential respects would be the opposite of a free society - a society in which authority decided what the individual was to do and how to do it.«

41 Das kommt auch in der häufig zitierten Sozialstaatsdefinition von Zacher (1977, S. 154) zum Ausdruck. Danach gilt ein Sozialstaat als »ein Staat, der den wirtschaftlichen und wirtschaftlich bedingten Verhältnissen . . . wertend, sichernd und verändernd mit dem Ziel gegenüber steht, jedermann ein menschenwürdiges Dasein zu gewährleisten, Wohlstandsunterschiede zu beseitigen oder zu kontrollieren.«

teriellen gesellschaftlichen Bedingungen mit ständig neuen Inhalten aufgefüllt werden kann. Die Hoffnung, politisch definierte Zielvorgaben zu realisieren, beinhaltet ferner eine Überschätzung der Möglichkeiten ergebnisorientierter Steuerung und eine Unterschätzung ungewollter Nebenwirkungen; diese geben zugleich Anlaß für weitere Klagen über soziale Ungerechtigkeiten und provozieren weitere Steuerungsversuche. Die Verpflichtung des Staates auf eine solche Leerformel trägt schließlich dem Umstand nicht Rechnung, daß die politischen Akteure auch dann, wenn sie klare Vorstellungen von sozialer Gerechtigkeit hätten, trotz ihrer weitreichenden Befugnisse nicht über die Autonomie verfügten, sie auch aus eigenem Entschluß zu verfolgen; denn sie sind für ihr politisches Überleben darauf angewiesen, denjenigen, die sie unterstützen, zu geben, was sie wollen (Hayek 1979, S. 16).

Die alarmierende Folge, die sich für von Hayek aus dem politischen Prozeß ergab, war der Verfall des Rechts der Handelnsordnung. Die abstrakten Regeln des Privatrechts, die die Funktionsfähigkeit der Katallaxie mit sichern helfen, werden sowohl teilweise konkretisiert als auch in ihrer Geltung durch öffentliches Recht eingeschränkt.[42] Dies geschieht, um die Ergebnisse der Handelnsordnung im Interesse von Personen und Gruppen zu manipulieren, die mit dem Verweis auf die soziale Gerechtigkeit durch politische Entscheidung als besonders schutz- und fürsorgebedürftig gelten.

Von Hayek (z. B. 1944/62, S.89; 1976, S.87) räumte ein, daß es durchaus überzeugende Gründe dafür geben mag, für alle einen Versicherungsschutz vor extremen Notlagen in Form eines garantierten Mindesteinkommens »außerhalb des Marktes« zu organisieren. Unabhängig davon, daß die Modalitäten eines solchen Schutzes klärungsbedürftig sind, bestätigen die Erfahrungen, die mit derartigen Sicherungssystemen bisher gemacht wurden, daß es aufgrund der Eigengesetzlichkeiten des politischen Willensbildungsprozesses dabei nicht bleiben würde. Ferner gehört es zu den gesicherten Erkenntnissen der ökonomischen Theorie der Politik, daß nicht zuletzt mit Hilfe des Arguments der sozialen Gerechtigkeit vielen Gruppen im Wettbewerb um Ämter und Macht in der einen oder anderen Form Ausnahmen von den Regeln der Katallaxie gewährt werden. Auch die Folgen davon sind weitgehend analysiert: Es kommt zu Verzerrungen im Signalsystem der Preise und damit zu Störungen in der Selbstkoordination. Ferner behindern staatliche Wettbewerbsbeschränkungen inzwischen weit mehr als private die Selbstkontrolle des marktwirtschaftlichen Systems. Die daraus erwachsenden Probleme auf den Arbeits- und Gütermärkten werden nicht als Fehlsteuerungen identifiziert, sondern mit weiteren Interventionen zu neutralisieren versucht. Als eine Folge davon steigt der Bedarf an staatlichen Einnahmen, dessen Befriedigung typischerweise mit Umverteilungszielen verbunden wird. Gleichzeitig verhindern Rücksichtnahmen auf einzelne Gruppen, daß das Recht der Handelnsordnung dort systemkonform ergänzt wird, wo dies nötig erscheint, wie etwa im Umweltschutz.

---

42 Besonders problematisch, zugleich aber für politisch Handelnde nützlich ist dabei, daß der Preis, welcher für solche Freiheitsbeschränkungen gezahlt werden muß, selten klar erkennbar ist: "Since the value of freedom rests on the opportunities it provides for unforeseen and unpredictable actions, we will rarely know what we lose through a particular restriction of freedom. Any such restriction, any coercion other than the enforcement of general rules, will aim at the achievement of some forseeable particular result, but what is prevented by it will usually not be known. The direct effects of any interference with the market order will be near and clearly visible in most cases, while the more indirect and remote effects will mostly be unknown and will therefore be disregarded" (Hayek 1973, S. 56f.).

Dies alles stützt den Anfangsverdacht von Hayeks, daß im Wohlfahrtsstaat eine - wenn auch nicht notwendig beabsichtigte - Tendenz zum Sozialismus angelegt ist. Sie war für ihn die Folge eines Defekts in der Verfassung der vorherrschenden Form von Demokratie. Es fehlt an ausreichenden Spielregeln für den politischen Wettbewerb. Selbst wenn sie eine Beschränkung im Interesse einer funktionsfähigen Katallaxie und der Sicherung der Freiheit wollten, können die politischen Akteure auf kein demokratisch legitimiertes Verfassungsorgan oder -verfahren verweisen, welches das Parlament davor zu bewahren vermochte, zum »Sklaven« (Hayek 1979, S. 11) von Interessengruppen zu werden.

Dieser Befund hatte von Hayek (1979, Kap. 17) dazu bewogen, einen Verfassungsvorschlag zu entwickeln. Er diente vor allem dazu, den »fatalen Defekt der vorherrschenden Form von Demokratie« noch einmal durch eine demokratische Kontrastverfassung zu verdeutlichen.[43] Von Hayek sah den Defekt darin, daß es im Grunde keine wirksame Beschränkung der Staatstätigkeit gibt. Dies hat für das Parlament zur Folge, daß es nicht nur seine klassischen Kontrollfunktionen weitgehend einbüßt, sondern zugleich weitere Staatsaktivitäten der aus seiner Mitte gewählten Regierung initiieren oder fordern kann. Das Parlament kommt insofern einem unbeschränkten Souverän nahe. Aber der Souverän ist ein armer König; denn er hat seine Autonomie längst an die Parteien und Interessenverbände verloren.[44]

Von Hayek verfolgte mit seinem Verfassungsvorschlag das Ziel, den Staat unter das Recht zu stellen (Government under the Law), ihn auf die Aufgaben des Rechtstaates im klassischen Sinne zu beschränken.[45] Dies soll vor allem mit Hilfe einer unabhängigen, mit Kassationsrechten ausgestatteten Kammer zur Kontrolle von Parlament und Regierung geschehen. Die Diskussion seines Vorschlags[46] sowie der diesem Vorschlag zugrundeliegenden theoretischen Vorstellungen gehört mit zu den belebenden Elementen einer erst im Entstehen begriffenen ökonomischen Theorie der Verfassung.[47]

III. Epilog

Von Hayek hat häufiger gesagt, er glaube in seinem Leben eine Entdeckung und zwei Erfindungen gemacht zu haben. Als seine Entdeckung betrachtete er »die Erkenntnis, daß das Preissystem ein System von Signalen ist, das den Menschen in die Lage versetzt, sich an Ereignisse und Umstände anzupassen, von denen er nichts weiß« (Hayek 1980, S.38). Die Entdeckung war - wie dargelegt - das Ergebnis seiner lebenslangen Beschäftigung mit dem Problem der unabänderlichen Beschränktheit menschlichen Wissens. Um diese Entdeckung machen zu können, mußte er die unkonventionelle

43 Von Hayek hat diesen Zweck seiner »idealen Verfassung«, aber auch deren mögliche Vorbildfunktion für Länder ohne ausgeprägte Verfassungstradition betont (Hayek 1979, S.107).

44 Nicht nur in diesem Punkte war sich von Hayek mit den Initiatoren der Freiburger Schule einig. Die Gefahr, daß der Staat zur Beute von Interessengruppen wird, kritisierte Eucken (1932, S.307) als »Fesselung des Staates durch die Wirtschaft« und Böhm (1958/80, S. 258) brandmarkte sie als »wilde Refeudalisierung einer freien Gesellschaft«.

45 In einem solchen Staat wäre die Gesellschaft und damit auch die Wirtschaft eine Privatrechtsgesellschaft im Sinne von Böhm (1966).

46 Zur Diskussion vgl. z. B. Rupp (1979), Vanberg (1981), Nienhaus (1982), Hoppmann (1987).

47 Vgl. hierzu den Versuch von Buchanan (1990), das Forschungsprogramm der »Constitutional Economics« zu umreißen.

Frage stellen, wie die Menschen mit ihrer konstitutionellen Unwissenheit nicht nur zurecht kommen, sondern in der Lage waren, den vielfältigen Beschränkungen von Primitivgesellschaften zu entwachsen. Die Beschäftigung mit dieser Frage ließ ihn aber auch zum Mahner vor den zerstörerischen Folgen einer Überschätzung der menschlichen Vernunft werden. Mit seinen Erkenntnissen stieß er auf Unverständnis und Widerspruch. Der Versuch, Antworten auf die unkonventionelle Frage zu finden, ließ ihn in der Wirtschaftstheorie zum Revolutionär und zum Impulsgeber für neue Theoriebildungen werden. Seine Warnungen vor den Folgen einer Hybris der Vernunft erwiesen sich nur zu sehr als gerechtfertigt. Als seine Erfindungen bezeichnete er zum einen den Vorschlag, das staatliche Notenbankmonopol zu brechen und die Geldversorgung dem Wettbewerb zu überantworten, sowie zum anderen den »Vorschlag fur eine Rekonstruktion der Demokratie« (op.cit., S.40), mit dem der Verwahrlosung des Wohlfahrtsstaates und einem späten Pyrrhussieg des Sozialismus vorgebeugt werden soll. Beide Erfindungen wurden geboren aus von Hayeks tiefer Überzeugung, daß die Freiheit als Quelle der europäischen Zivilisation gesichert werden muß und auch gesichert werden kann. In dieser Furcht und Hoffnung hatte er - rückblickend vermutlich einem auch von ihm geschätzten Verfechter der Freiheit zustimmen können:

> Was mich angeht, der ich am Ende meiner Wanderung angelangt, ... erfüllt mich Furcht und Hoffnung. Ich sehe große Gefahren, die sich bannen lassen, große Übel, die man vermeiden oder verringern kann, und ich sehe mich mehr und mehr im Glauben bestärkt, daß die demokratischen Nationen in Ehre und Wohlstand leben können, wenn sie nur wollen. (Alexis de Tocqueville 1835, 1840/1976, S.830)

Zusammenfassung

Der Aufsatz gilt Schwerpunkten des Schaffens Friedrich August von Hayeks seit den 30er Jahren. Zunächst wird seine erkenntnistheoretische Position umrissen, die sich vor allem in der »Sensory Order« niederschlug. Anschließend werden wirtschaftstheoretische und ordnungspolitische Ergebnisse von Hayeks erörtert, die durch diese Position und die daraus abgeleitete Sicht gesellschaftswissenschaftlicher Untersuchungsgegenstände geprägt sind. Es wird gezeigt, wie seine Betonung der Subjektivität und der unabänderlichen Beschränktheit menschlichen Wissens ihn sowohl in der ökonomischen Theorie als auch in der Analyse von Wirtschafts- und Gesellschaftsordnungen sowie ihrer Entwicklung zu teilweise revolutionären Einsichten brachte. Ferner wird verdeutlicht, daß von Hayeks hartnäckiges Eintreten für die Freiheit und seine Warnungen vor sozialistischen Tendenzen im Wohlfahrtsstaat nicht nur in persönlicher Überzeugung wurzeln. Vielmehr gehört zu seinen analytischen Ergebnissen, daß die Verankerung der Freiheit in den Wirtschafts- und Gesellschaftsordnungen ein Schlüssel zum Verständnis der europäischen kulturellen Evolution ist.

Nachwort des Herausgebers zu „Der Weg zur Knechtschaft“*

Ich hatte, denke ich, die Freiheit
in allen Zeiten geliebt;
in der heutigen Zeit aber neige ich dazu,
sie zu vergöttern.
(Alexis de Tocqueville)

I

F. A. Hayeks "The Road to Serfdom" erschien im März 1944, in der auch in England schweren Zeit des zweiten Weltkriegs. Die hier vorgelegte Übersetzung ins Deutsche von Eva Röpke mit einem Vorwort von Wilhelm Röpke erschien 8 Jahre später, in 3. Auflage[1]. Heute, gut 50 Jahre nach Kriegsende, dürfte das Buch keine leichte Lektüre sein. Eine Schwierigkeit beim Lesen besteht wohl darin, daß sich der Autor mit einer geistigen Strömung auseinandersetzt, die er in England vor und nach diesem Krieg zu beobachten glaubte. Die zweite Schwierigkeit kann darin gesehen werden, dass Hayeks Buch sowohl vor dem Hintergrund der Erfahrung des katastrophalen Scheiterns des menschenverachtenden Nationalsozialismus zu lesen ist als auch nach dem Zusammenbruch des real existierenden Sozialismus auf deutschem Boden und in der Sowjetunion. Beide Erfahrungen dürften das Verständnis für die Sorgen erschweren, die den Autor bewegten. Seine Motivation begründete Hayek in einem Brief an Fritz Machlup zum Jahreswechsel 1940/41 wie folgt: "Wenn man nicht gegen die Nazis kämpfen kann, sollte man wenigstens die Ideen bekämpfen, welche den Nazismus hervorbringen" (zitiert nach HENNECKE 2000, 175). Mit subtilen Argumenten bekämpft er zwei freiheitsgefährdende Ideen, den Sozialismus und den Nationalsozialismus. Er tut dies methodologisch durchaus korrekt, indem er sich gleich zu Beginn seiner Ausführungen zu "bestimmten Wertvorstellungen" bekennt, aus denen er seine Urteile ableitet.

Diese wertende Position ist es, die sein Buch, wie er sagt (im nachfolgend abgedruckten Vorwort), zu einem "politischen Buch" macht, das er von sozialphilosophischen Essays unterscheiden wollte. Die geistige Strömung, mit der er sich auseinander setzt, ist die linksgerichtete englische Intelligentia, repräsentiert durch das Ehepaar Webb, den führenden Köpfen der Fabian Society, und deren Freund, George Bernard Shaw, Edward Hallett Carr, der in seinem Buch "The Twenty Years' Crisis" kollektivistischen Tendenzen befürwortend nachgeht, Karl Mannheim, bei dem Hayek deutsches sozialistisches Gedankengut vermutet und den er Hegel, Marx, List, Schmoller und Sombart gleichstellt, sowie seinen Fakultätskollegen Harold J. Laski, der eine Verträglichkeit von Sozialismus und parlamentarischer Demokratie vertritt. Schließlich ist noch Maurice Dobb zu nennen, der als Protagonist des Kommunismus unter den Ökonomen galt. Allen gemeinsam war eine kritische Einstellung gegenüber der vom Liberalismus geprägten Wirtschaftsverfassung und der demokratischen politischen Verfassung. In

* Erstveröffentlichung in: Streit, M.E. (Hrsg.): Gesammelte Schriften in deutscher Sprache von Friedrich A. von Hayek, Bd. B1, Tübingen: Mohr Siebeck 2004, 235-243.

1 Im Eugen Rentsch-Verlag, Erlenbach-Zürich.

ihren Augen war das Wirtschaftssystem durch die Große Depression diskreditiert. Die parlamentarischen Debatten in Westminster und das damit vermittelte Bild der demokratischen Entscheidungsprozesse schienen, verglichen mit den autokratischen Regierungen im übrigen Europa, eine straffe politische und ökonomische Führung nahe zu legen. Hayek befürchtete, "daß zwischen der geistigen Entwicklung in Deutschland und den gegenwärtigen geistigen Strömungen in England mehr als eine oberflächliche Ähnlichkeit besteht".

Als "The Road to Serfdom" erschien, war das Buch ein Erfolg, der auch seinen Autor überraschte. Trotz kriegsbedingter Papierknappheit erreichte es 5 Neudrucke innerhalb von 15 Monaten (BLUNDELL, 2001, 73) und wurde in 10 Fremdsprachen übersetzt. Im Frühjahr 1945 veröffentlichte die Chicago University Press die amerikanische Ausgabe von "The Road to Serfdom". Das Buch entwickelte sich schnell zu einem Verkaufsschlager, der die beiden Verlage, Routledge und Chicago University Press, aufgrund der Papierrationierung in Lieferschwierigkeiten brachte. Die Resonanz in Form von Rezensionen und als Kritik verfassten Monographien war so groß, dass Hayek es nach anfänglichen Versuchen unterließ, diese weiter zu verfolgen (BLUNDELL, 2001, ebenda). Im April 1945 wurden das Buch und sein Autor auf einen Schlag in den USA berühmt, als der Readers´ Digest eine Kurzfassung veröffentlichte. Hayek betrachtete die Kurzfassung als ein unmögliches Unterfangen und betonte immer wieder, wie gut dies den Herausgebern des Digest gelungen war (BLUNDELL, 2001, 74).

Die Kurzfassung wurde veröffentlicht, als sich Hayek zu einer Vortragsreise in den USA eingeschifft hatte. Als er, wie er selbst berichtete (BLUNDELL op.cit., 75) dort eintraf, wurde ihm zu seiner Überraschung eröffnet, dass er seine Reise mit einem öffentlichen Vortrag im Rathaussaal von New York beginnen würde. Dort sprach er vor mehr als 3000 interessierten Hörern. Das Buch öffnete ihm auch die Türen zu Zeitungsherausgebern in den USA und in England, eine Chance, die er zu nutzen wusste, um seine Meinung in öffentlichen Angelegenheiten in einer Reihe von Leserbriefen und anderen Stellungnahmen wirksam zu vertreten (Hennecke 2000, 189).

II

Hayeks Anliegen mit dem "Weg zur Knechtschaft" beruht auf zwei Argumentationslinien, die ihren intellektuellen Ursprung in seinen Arbeiten in den vorangegangenen Jahrzehnten hatten (vgl. Teil III): (1) der Verrat der Intellektuellen und (2) die Nemesis des Interventionismus (ähnlich GRAY 1984, 29ff.).

Der Verrat der Intellektuellen mündete in einer anklagenden Kritik an Vorstellungen, die, wie im vorangegangenen Abschnitt aufgezeigt, Hayek bei englischen Intellektuellen wahrnahm. Er vermutete, daß die klassische liberale Weltsicht im 20. Jahrhundert durch eine Intelligentia untergraben wurde, deren Vorstellungen durch die deutsche historische Philosophie und den konstruktivistischen Rationalismus der französischen Aufklärung geprägt waren. Letzteres hatte Hayek zuvor eindrucksvoll in "Missbrauch und Verfall der Vernunft" belegt. Der vermutete subversive Einfluss der Intellektuellen erinnert sehr an Schumpeters Kritik am "intellektuellen Freibeuter, der mit nichts arbeitet als mit dem soziologisch-psychologischen Mechanismus, genannt 'öffentliche Meinung'" (SCHUMPETER, 1993, 241), die Teil der "Atmosphäre beinahe allgemeiner Feindseligkeit" (SCHUMPETER, op.cit., 231) gegen den Kapitalismus ist.

Die Nemesis des Interventionismus beruhte auf einem Vorverständnis von der Gestaltbarkeit von Wirtschaftssystem und Gesellschaft, das durch die Physik, vor allem die Mechanik, geprägt war und das sich noch heute in der herrschenden Denkrichtung der Nationalökonomie findet. Dieser Szientismus, wie Hayek es nannte, lief darauf hinaus, die wirtschaftlichen und gesellschaftlichen Probleme technokratisch zu sehen und ingenieurmäßig anzugehen. Hieraus ergab sich eine Affinität zur Planwirtschaft. Hayeks subtile Kritik an ihr und ihren totalitären Zügen schlägt sich in drei Kapiteln des Buches (nachfolgend, Kap. 4-6) nieder und mündet in einer Warnung vor dem Totalitarismus (Kap. 7). Der Totalitarismus im Sinne einer um sich greifenden staatlichen Kontrolle, die alle Bereiche von Wirtschaft und Gesellschaft erfasst, steht für die Nemesis des Interventionismus. Sie ergibt sich aus den Versuchen, die Komplexität beider Teilsysteme durch diskretionäre Eingriffe zielgerichtet zu beherrschen. Das erfordert mehr an Wissen über die konkreten zeitlichen und räumlichen Umstände sowie die Absichten und Handlungen der Gesellschaftsmitglieder als ein einzelner je zu erwerben und zu verarbeiten vermag. Werden dennoch zielgerichtete Eingriffe in das komplexe ökonomische und gesellschaftliche Gesamtsystem versucht, sind überraschende und unbeabsichtigte Wirkungen die Folge, die ihrerseits weitere Korrekturen erfordern. Einem interventionsbereiten Planer wird damit nichts anderes aufgenötigt als das, was POPPER (1987, 55) "ungeplante Planung" nannte. Hayeks Warnung vor diesen ungewollten Folgen von planerischen Eingriffen glaubte Keynes in einer anerkennenden Rezension mit folgenden Worten in den Wind schlagen zu müssen (zitiert nach BOETTKE 1995, 16, eig. Übers.): "Ich möchte sagen, daß das, was wir wünschen, nicht keine Planung oder sogar weniger Planung ist. In der Tat würde ich sagen, daß wir nahezu sicherlich mehr davon wünschen. Aber Planung sollte in einer Gemeinschaft stattfinden, in der so viele Menschen wie möglich, sowohl Führende als Gefolgsleute die eigene moralische Position teilen. Moderate Planung wird ungefährlich sein, wenn diejenigen, die sie ausführen, in den eigenen Auffassungen und Herzen an den moralischen Fragestellungen richtig orientiert sind". M.a.W., hinter Keynes′ Argument verbirgt sich das Wunschbild einer wohlmeinenden Führung, geleitet durch eine Interessen- und Werteharmonie der Geführten, ein uralter Menschheitstraum, vor dem alle realen Probleme verblassen.

III

Die wissenschaftlichen Wurzeln vom "Weg zur Knechtschaft" reichen, wenn auch unausgesprochen, zurück bis 1935, als "Sozialistische Wirtschaftsrechnung I" erschien[2]. Ihr zu Grunde lag die frühe Kritik von Hayeks Mentor Mises an der Rechenhaftigkeit einer Zentralplanwirtschaft. Hayeks spezifische Interpretation des Mises-Arguments[3], die nur zu wenig gewürdigt wurde, lässt sich darauf reduzieren, daß es in einer nicht stationären, evolutorischen Ökonomie für eine Zentralplanbehörde unmöglich ist, sich an dem zu orientieren, was als Informationsgrundlage für erfolgreiches gesellschaftliches Wirtschaften unabdingbar ist: die Kenntnis der Opportunitätskosten der Ressourcenverwendung. Die wirtschaftstheoretische und – daran anknüpfend – die ordnungspo-

2 Abdruck in Hayek, *Schriften*, A7 (d. Hrsg.).

3 Eine ähnliche Fehlinterpretation von Hayeks Position findet sich bei CALDWELL (1997), der meint, die moderne Informationsökonomik geltend machen zu können. Ein positives Gegenbeispiel sind die Ausführungen von MACHLUP (1976, 33-37).

litische Diskussion wurde bereits von DICKINSON (1933) in eine falsche Richtung gelenkt als dieser das allgemeine Allokationsgleichgewicht zum Referenzsystem für seine Überlegungen zum Konkurrenzsozialismus machte.[4] Es ist für die herrschende Neoklassik symptomatisch, zu beobachten, wie sehr sich die Diskussion in dieser Richtung festlief, obgleich Mises wie Hayek bemüht waren, darzulegen, daß die Verwendung des logisch nutzbaren Apparats der allgemeinen Gleichgewichtstheorie unangemessene Abstraktionen beinhaltet, die geeignet sind, den Blick auf die realen Probleme zu verstellen. Sie suggerieren eine Plan- und Gestaltbarkeit des gesellschaftlichen Wirtschaftens, die zum szientistischen Missbrauch der Vernunft verleiten.

Der aufmerksame Leser, der mit der Debatte zur sozialistischen Wirtschaftsrechnung vertraut ist, dürfte sich schwer tun, diese hinter den Erörterungen Hayeks zur Planwirtschaft bis auf gelegentliche Hinweise wieder zu entdecken. Manche Kritiker des Buches übersahen, daß Hayek davon auszugehen schien, das Argument von Mises gehöre bereits zur gesicherten Erkenntnis der ökonomischen Theorie (BOETTKE 1995, 11). Dies dürfte auch erklären, warum Hayek – für manchen Leser eher verwirrend – so facettenreich die Schwierigkeiten einer Zentralplanwirtschaft erörtert (nachfolgend, Kap. 4–6).

Verwirrend dürfte auch das Politische an diesem Buch sein. Wie ein roter Faden durchzieht Hayeks Argumentation seine liberale Kritik am Sozialismus und an der Entwicklung, die er befürchtet, wenn eine solche Geisteshaltung an Boden gewänne. Für ihn gibt es eine kaum zu leugnende Verbindung zwischen den sozialistischen geistigen Strömungen der Zentralplanwirtschaft sowie dem Totalitarismus im ideologischen Gewand des Nationalsozialismus. R. F. Harrod hat seine Vorbehalte gegenüber Hayek in diesem Punkt in einer Rezension, die im September 1946 erschien, feinsinnig und höflich so formuliert: "Da eine klare Gefahr besteht, daß Professor Hayek diese Tendenz zum Dogmatismus die Oberhand über seine intellektuelle Aufmachung gewinnen lässt, wie es bestimmte Schriftsteller über Politik vor ihm getan haben, empfiehlt sich in diesen aufreibenden Zeiten eine ungewöhnlich kritische Durchsicht der vor uns liegenden Arbeit (HARROD 1946, 69, eigene Übers.).

IV

Abschließend bleibt zu fragen, was uns Hayeks aufrüttelndes Buch heute zu sagen hat, nachdem nahezu alle sozialistischen Systeme in dramatisch kurzer Zeit zusammengebrochen sind und – Mises und Hayek nachträglich bestätigend – ein Erbe an Armut und Zerstörung hinterlassen haben, das selbst überzeugten Sozialisten in westlichen Ländern zumindest vorübergehend die Sprache verschlug. Auch danach drohen für marktwirtschaftliche Ordnungen systemimmanente Gefahren. Vor ihnen glaubte Hayek warnen zu müssen. Nicht aus Spott widmete er den "Weg zur Knechtschaft" den "Sozialisten in allen Parteien". Zwar war für ihn der Sozialismus als Gesellschaftsmodell, welches in westlichen Ländern viele Sympathien genossen hatte, hundert Jahre nach Erscheinen des kommunistischen Manifests weitgehend diskreditiert. Jedoch rechtfer-

4 Sein provozierender Schluss lautete:"The beautiful systems of equilibrium, described by Wieser, Marshall and Cassell are not descriptions of society as it is but prophetic visions of a socialist economy of the future." (DICKINSON 1933, 247).

tigt dies keine Selbstzufriedenheit. Vielmehr befürchtete Hayek bereits mitten im wirtschaftlichen Aufschwung der Nachkriegszeit, dass der "Mischmasch von schlecht zusammengestückelten und miteinander oft unvereinbaren Idealen, der unter dem Namen ‚Wohlfahrtsstaat' als Ziel der Reformer den Sozialismus weitgehend abgelöst hat, sehr gründlicher Aufbereitung bedarf, wenn seine Ergebnisse denen eines ausgewachsenen Sozialismus nicht sehr ähnlich sein sollen."[5]

Im Grunde griff Hayek damit eine Befürchtung auf, die schon Alexis de Tocqueville mit erstaunlichem Weitblick geäußert hat. De Tocqueville sah die demokratischen Nationen durch einen Despotismus neuer Art gefährdet. Gegenüber dem historischen Vorbild wäre dieser jedoch ausgedehnter und die Entwürdigung des Menschen vollzöge er, ohne sie zu quälen (DE TOCQUEVILLE 1976, 813). Seine Beschreibung des staatlich betreuten Menschen, der sich in den Freiheitsverlust fügt und zugleich der Vereinsamung anheim gegeben ist, entspricht in verblüffender Weise den Warnungen von HELMUT SCHELSKY (1978, 13ff.) vor der "Vervollkommnung der sozialen Gerechtigkeit" unter "Preisgabe der Freiheit der Person".

De Tocqueville bedachte jedoch nicht, daß er es im Grunde dem alles verwaltenden und reglementierenden Staat zutraute, als Organisator des Wirtschaftsprozesses erfolgreich zu sein. Selbst viele westliche Nationalökonomen benötigten nach der Fundamentalkritik an der sozialistischen Wirtschaftsordnung durch Mises und Hayek noch Jahrzehnte, um die Vorstellung aufzugeben, diese organisatorische Aufgabe sei zumindest hypothetisch lösbar. Im Falle des sogenannten Dritten Weges, der "Symbiose von Plan und Markt" dauerte die Einsicht noch länger. Das "jugoslawische Modell" wurde aufgrund von Verdrängungen, die in der Debatte über die sozialistische Wirtschaftsrechnung stattgefunden hatten, auch in deutschen Lehrbüchern der Ökonomie Mitte der 70er Jahre des vergangenen Jahrhunderts noch als eine ökonomisch tragfähige Möglichkeit diskutiert.[6] Dennoch scheint sich das Wunschdenken hartnäckig zu halten, man könne die Ergebnisse der Arbeitsteilung demokratisch planen sowie nach Gerechtigkeitskriterien verteilen und den Markt nutzen, um die Misere der Planung zu vermeiden.

Allerdings dürfte es keineswegs nur beim Wunschdenken bleiben. Vielmehr gibt es gute Gründe zu vermuten, daß in der politischen Programmatik sowie in den Entscheidungsstrukturen gegenwärtig vorherrschender Formen von Demokratie die Tendenz angelegt ist, diesem Wunschdenken nahe zu kommen. Die politische Programmatik ist umschreibbar mit dem Ziel der sozialen Gerechtigkeit. Das Ziel ist hinreichend unbestimmt, um beliebige wirtschaftspolitische Anliegen zu begründen, und das Adjektiv "sozial" genügt, um möglichen Einwänden gegen ein Anliegen tabuisierend zuvor zu kommen. Die Entscheidungsstruktur ist in Demokratien mit marktwirtschaftlicher Ordnung dadurch gekennzeichnet, daß auf Stimmenfang bedachte politisch Handelnde und rentensuchende Verbandsvertreter interagieren. Die Struktur ist vielfach analysiert worden und hat zu robusten Untersuchungsergebnissen geführt.[7] Eine bewährte Hypothese dürfte der Theorie des Rent-seeking (TOLLISON, 1982) zugrunde liegen. Rentensuche und Rentenschaffung erfolgen im Zusammenwirken von politischen Entscheidungsträgern und Verbandsfunktionären. Die Funktionäre sind dabei bemüht, für die

---

5 So Hayek in seinem Aufsatz "Der Weg zur Knechtschaft 12 Jahre später" aus dem Jahre 1956, der am Ende dieses Bandes in der Übersetzung von Monika Streissler abgedruckt ist, S. 219-232.

6 Vgl. hierzu meine Ausführungen an anderer Stelle (STREIT 1995, 3-26).

7 Hayek hat den darin angelegten Tausch von politischer Unterstützung durch Verbände und deren Vertreter gegen rentenschaffende Privilegien als "Schacherdemokratie" (HAYEK 2003, 405) kritisiert.

von ihnen vertretene Klientel Einkommenserzielungschancen im Marktsystem zu erschließen, die nicht auf deren Markt- bzw. Wettbewerbsleistungen, sondern auf politischen Privilegien beruhen. Diese werden mit Mitteln des Rechts geschaffen und beinhalten eine Diskriminierung von Vertragsparteien bzw. potenziellen Wettbewerbern der begünstigten Klientel (vgl. hierzu STREIT 2001, 73). Durch diesen Prozess der Suche und Schaffung von Renten im Verlauf des politischen Wettbewerbs mit Hilfe des Rechts erhöht sich die institutionelle Regelungsdichte. Sie lässt den Staat zum Organisator des Wirtschaftsprozesses aufrücken. Der sich damit vollziehende Systemwandel wird als "schleichender Sozialismus" (WEEDE, 1988) kritisiert. Die Folgen der zunehmenden Regelungsdichte beschrieb DE TOCQUEVILLE (1976, 815) damit, daß der Staat auf diese Weise die Gesellschaft mit einem Netz verwickelter, äußerst genauer und einheitlich kleiner Vorschriften überzieht, "die die ursprünglichsten Geister und kräftigsten Seelen nicht zu durchbrechen vermögen, um sich über die Menge hinaus zu erheben" (DE TOCQUEVILLE, ebenda). Das Ganze mündet in das, was Hayek zum Titel des Buches inspirierte, nämlich in eine "Art von geregelter, milder und friedsamer Knechtschaft" (ebenda).

De Tocqueville schloss seine Überlegungen vor 160 Jahren mit den Worten (op.cit., 830):

> *"Die Nationen unserer Tage können nicht bewirken, dass bei ihnen die gesellschaftlichen Bedingungen nicht gleich seien. Von ihnen jedoch hängt es ab, ob die Gleichheit sie in die Knechtschaft oder in die Freiheit, zur Gesittung oder in die Barbarei, zum Wohlstand oder ins Elend führt."*

Literatur

Blundell, J. (2001): Waging the War of Ideas, London [The Institute of Economic Affairs] 2001.

Boettke, Peter J.(1995): "Hayek´s The Road to Serfdom Revisited: Government Failure in the Argument Against Socialism", *Eastern Economic Journal 21*, 1995, S.7-25.

Caldwell, Bruce (1997): "Hayek and Socialism", *Journal of Economic Literature 35*, 1997, S.1856-1890.

de Tocqueville, Alexis, *Über die Demokratie in Amerika*, München [dtv] 1976.

Dickinson, H. D. (1933): "Price Formation in a Socialist Community", *The Economic Journal 43*, 1933, S.237-250.

Gray, J. (1984): "The Road to Serfdom: Fourty Years On", in: N. Barry, J. Burton et al (Hrsg.), *Hayek's "Serfdom" Revisited*, London [The Insitute of Economic Affairs] 1984, S.27-42.

Harrod, R. F. (1946): "Professor Hayek on Individualism", in: J. C. Wood, R. N. Woods (Hrsg.), *Friedrich A. Hayek – Critical Assessments*, London, New York [Routledge] 1946. Wiederabdruck in *Economic Journal*, Sept. 1946, S.435-42.

Hayek, Friedrich A.(2004): Der Weg zur Knechtschaft, hrsg. und eingeleitet von Prof. Dr. W. Röpke, übersetzt von E. Röpke, 3. Aufl., Erlenbach, Zürich [Eugen Rentsch Verlag] 1952. Wiederabdruck in Hayek, *Schriften*, B1.

Hayek, Friedrich A. (2003): Recht, Gesetzgebung und Freiheit – Eine Neufassung der liberalen Grundsätze der Gerechtigkeit und der politischen Ökonomie, Tübingen [MohrSiebeck] 2003. Hayek, *Schriften*, B4.

Hennecke, H. J. (2000): Friedrich August von Hayek – Die Tradition der Freiheit, Düsseldorf [Verlagsgruppe Handelsblatt] 2000.

Machlup, Fritz (1976): "Hayek's Contribution to Economics", in: F. Machlup (Hrsg.), *Essays on Hayek*, Hillsdale [College Press] 1976, S.13-59.

Popper, Karl R. (1987): Das Elend des Historizismus, 6. durchges. Aufl., Tübingen [MohrSiebeck] 1987.

Schelsky, Helmut (1978): Der selbständige und der betreute Mensch, Frankfurt/Main u.a. 1978.

Schumpeter, Joseph A. (1993): Kapitalismus, Sozialismus und Demokratie, 7. erw. Aufl., Tübingen und Basel [Francke] 1993.

Streit, Manfred E. (Hrsg.) (1995): „Wohlfahrtsökonomik, Wirtschaftsordnung und Wettbewerb“, in: ders., *Freiburger Beiträge zur Ordnungsökonomik*, Tübingen [MohrSiebeck] 1995, S.3-28.

Streit, Manfred E. (2001): „Rationale Wirtschaftspolitik in einem komplexen System“, *Zeitschrift für Wirtschaftspolitik 50*, 2001, S.68-76.

Tollison, R. D. (1982): "Rent-Seeking: A Survey", *Kyklos 35*, 1982, S.575-602.

Weede, Erich (1988): "Schleichender Sozialismus, Marktvermachtung und wirtschaftliche Stagnation“, *Politische Vierteljahresschrift Sonderheft 19,* 1988, S.88-114.

Nachwort des Herausgebers und Übersetzers zu "Die sensorische Ordnung"*

"The phenomenon of human knowledge is no doubt the greatest miracle in our universe."
K. R. POPPER 1992

I

Vor gut einem halben Jahrhundert erschien F. A. Hayeks "The Sensory Order – An Inquiry into the Foundations of Theoretical Psychology". Rückblickend kann der Autor eine leise Enttäuschung über die Resonanz nicht verbergen, die das Buch hatte (HAYEK 1977). Er betont die einsichtige und zustimmende Besprechung durch den von ihm häufig zitierten Psychologen E. G. BORING und stellt fest, dass "es praktisch keinen Anhaltspunkt dafür gibt, dass die psychologische Fachwelt auf seine These reagiert habe" (ebenda, 293). Ausführliche Stellungnahmen erhielt er von dem Biologen, Physiologen und Systemtheoretiker LUDWIG VON BERTALLANFFY sowie von dem Neurophysiologen und Nobelpreisträger SIR JOHN ECCLES, dem er für das Lesen und die Kommentierung früherer Entwürfe des Buches im Vorwort dankt, der aber gegenüber der Hauptthese skeptisch bleibt (HENNECKE 2000, 242). Später vermutete Hayek, dass die Gesellschaftswissenschaftler dieses Buch uninteressant oder unverdaulich fänden[1] (STREIT, 1995, S. 160, Fußnote 1). Die Aufnahme, die das Buch fand, lässt sich am besten mit Hilfe des Social Science Citation-Index dokumentieren. Danach wurde die "Sensory Order" seit Erscheinen 124 mal zitiert, gemessen an 802 Nennungen der besonders häufig zitierten "Constitution of Liberty".

Hayek räumt im Vorwort rückblickend auf seine ursprüngliche Arbeit um 1920, die im Anhang wiedergegeben wird, seine Schwierigkeit als Autor ein: "Meine Schwierigkeit, der ich mir damals bewusst war, bestand darin, dass ich zwar glaubte, die Lösung für ein wichtiges Problem gefunden zu haben, ich jedoch nicht genau erklären konnte, was eigentlich das Problem war."[2] (Vorwort s.u.). Hayek schreibt es dem Wiener Psychologen ERNST MACH und seiner "Analyse der Empfindungen"[3] (Jena, 1885) zu, den Anstoß zu den Überlegungen zur Organisation der Wahrnehmung gegeben zu haben, die in das Buch Eingang fanden (HAYEK 1977, 287). Später rückte er sein Problem in die Nähe der für ihn jungen Disziplin der kognitiven Psychologie.[4] Den Gegenstand seiner Studie umschreibt er mit der Frage "Was ist Geist?" (What is mind?). Geist i.S.d.

* *Die sensorische Ordnung*, übersetzt und herausgegeben von Manfred E. Streit, in: ders. (Hrsg.): Friedrich A. von Hayek Gesammelte Schriften in deutscher Sprache, Bd. B5, Tübingen: Mohr Siebeck 2005.

1 Das scheint er indirekt einräumen zu wollen, wenn er in der Einleitung (Hayek 1952, VIII) Änderungen in der Gedankenführung erwägt.

2 Es ist aufschlussreich, dass Hayek rückblickend wiederholt von seinem "Problem" spricht, das er in einem "jugendlichen Versuch" lösen wollte, ohne es zu erläutern. (HAYEK 1977, 289).

3 Vgl. hierzu und zur Darlegung von Machs Position DE VRIES (1994, 316ff.)

4 Einen Überblick über das damit verwandte Gebiet der Kognitionswissenschaft gibt THAGARD (1996).

Gesamtheit aller mentalen Prozesse ergab sich für ihn, das Leib-Seele- oder Geist-Leib-Problem aufgreifend, aus den Beziehungen zwischen drei verschiedenen Ordnungen oder Welten[5] (HAYEK 1952, 1.10, 2.7): (1) der objektiven, wissenschaftlichen oder physikalischen Ordnung der Außenwelt des Menschen, (2) seiner eigenen neurosensorischen Ordnung und (3) der mentalen oder phänomenalen Ordnung seiner Sinneseindrücke und anderer mentaler Qualitäten. Hayeks zentrale Aussage war, dass, abweichend von Mach, zwischen der ersten und den beiden übrigen Ordnungen keine I-somorphie oder strukturelle Entsprechung besteht. Die dritte Ordnung oder Welt hatte für ihn eine heuristische Funktion. Sie diente dazu, Aussagen über Denkprozesse machen zu können und zu vermeiden, dass dem Denken eine außerphysikalische Qualität oder "Substanz" (HAYEK 1952, 8.40) zugewiesen wird, wie er sie bei den sog. dualistischen Theorien vermutete (ebenda), die seit Descartes im 17. Jahrhundert dominant waren. Ferner sollte damit dem Umstand Rechnung getragen werden, dass das Denken nicht unmittelbar als Folge neuronaler Prozesse beobachtbar ist. Auf solche Prozesse lässt sich bestenfalls schließen (HAYEK 1952, 8.44).

II

Der kognitive Ausgangspunkt, die Wahrnehmung, so vermutete er, ist das Ergebnis von "Klassifikation" und damit der Bildung von Relationen zwischen Sinneseindrücken. Geleistet wird sie durch das Zentralnervensystem "als einem Apparat der multiplen Klassifikation oder besser, als einem Prozess der kontinuierlichen und simultanen Klassifikation und ständigen Reklassifikation auf vielen Ebenen (der Unzahl von Impulsen, die zu einem beliebigen Zeitpunkt ablaufen), zunächst angewendet auf jegliche sensorische Wahrnehmung, aber im Prinzip auch auf alle die Arten von mentalen Ganzheiten, wie Gefühlsregungen, Konzepte, bildhafte Eindrücke (images), Antriebe usw., die wir in dem mentalen Universum vorfinden" (HAYEK 1977, S. 289, eigene Übers.).

Klassifikation ist nur möglich, wenn ein entsprechendes Zuordnungs- oder Klassifikationsschema besteht. Für die Wahrnehmung bedeutet dies, dass sie Interpretation im Sinne der versuchten Zuordnung von Sinneseindrücken zu einer oder mehreren Klassen eines vorgedachten, ordnenden Systems ist. An der Beschaffenheit dieses Systems setzen Hayeks Theorie komplexer Phänomene (HAYEK 1967) und seine "Erklärung des Prinzips" (HAYEK 1952, 8.57ff.) an. Komplex ist für ihn der neurosensorisch begründbare Wahrnehmungsapparat des Menschen[6]. Die Komplexität ergibt sich aus der Wechselwirkung oder Interaktion von Abermilliarden von Nervenzellen bis hin zum cerebralen Kortex als dem höchsten und komplexesten von verschiedenen Brücken, welche die afferenten Fasern verbinden, die Impulse von den peripheren Rezeptoren leiten. (HAYEK 1952, 3.3). Das bedeutet nicht, dass der Wahrnehmungsapparat ein passiver Empfänger von Empfindungen aus der Außenwelt ist. Vielmehr wird im Laufe von Hayeks Darle-

---

5 Dies erinnert sehr an die drei Welten, die K. R. Popper (POPPER UND ECCLES 1987, Kap. 2) unterschied: (1) das Universum physikalischer Gegenstände, (2) psychische Zustände einschließlich Bewusstseinszustände und (3) die Welt der Inhalte des Denkens. Eine ähnliche, kognitionstheoretisch begründete Dreiteilung findet sich bei dem Neurokybernetiker G. ROTH (1987, 236).

6 Eine neurophysiologische Darstellung verschiedener Wahrnehmungsvorgänge findet sich bei Eccles (in POPPER und ECCLES 1987, Teil II), ferner bei ECCLES (1990), ebenso bei EDELMAN und TONONI (2000). Vgl. hierzu auch HAYEK (1952, 3.3ff.).

gungen deutlich, dass es sich um einen aktiven Mechanismus handelt, der die physiologische Fähigkeit zu haben scheint, die Phänomene zu klassifizieren, auf die die sensorischen Organe stoßen. Hayeks zentrale Behauptung hierzu ist, dass wir nicht zuerst Empfindungen haben, die dann durch das Gedächtnis aufbewahrt werden, sondern erst durch das Gedächtnis wird die physiologische Erregung zur Empfindung (Hayek 1952, 2.50). Die Verbindung zwischen physiologischen Elementen ist somit das primäre Phänomen, das die mentalen Phänomene schafft. In diesem Befund trifft er sich im wesentlichen mit Kant[7], der in seiner Kritik der theoretischen Erkenntnis feststellt (KANT, 1960, 139): "Alle unsere Erkenntnis hebt von den Sinnen an, geht von da zum Verstande und endigt bei der Vernunft, über welche nichts Höheres in uns angetroffen wird, den Stoff der Anschauung zu bearbeiten und unter die höchste Einheit des Denkens zu bringen."

Die physiologische Fähigkeit, Phänomene zu klassifizieren, schreibt Hayek einem intuitiven Vermögen unserer Verarbeitung von Sinneseindrücken zu, Muster in der komplexen Vielfalt der Eindrücke von unserer Außenwelt zu erkennen (HAYEK 1967, 23). Die Mustererkennung ist ein Akt der Komplexitätsreaktion oder Abstraktion. Kognitionstheoretisch spiegelt sie das wieder, was Hayek den "Primat des Abstrakten" nennt. Zuerst kommt die vor-sensorische Erfahrung (HAYEK 1952, 8.5), welche in abstrakten Mustern gerinnt, die mit konkreten Sinneseindrücken abgeglichen werden und zur Entwicklung neuer Muster als Grundlage zukünftiger Erkenntnisleistungen führen. KONRAD LORENZ (1973, 150) hat dies (vielleicht Popper und Hayek verwechselnd) so erklärt, "dass jegliches Erkennen und Wiedererkennen realer Gegebenheiten darauf beruht, dass äußere, in den Sinnesdaten obwaltende Konfigurationen oder "Muster" mit solchen zur Deckung gebracht werden, die entweder aus der Erfahrung oder aus der Stammesgeschichte gewonnen, als Grundlage weiterer Erkenntnis bereitliegen." – pattern-matching im Sinne von *Karl Popper*. Physiologisch gesehen schlagen sich diese Muster in mehrschichtigen neuronalen Verknüpfungen oder Verbindungen ("linkages") nieder. Sowohl in Hayeks "vor-sensorischer Erfahrung" (HAYEK 1952, 8.5) als auch in Lorenz' Hinweis auf die Stammesgeschichte kommt ein erkenntnistheoretisches A priori zum Ausdruck. Die Muster und mit ihnen der individuelle Apparat zur Interpretation der Außenwelt des Menschen müssen angeboren sein, wenn nicht Zuflucht zu metaphysischen Ansätzen zur Erklärung menschlicher Erkenntnisleistungen genommen werden soll. Zumindest durch Introspektion nachvollziehbar ist die Vermutung, dass wir bei der Wahrnehmung auf unbewusstes Wissen oder Erkenntnisse über Vorgänge in der Außenwelt zurückgreifen können. Hayek (1952, 2.7) betrachtet dies als Teil seiner dritten Ordnung, d.h. der mentalen Qualitäten. Dieses Wissen ist lediglich ein "Wissen wie" (knowing how) und nicht ein "Wissen, dass" ("knowing that" i.S.v. RYLE, 1984, Kap. II). Als Beispiele für die erstgenannte Wissenskategorie verwendete Hayek das Sprachgefühl[8] (HAYEK, 1963/67, 45). Es erlaubt die Identifikation und Vermeidung von Fehlern bei der Verwendung einer Sprache, ohne dass gesagt werden kann, worin ein Fehler besteht. Ähnliches gilt für die Identifikation von Bewegungsmustern und dafür, dass z.B. bei Personen ein als typisch beschriebener Gang oder eine Gestik wahrgenommen

7 Einen Versuch, Verbindungen zwischen der Sensory Order und Kants Erkenntnistheorie herzustellen, unternimmt CH. KUKATHAS (1990, 47ff.).

8 Auch die Empfindung für Harmonien ist ein Beispiel. In ihr kommen Aspekte der Gestaltwahrnehmung zum Ausdruck, auf die Hayek in Übereinstimmung mit LORENZ (z.B. 1983, 132ff.) häufig verweist. Zur Gestaltwahrnehmung vgl. auch VOLLMER (1990, 51ff.).

wird, ohne dass artikuliert werden kann, worin das Typische eigentlich besteht. Dieses "Wissen wie" gilt für Hayek als "nicht erlernt durch sensorische Erfahrung", sondern ist impliziert in den Mitteln, durch die wir solche Erfahrung erwerben; es ist bestimmt durch die Ordnung des Apparates der Klassifikation, der durch vor-sensorische Verknüpfungen aufgebaut wurde (HAYEK 1952, 8.10). Damit kehrt Hayek, wenn auch plausibel, zu dem angesprochenen A priori zurück und befindet sich in Übereinstimmung mit dem zitierten RYLE, aber auch mit POLANYI's (1990) Kategorie des impliziten Wissens.[9] Hayek räumt ein, dass die Klassifikation, die auf vergangenen (erlernten) Verknüpfungen beruht, fehlbar ist (HAYEK 1952, 8.14) und Reklassifikation erforderlich macht, was ihn – in Übereinstimmung mit Popper[10] (und Kant) – zu der Vermutung veranlasst, dass alles, was wir über unsere Außenwelt wissen, Theorien sind (HAYEK 1952, 6.37). Das einzige, was eine Konfrontation mit der Außenwelt bewirken kann, ist die Änderung dieser Theorien. Methodologisch ist Hayeks Verwendung des "Modells" der multiplen Klassifikation eine "Erklärung des Prinzips" (HAYEK 1952, 8.57 ff.) im Unterschied zu einer "Erklärung des (konkreteren) Details" (HAYEK 1952, 8.66). Mit Blick auf die Klassifikation führt ihn dieser Erklärungsansatz zu einer zentralen Aussage: "Die Vermutung bzw. Behauptung ist, dass der Apparat der Klassifikation eine Struktur mit höherer Komplexität haben muss als sie die Objekte besitzen, die er klassifiziert" (HAYEK 1952, 8.69). Wenn dies zutrifft, folgt daraus, dass sich der Apparat und mit ihm das menschliche Gehirn nicht selbst erklären lassen (ebenda).

III

In der "Sensorischen Ordnung" werden Probleme erkenntnistheoretisch analysiert und eindrucksvoll verknüpft, mit denen Hayek sich in vielen Arbeiten auseinander gesetzt hat und die Grundlagen für sein Verständnis von Wirtschaft und Gesellschaft waren, nämlich die Begrenztheit und Subjektivität menschlichen Wissens und die spontane Ordnung als Interaktionsphänomen. Ausdruck der Subjektivität ist der individuelle Wahrnehmungs- bzw. Klassifikationsapparat. Die durch ihn bewirkte sensorische Ordnung steht gewissermaßen für die neuronale Geschichte eines Individuums. Im Verlauf seiner Entwicklung und als Folge unterschiedlicher Sensitivität einzelner Neuronen oder Neuronenfelder auf unterschiedliche Reize aus der Außenwelt evolviert ein System von sensorisch bestimmten, neuronalen Verknüpfungen oder "linkages". Es ist in der Lage, die relative Häufigkeit zu registrieren, mit der Teile des sensorischen Systems mit afferenten Impulsen, zum Beispiel visueller Art, zusammengewirkt haben. Auf einer höheren sensorischen Ebene lässt sich mit diesem Apparat zur "multiplen Klassifikation" (HAYEK 1952, 2.59 ff.) auch registrieren, welche Neuronen bei afferenten Impulsen zugleich angesprochen wurden und wie häufig dies in gleicher oder ähnlicher Weise geschah.[11] Das bedeutet, dass das Gehirn alle Klassifikationsprozesse aus sich selbst

9 Oder wie er es formulierte (POLANYI 1990, 14): "Dass wir mehr wissen, als wir zu sagen wissen."

10 Vgl. Textziffer 6.37 und die Fußnote 117, in der Hayek zweifelt, ob er von den Ideen seines Freundes Popper korrekten Gebrauch macht.

11 Hier ergibt sich eine interessante Parallele zu von Foersters "Prinzip der undifferenzierten Codierung" (H. V. FOERSTER 1985, 43): "In den Erregungszuständen einer Nervenzelle ist nicht die physikalische Natur der Erregungsursache codiert. Codiert wird lediglich die Intensität dieser Erregungsursache, also ein 'wieviel', aber nicht ein 'was'."

heraus entwickeln muss. Es ist als System selbstreferenziell und selbstexplikativ, d.h. "es weist seinen eigenen Zuständen Bedeutungen zu, die nur aus ihm selbst genommen sind".[12] Wollten wir den menschlichen Verstand erklären, so erfordern beide Eigenschaften, dass der Verstand gewissermaßen neben sich selbst treten muss, um sich bei der Arbeit zu beobachten. Mit allgemein gültigen und naturnotwendigen Axiomen kann er nicht erklärt werden. Ferner ist es unmöglich, eine von der neuronalen Geschichte eines Individuums völlig losgelöste Beobachtungsposition einzunehmen, was die Subjektivität nochmals verdeutlicht.

Zusammen genommen bedeuten diese kognitionstheoretischen Befunde, dass Hayek in unüberbrückbarer Weise mit kartesianischen Vorstellungen brach. Hier liegt der tiefere Grund für seine immer wieder vorgetragene Kritik an dem, was er konstruktivistischen Rationalismus oder Szientismus nannte. Hier wurzeln auch seine nur zu wenig geäußerten Vorbehalte gegenüber dem Rationalmodell, wie es neoklassischen Modellierungen in der Nationalökonomie zugrunde liegt.[13]

Nach ihren von Hayek hervorgehobenen Eigenschaften kann die sensorische Ordnung als spontane oder ungeplante Ordnung angesehen werden. Sie ist das Ergebnis der Interaktion von Abermilliarden von Neuronen. Die Interaktion wird ausgelöst von sensorischen Informationen, die die Rezeptoren aufnehmen und als afferente Impulse an das Zentralnervensystem weiterleiten. Dort verursachen sie durch multiple Klassifikation Bausteine der Ordnung in Form von neuronalen Erfahrungen. Sie gerinnen in bildhaften Eindrücken oder "images". Dieses System von Verknüpfungen oder "linkages" wird unter dem Eindruck neuer Wahrnehmungen ständig und kreativ handlungsrelevant angepasst. Es ist adaptiv und evolutorisch und kann daher als komplexes, adaptives System betrachtet werden.[14]

IV

Beim Aufschlagen des Buches fragt sich der Leser vielleicht, was denn das Anliegen der "theoretical psychology" ist, die im Untertitel vorgegeben wird. Für Kant (1960, 156) galt: "Das denkende Subjekt ist der Gegenstand der Psychologie." Für Hayek ist die "sensorische Ordnung" ein bedeutender Aspekt des ihn immer wieder beschäftigenden Problems der Wissensgewinnung und Wissensverwertung, der neurosensorischen Dimension von Wahrnehmungs- und Denkvermögen. Mit der "sensorischen Ordnung" und den dort geäußerten Vermutungen und Überlegungen greift er eine Thematik auf, die heute der sog. Wissenschaft vom Gehirn (brain science) zugewiesen werden kann. Seine spekulativen Darlegungen zu neuronalen Verknüpfungen und Netzwerken kom-

12 So G. ROTH (1987, 241) in Anlehnung an die kognitionstheoretische Tradition des radikalen Konstruktivismus, wie sie von Maturana und Varela geprägt wurde.

13 Vgl. hierzu meine Darlegungen an anderer Stelle (STREIT 1975, 169ff.).

14 Vgl. hierzu HOLLAND (1995), der sich, wie Hayek, auf D. O. Hebb, den Begründer der neuropsychologischen Theorie bezieht (ebenda S. 90). HAYEK selbst (1977, 325) stellt in der Diskussion der "Sensory Order" offenkundig Parallelen zwischen der spontanen Ordnung des marktwirtschaftlichen Systems und der neurosensorischen Ordnung her, so wie er sie sieht. (in WEIMER, W. B., PALERMO, D., 1977, 325)

men der modernen Theorie neuronaler Netze sehr nahe.[15] Insofern ist es erstaunlich, wie eine vor gut einem halben Jahrhundert ausgeführte theoretische Vorstellung heute zum Gegenstand wissenschaftlicher Bemühungen wird.

V

Die Übersetzung des Buches ins Deutsche erwies sich keineswegs als einfach. Die Schwierigkeiten werden schon daran erkennbar, dass m.W. ein erster Übersetzungsversuch aufgegeben werden musste. Als eine Schwierigkeit stellte sich zunächst das Problem des Autors heraus, das er, wie erwähnt, im 1. Kapitel mit der Frage umschrieb: "What is mind?" Das Wort "mind" hat eine verwirrende Bedeutungsvielfalt. Nach dem Oxford Dictionary gibt es über 20 verschiedene Bedeutungen des Wortes und daran anknüpfende Wortverbindungen. Mit dem Blick auf den inhaltlichen, wahrnehmungsorientierten Kontext, in dem es steht, hätte es nahe gelegen, "mind" als Bewusstsein zu interpretieren, d.h. als Entstehung und Entwicklung von Inhalten handlungsleitender menschlicher Wahrnehmung. Dem stand jedoch entgegen, dass der verbreitete englische Ausdruck für Bewusstsein, "consciousness", vom Autor in späteren Kapiteln (5, insbes. 6) sachgerecht verwendet wurde. Für die Übersetzung mit "Bewusstsein" sprach außerdem, dass die Arbeit vom September 1920, die nach dem Vorwort des Autors bei Abfassung des Buches vor ihm lag, den Titel trug: "Beiträge zur Theorie der Entwicklung des Bewusstseins". Für die Entscheidung, "mind" mit "Geist" zu übersetzen, war schließlich ausschlaggebend, dass dies der geistesgeschichtlich tradierten Terminologie in Philosophie und Psychologie entspricht, dass der Begriff sich in den Gegenstand des Buches, der Ordnung der Gesamtheit aller mentalen Prozesse, fügt, und schließlich, dass er die bei thematischen Querverweisen übliche Terminologie in den deutschsprachigen Werken von und über Hayek (z.B. Henneke, 2000, 46) trifft.

Ein weiteres Übersetzungsproblem ergab sich daraus, dass Hayek, wie zuvor gezeigt, mit der "sensorischen Ordnung" neuropsychologisches Neuland betrat, das heute Teil der Hirnforschung ist. Das bedeutete, dass er kaum auf terminologische Konventionen zurückgreifen konnte, um seine Überlegungen geltend zu machen. Es dürfte auch erklären, warum er z.B. häufig auf Begriffe wie "linkage" bzw. "Verknüpfung" oder "Verbindung" zurückgriff, um Aspekte dessen aufzugreifen, was gegenwärtig von der Theorie neuronaler Netze erfasst wird.

Die Übersetzung wurde mir wesentlich dadurch erleichtert, dass Hardy Bouillon (Trier) sorgfältig meine erste Fassung durchging, mit dem Original verglich, und half, sprachliche Unebenheiten zu glätten. Dafür gilt ihm mein besonderer Dank.

---

15 Verbindungen zu jüngeren Entwicklungen in der Neurophysiologie habe ich an anderer Stelle (STREIT 2000) herzustellen versucht. Einen Überblick über die damit verwandte Hirnforschung oder brain science gibt der von BOGOCH (1969) herausgegebene Konferenzband.

Bogoch, S. (Hrsg.1969): The Future of the Brain Sciences, New York: Plenum Press.

Bouillon, H. (1991): Ordnung, Evolution und Erkenntnis, Tübingen: Mohr Siebeck.

Eccles, J. C. (1990): Das Gehirn des Menschen, München, Zürich: Piper.

Edelman, Gerald M. und Tononi, Giulio (2000): A Universe of Consciousness – How Matter Becomes Imagination, New York: Basic Books.

Foerster, v. H. (1985): Das Konstruieren einer Wirklichkeit, in: P. Watzlawick (Hrsg.), Die erfundene Wirklichkeit – Wie wissen wir, was wir zu wissen glauben?, Beiträge zum Konstruktivismus, München: Piper, 39-60.

Hayek, F. A. (1952): The Sensory Order, London – alle Zitate beziehen sich auf die Abschnittsziffern im Original.

Hayek, F. A. (1977): The Sensory Order after 25 Years, in: Weimer, W. B., Palermo, D. (Hrsg.), Cognition and Symbolic Processes, Hillsdale, New Jersey: Lawrence Erlbaum.

Hayek, F. A. (1963/67): Rules Perception and Intelligibility, in: F. A. Hayek, Studies in Philosophy, Politics and Economics, Chicago, 43-65.

Hayek, F. A. (1967): The Theory of Complex Phenomena, in: F. A. Hayek (Hrsg.), Studies in Philosophy, Politics and Economics, London und Henley: Routledge, 1967, 22-42.

Holland, J. H. (1995): The Hidden Order – How Adaptation Builds Complexity, Reading, Mass.: Helix Books.

Hennecke, H.-J. (2000): Friedrich August von Hayek – Die Tradition der Freiheit, Düsseldorf: Verlagsgruppe Handelsblatt.

Kant, I. (1781, 1788, 1790): Die drei Kritiken – in ihrem Zusammenhang mit dem Gesamtwerk mit verbindenden Text zusammengefasst von R. Schmidt, 8. Aufl., Stuttgart: Kröner, 1960.

Kukathas, Ch. (1990): Hayek and Modern Liberalism, Oxford: Clarendon Press.

Lorenz, K. (1973): Die Rückseite des Spiegels – Versuch einer Naturgeschichte menschlichen Erkennens, München: Piper.

Lorenz, K. (1983): Der Abbau des Menschlichen, München: Piper.

Polanyi, M. (1990): Implizites Wissen, Frankfurt/M.: Suhrkamp, 6. Aufl.

Popper, K. R. (1962): Objective Knowledge – An Evolutionary Approach, Oxford: Clarendon Press.

Popper, K. R. und *Eccles, J. C.* (1987): Das Ich und sein Gehirn, München, Zürich: Piper.

Roth, G. (1987): Erkenntnis und Realität: Das reale Gehirn und seine Wirklichkeit, in: S. J. Schmidt (Hrsg.), Der Diskurs des radikalen Konstruktivismus, Frankfurt/M.: Suhrkamp, 229-256.

Ryle, G. (1984): The Concept of Mind, Knowing how and knowing that, Chicago: Chicago University Press.

Streit, M. E. (1995): Wissen, Wettbewerb und Wirtschaftsordnung – Zum Gedenken an Friedrich August von Hayek, in: ders. (Hrsg.), Freiburger Beiträge zur Ordnungsökonomik, Tübingen: JCB Mohr (Siebeck), 159-194.

Streit, M. E. (2000): Institutionen als Kognitionsproblem – Bemerkungen zu einer neurosensorischen Vermutung, ORDO 51, 119-125.

Thagard, P. (1996): Mind – Introduction to Cognitive Science, Cambridge, Mass.: The MIT Press.

de Vries, R. P. (1994): Hayek´s Theory of Mind and Perception, in: J. Birner u. R. van Zijp (Hrsg.), Hayek, Co-ordination and Evolution – His legacy in Philosophy, politics, economics and the history of ideas, London, New York: Routledge.

Vollmer, G. (1990): Evolutionäre Erkenntnistheorie, Stuttgart: Hirzel.

Weimer, W. B. und *D. Palermo* (Hrsg., 1977): Cognition and Symbolic Processes, Hillsdale, New Jersey: Lawrence Erlbaum.

Walter Eucken und Friedrich A. von Hayek: Initiatoren der Ordnungsökonomik[1]

1. Einleitung: Das Forschungsprogramm der Ordnungsökonomik

Die Werke von Walter Eucken und von Friedrich A. von Hayek stehen am Beginn eines nach wie vor aktuellen Forschungsprogramms, das als "Ordnungsökonomik" bezeichnet werden kann. Unter Ordnungsökonomik verstehen wir die Beschäftigung mit gesellschaftlichen Ordnungen im Sinne von Mustern, die als Folge einer Koordination von Handlungen individueller Akteure entstehen (vgl. Streit 1996). Eine zentrale Vermutung der Ordnungsökonomik ist, daß Ordnungen institutionengestützt sind. Je nach Beschaffenheit der Regeln im Sinne von Beschränkungen menschlichen Verhaltens ergeben sich unterschiedliche Arten der Ordnung arbeitsteiligen Wirtschaftens. Ordnungsökomomik umfaßt sowohl eine rein erklärende Behandlung der zuvor genannten Gegenstände (positive Ordnungsökonomik oder Ordnungstheorie) als auch die Analyse von Möglichkeiten und Grenzen zielorientierter Gestaltung von Ordnungen (normative Ordnungsökonomik oder Ordnungspolitik).

Die Ordnungsökonomik bildet bislang noch nicht ein nach Fragestellungen, Methoden und Grundannahmen abgeschlossenes Forschungsparadigma. Sie steht vielmehr als Sammelbegriff für verschiedene Ansätze. Im Kern gehen alle Ansätze vom methodologischen Individualismus aus und haben die Wechselwirkungen zwischen gesellschaftlicher Interaktion und der Entstehung, Durchsetzung und Wirkung ordnungsrelevanter Institutionen zum Gegenstand. Für die Entwicklung der Ordnungsökonomik waren folgende Beiträge wesentlich: (1) Ordnungsökomomische Grunderkenntnisse lassen sich bereits auf die Klassiker der Nationalökonomie zurückführen, so etwa die schottischen Moralphilosophen David Hume, Adam Ferguson und Adam Smith. (2) Von der österreichischen Schule erhielt die Ordnungsökonomik wertvolle Anstöße vor allem durch die Arbeiten von Carl Menger, Ludwig von Mises und später etwa Ludwig Lachmann und Friedrich A. Hayek. (3) Als deutscher Beitrag zur Ordnungsökonomik war in erster Linie die Freiburger Schule mit ihren herausragenden Vertretern Walter Eucken und Franz Böhm bedeutsam. (4) Schließlich hat sich auch am Rande des neoklassischen "mainstream" die Bedeutung von Institutionen einen festen Platz in den Agenden verschiedener Forschungsprogramme erobert, an deren Beginn etwa die Arbeiten von Ronald Coase, James Buchanan und Gordon Tullock standen. Inzwischen ist hieraus mit der Neuen Institutionenökonomik und der Neuen Politischen Ökonomik ein breites Forschungsfeld entstanden, das die Bedeutung von Institutionen für wirtschaftliches Handeln zum Gegenstand hat.

Im folgenden sollen mit Walter Eucken und Friedrich A. Hayek zwei bedeutende Initiatoren der Ordnungsökonomik vergleichend diskutiert werden, deren Arbeiten je-

---

1 Ursprünglich wurde dieser Beitrag zusammen mit Michael Wohlgemuth für die Konferenz "Economic Ethics and the Theory of Capitalism in the German Tradition of Economics: Historism, Ordo-Liberalism, Critical Theory, Solidarism" des Forschungsinstituts für Philosophie geschrieben. Erstveröffentlichung in: Bernhard Külp und Viktor Vanberg (Hrsg.), Freiheit und Wettbewerbliche Ordnung, Freiburg: Haufe Verlag, 2000, 461-498. Wiederabdruck in: Contributiones Jenenses Bd. 8, Jenaer Beiträge zur Institutionenökonomik und Wirtschaftspolitik, Baden-Baden: NOMOS, 2001, 90-138.

weils zu einem guten Teil in Freiburg entstanden sind. Der vorliegende Beitrag ist wie folgt gegliedert: In Teil 2 präsentieren wir die zentralen Elemente in Walter Euckens System der Ordnungstheorie und -politik. Hierbei werden wir vor allem zeigen, wie das Problem privater und politischer Macht mit Euckens zentralem Begriff der "Wettbewerbsordnung" zusammenhängt. In Teil 3 werden wir, einer ähnlichen Struktur folgend, zunächst das für Hayek zentrale Problem gesellschaftlicher Wissensteilung skizzieren und es dann in den ökonomischen und politischen Ordnungszusammenhang der Hayekschen Konzepte der Katallaxie und der Nomokratie stellen. Eine Diskussion wichtiger Parallelen und Unterschiede zwischen beiden ordnungsökonomischen Theoriegebäuden folgt in Teil 4. Die wesentlichen Beiträge von Eucken und Hayek zum sich weiter entwickelnden Forschungsprogramm der Ordnungsökonomik werden im abschließenden Teil knapp zusammengefaßt.

2. Euckens Ordnungstheorie und -politik

2.1 Das zentrale Problem der Macht

Das wissenschaftliche und politische Programm der Freiburger Schule, für das Eucken als herausragender Vertreter steht, hat Euckens Freund und Kollege, der Jurist Franz Böhm (1957/60: 162), wie folgt beschrieben:

"Die Frage, die uns gemeinsam beschäftigte, war ... die Frage nach der privaten Macht in einer freien Gesellschaft. Sie führt notwendig weiter zu der Frage, wie eine Ordnung der freien Wirtschaft beschaffen ist. Von da gelangt man zu der Frage, welche Typen und Möglichkeiten von Wirtschaftsordnung es überhaupt gibt, welche Rolle in ihnen jeweils die Macht spielt, und zwar sowohl die Macht der Regierung als auch die Macht von Privatpersonen und privaten Gruppen, und welche Ordnungsstörungen auftreten, wenn sich innerhalb des Staates und der Gesellschaft eine andere Machtverteilung herausbildet als diejenige, die dem jeweiligen Wirtschaftssystem ordnungskonform ist".

Die Fragen nach "Macht" und "Ordnung" bilden die zentralen Bestandteile des ordoliberalen Forschungsprogramms, das von Walter Eucken nachhaltig geprägt wurde. Das Hauptbestreben Euckens ging dahin, die den vielfältigen gesellschaftlichen Interaktionen und Interdependenzen zugrundeliegenden Ordnungen zu erkennen und eine menschenwürdige Ordnung gestalten zu helfen. Im Konzept der "Wettbewerbsordnung" werden positive und normative Analyse zusammengefaßt und mit dem Problem privater und staatlicher Macht verbunden. Es ist die zentrale Botschaft von Eucken und der Freiburger Schule, daß (1) private Macht die Freiheit der Vielen zugunsten der Beherrschung durch Wenige gefährdet und (2) private Monopole, Kartelle und Verbände auch das politische System durchdringen und diskreditieren. Wir wenden uns nur dem ersten, und in Eucken's Sicht ursprünglichen Aspekt der Frage nach der privaten Macht zu.

2.2 Marktmacht und Wettbewerbsordnung

Die oben zitierte Frage "wie eine Ordnung einer freien Gesellschaft beschaffen ist" wurde von Eucken konsequent als Problem einer angemessenen Rechtsordnung verstanden. Die freie Verkehrswirtschaft verlangt vor allem nach einem System von Rechtsregeln, die einen geschützten Bereich privater Entscheidungskompetenz und -verantwortung definieren (Eigentum und Haftung), die Kooperation unter Gleichen ermöglichen (Vertragsrecht) und Konfliktlösungsmechanismen anbieten (Gerichtsbarkeit). Eine Gesellschaft, die diesen "konstituierenden Prinzipien" einer Wettbewerbsordnung (Eucken 1952/90: 254ff) entspricht, kann auch mit Böhm (1966) als "Privatrechtsgesellschaft" bezeichnet werden.

Die Frage nach der Macht von Privatpersonen ist damit aber noch nicht abschließend geklärt. Neben der Gewährleistung der Privatautonomie gilt es, einem Mißbrauch privater Entscheidungsfreiheiten zulasten anderer vorzubeugen. Dem gilt nun vor allem die Sicherung des Wettbewerbs als Mittel der Kontrolle wirtschaftlicher Macht. Dies war für Eucken die wichtigste Lehre des "Zeitalters der Mißerfolge" (Eucken 1951) in der Wirtschafts- und Rechtsgeschichte des deutschen Reichs: Private Versuche der Marktschließung (etwa durch umfassende Kartellbildung) wurden als legitimer Gebrauch der Vertragsfreiheit betrachtet und Boykotte oder Akte kollektiver Diskriminierung von Außenseitern wurden teilweise gerichtlich einklagbare und rechtlich geschützte wirtschaftliche Kampfmittel. In der Folge wurde die Wettbewerbsfreiheit Dritter in einem Maße beschränkt, daß wirtschaftliche Machtansprüche sich nunmehr im Rahmen des Privatrechts Geltung verschaffen konnten. Deshalb wurde es zu Eucken's Anliegen, die konstitutiven Prinzipien des Privatrechts durch institutionelle Garantien offener Märkte zu ergänzen, um so zu gewährleisten, daß die Wettbewerbsordnung ihre zentrale Aufgabe als "das genialste Entmachtungsinstrument der Geschichte" (Böhm 1961: 22) erfüllen kann.

Dies ist wohl der bedeutendste und zu seiner Zeit auch originellste Beitrag Euckens zu einer Politökonomie der Marktgesellschaft: Wettbewerb wurde nicht nicht ausschließlich (und nicht einmal vorrangig) als Mittel zur Erbringung "ökonomischer" Anpassungs- und Entwicklungsleistungen oder gar eng gefaßter Effizienzvorstellungen betrachtet und geachtet. Wettbewerb war für Eucken vielmehr in erster Linie als Verfahren gesellschaftlicher Machtkontrolle und damit als wichtigster Legitimationsgrund privatautonomer Handlungsbefugnisse zu untersuchen und zu fordern. Wirtschaftliche Macht wiederum wird nicht allein (wie etwa in der Theorie monopolistischer Konkurrenz) deshalb als problematisch und potentiell zerstörerisch betrachtet, weil sie den Preismechanismus und dessen Allokationsfunktionen stören würde. Sehr viel tiefgründiger argumentiert Eucken (z.B. 1952/90: 175ff), daß wirtschaftliche Macht deshalb durch Wettbewerb und allgemeine Regeln zu beschränken ist, weil sie in die Handlungsfreiheit anderer eingreift und mit der allgemeinen Handlungsfreiheit die Vorbedingungen moralischen Handelns bedroht. In Übereinstimmung mit dieser weiten Perspektive wettbewerblicher Aufgaben und Leistungen entwickelte Eucken eine sehr viel "politischere" und "institutionalistischere" Theorie der Bedingungen marktlicher Koordination als die Erbauer der neoklassischen Wettbewerbstheorien seiner Zeit. Während letztere einfache "Regeln" der reinen Entscheidungslogik nutzten, um abstrakte Gleichgewichtslösungen zu erzielen, liegt die Betonung bei Eucken (und erst recht bei Böhm) auf Regeln und Prinzipien des Rechts, die reale Marktprozesse strukturieren.[2]

Den institutionellen Rahmen der Wettbewerbsordnung hat Eucken (1952/90: 254ff) in seinen berühmten "Grundsätzen" pointiert hervorgehoben. Als zentrales "Grundprinzip" wird die Herstellung eines "funktionsfähigen Preissystems vollständiger Konkurrenz" postuliert. Zu den "konstituierenden Prinzipien", die zur Etablierung eines funktionsfähigen Preissystems unabdingbar sind, zählt Eucken die Stabilisierung der Geldpolitik durch stabilitätsorientierte Regeln der Währungspolitik, offene Märkte, Privateigentum, Vertragsfreiheit, Haftung und die "Konstanz der Wirtschaftspolitik". Die "regulierenden Prinzipien" sind den oben genannten konstitutiven Prinzipien insofern subsidiär nachgeordnet, als sie wirtschaftspolitische Eingriffe in den Marktprozeß begründen sollen, die im Rahmen der Ordnung konstituierender Prinzipien noch als notwendig erachtet werden (ebd.: 291ff). So dürften bei strenger Anwendung des Prinzips offener Märkte nur noch wenige, "natürliche" Monopole regulierungsbedürftig sein. Auf die Grundsätze, nach denen das regulierende Prinzip staatlicher Monopolkontrolle nach Euckens Ansicht verfolgt werden sollte, werden wir zurückkommen. Gleiches gilt für das regulierende Prinzip der Einkommenspolitik als verteilungspolitische Antwort auf die "soziale Frage".

Nicht zuletzt die regulierenden Prinzipen lassen erkennen, daß hier kein "Minimalstaat" gefordert ist. Gerät nun aber der Staat zur wichtigsten "ordnenden Potenz" (ebd.: 325ff), so entsteht eine zweite Dimension des Machtproblems: politische Macht.

2.3 Wirtschaftsordnung und Staatsverfassung

Wie wir gesehen haben, belegt Eucken den Wettbewerb mit einer Bedeutung, die weit über das engere "Ökonomische" hinaus geht. Wettbewerb verdient Schutz durch das Recht wegen seiner kontrollierenden Wirkung auf private Macht ebenso wie auf die hierauf aufbauende politische Macht. Deshalb wurde Wettbewerbspolitik als vornehmliche Staatsaufgabe betrachtet. Dies bedeutet aber vor allem auch, daß der Staat selbst auf wettbewerbsbeschränkende Maßnahmen verzichtet. Aus Sicht einer funktionsfähigen, auf Wettbewerb basierenden Wirtschaftsordnung ist es somit durchaus konsequent, wenn Eucken einen "starken", aber begrenzten, Staat fordert. Die politischen Akteure müssen "stark" sein, um als neutrale, von Monopolen und Interessengruppen unabhängige Ordnungsinstanz wirken zu können. Gleichzeitig müssen sie in ihren Handlungsbefugnissen wirkungsvoll beschränkt bleiben, um nur ihre genuine ordnungspolitische Aufgabe zu verfolgen und allein freiheits-bewahrende, systemkonforme Instrumente zum Einsatz zu bringen. Dem Staat fiel somit zunächst die Aufgabe zu, die Privatautonomie der Wirtschaftssubjekte gegen Eingriffe durch private Machtblöcke zu verteidigen. In dem Maße, in dem dies gelingt, wird gleichzeitig verhindert, daß private Machtgruppen politische Übermacht gewinnen und somit die Rechtsstaatlichkeit politischer Entscheidungsverfahren korrumpieren. Die Staatsverfassung entsprach in ihren elementaren Strukturmerkmalen somit weitgehend den Grundsätzen der Wettbewerbs-

2 Hinsichtlich der Eigenschaften seines Idealtyps der "vollständigen Konkurrenz" orientierte sich Eucken zumindest terminologisch jedoch noch stark am neoklassischen Paradigma seiner Zeit. Wie wir sehen werden, blieb Eucken die Bedeutung der Hayek-Kritik hieran noch weitgehend verborgen.

ordnung (vgl. Eucken 1952/90: 250). Sie hat die doppelte Aufgabe: (1) denen, die legitimiert waren, politische Herrschaft auszuüben, das Maß an Unabhängigkeit zu gewähren, das notwendig ist, um die Prinzipien der Wettbewerbsordnung gegen privilegiensuchende Machtgruppen durchzusetzen ("starker Staat") und (2) im inneren der Staatsorganisation mithilfe der rechtsstaatlichen Kautele der Gewaltenteilung und des Vorrangs der Verfassung einem willkürlichen Gebrauch politischer Herrschaftsrechte vorzubeugen.[3]

Es dürfte offensichtlich sein, daß diese Rechtsstaats-Konzeption von der Vorstellung eines "wohlwollenden Diktators", wie er weite Teile der Wohlfahrtsökonomik beherrscht, weit entfernt ist. Eucken selbst (1952/90: 338) machte dies unmißverständlich klar: "So falsch es ist, im vorhandenen Staat einen allwissenden und allmächtigen Betreuer allen wirtschaftlichen Geschehens zu erblicken, so unrichtig ist es auch, den faktisch vorhandenen, von Machtgruppen zersetzten Staat als Datum hinzunehmen und dann - folgerichtig - an der Möglichkeit der Bewältigung des wirtschaftspolitischen Ordnungsproblems zu verzweifeln." Eucken war erklärter Gegner jeder Vorstellung unbegrenzter Regierungsmacht (einschließlich unbegrenzter Demokratie); auch erkannte er klar die institutionellen Voraussetzungen und sozialen Folgen dessen, was später als "rent-seeking society" (s. Tollison 1982) in das Standardrepertoire ökonomischer Analyse aufgenommen wurde. Bestenfalls mag man Eucken vorhalten, keine "ökonomische Theorie der Politik" formuliert zu haben, wie sie erst nach seinem Tode allmählich entstanden ist.

Daß ein starker und begrenzter Staat kein widersprüchliches Ziel einer Staatsverfassung ist, daß vielmehr politische Autorität und verfassungsrechtliche Grenzen des Staatshandelns komplementär aufeinander wirken, war eine der zentralen wirtschaftspolitischen Hypothesen Euckens. Daß ein unbeschränkter Staat durch den Einfluß wirtschaftlicher Machtgruppen geschwächt und korrumpiert wird, war eine der von Eucken immer wieder in der Wirtschaftsgeschichte Deutschlands entdeckten Zusammenhänge. Besonders eindrücklich weist Eucken diese Interdependenzen zwischen politischer Ordnung, Rechts- Wirtschaftsordnung anhand des Zeitalters "experimenteller Wirtschaftspolitiken" (während der Weimarer Republik) nach. Immer wieder bestätigte sich Euckens (1932: 307) Beobachtung: die Expansion der Staatstätigkeiten, die "vorwiegend von der Wirtschaft her verlangt und durchgesetzt wurde, bedeutete nicht etwa eine Stärkung, sondern ganz im Gegenteil eine Schwächung des Staates ...". Die Korrumpierung der politischen Ordnung und die Unzuverlässigkeit der Wirtschaftsordnung fiel mit der Schwäche politischer Mandatsträger und deren Abhängigkeit vom Wohlwollen wirtschaftlicher Machtgruppen zusammen. Euckens Analyse der wirtschaftlich und politisch verhängnisvollen Folgen korporatistischer, wettbewerbsfeindlicher Machtkartelle zwischen Politik und Wirtschaft bieten noch heute anschauliche Begründungen und Illustrationen der Schwächen moderner Wohlfahrtsstaaten, die durch eine sich wechselseitig verstärkende "Verstaatlichung der Gesellschaft" und "Vergesellschaftung des Staates" gekennzeichnet werden können (vgl. Böckenförde 1989).

---

3 Vgl. für eine eingehendere Analyse und Bewertung von Euckens Vorstellungen zur "Interdependenz der Ordnungen": Streit (1992/95).

3. Hayeks Ordnungstheorie und -politik

3.1 Das zentrale Wissensproblem

Wie Eucken, so entwickelte und schärfte auch Hayek seine analytischen und politischen Vorstellungen des Marktes und der erforderlichen Aufgaben des Staates in Folge der Konfrontation mit praktischen und theoretischen Versuchen sozialistischer Planung während der 30er Jahre. Hayeks Wahrnehmung dieser politischen und analytischen Herausforderungen und seine Reaktionen hierauf unterscheiden sich aber tendenziell von denen Euckens. Eucken betrachtete die deutsche Geschichte wirtschaftspolitischer Experimente vornehmlich unter dem Aspekt der Ursachen und Folgen wirtschaftlicher und politischer Macht. Hayek diskutierte die Grenzen der Möglichkeit sozialistischer Planung und die unnachahmlichen Vorzüge kapitalistischen Wirtschaftens in erster Linie im Hinblick auf die Möglichkeiten, vom subjektiven, nicht zentralisierbaren Wissen und Fähigkeiten der Individuen in einer Gesellschaft Gebrauch zu machen. Auf diesem Wege entdeckte Hayek das Phänomen der "Wissensteilung", in der er "das zentrale Problem der Volkswirtschaftslehre als einer Sozialwissenschaft" (1937/76: 71) erkannte. Die ungeplante Wissensteilung als Minderung der Folgen konstitutionellen Wissensmangels der Akteure wurde zum Ausgangspunkt nahezu aller originellen Beiträge, die Hayek auf verschiedensten Ebenen der Ordnungsökonomik geleistet hat. Hayek selbst hat dies wiederholt betont:

"Ausgangspunkt jeder intelligenten Diskussion über die Ordnung allen gesellschaftlichen Lebens sollte die grundsätzliche und unheilbare Unwissenheit sein, die sowohl bei den handelnden Personen als auch bei dem diese Ordnung studierenden Wissenschaftler über die Vielfalt der einzelnen konkreten Tatsachen besteht, die in die Ordnung menschlichen Handelns deshalb eingehen, weil sie einigen ihrer Mitglieder bekannt sind" (1967/69: 206).

Diese Sicht dominiert Hayeks Untersuchungen der spontanen Ordnung wirtschaftlichen Handelns - der "Katallaxie" - ebenso wie der freiheitlichen Rechtsordnung - der "Nomokratie".

3.2 Wissen und die spontane Handelnsordnung der "Katallaxie"

Das Problem konstitutionellen Wissensmangels läßt sich durch folgende Fragen illustrieren, auf die jede Wirtschaftsordnung eine Antwort finden muß (vgl. Streit 1998: 40): (a) Wie werden Individuen dazu veranlaßt und befähigt, Wissen zu erlangen, das sie für ihre eigenen, persönlichen Vorhaben benötigen? (b) Wie wird subjektives Wissen über besondere wirtschaftliche Bedingungen verbreitet, das auch für die Dispositionen anderer von Nutzen sein kann? (c) Wie wird die Nutzung von Wissen kontrolliert, um mögliche Fehleinschätzungen möglichst schnell aufzudecken? (d) Wie werden Irrtümer behoben und ihren wirtschaftlichen Folgen begrenzt? Hayeks (1968/69) Antwort war: Durch Wettbewerb als Entdeckungsverfahren und als Antriebskraft des Systems freiwilliger Markttransaktionen, das er "Katallaxie" nannte (z.B. 1967/69: 224ff). In einer Katallaxie ist jedes Individuum frei, sein eigenes, spezifisches Wissen über besondere Gelegenheiten und Umstände von Ort und Zeit für seine eigenen Zwecke (und auf eigenes Risiko) zu nutzen. Wettbewerbliche Marktprozesse liefern außerdem auch die nötigen Anreize, immer wieder neues Wissen zu erwerben und persönliche Fähigkeiten zu entwickeln und einzusetzen. Preisgesteuerte Marktprozesse signalisieren schließlich auch anderen Marktteilnehmern wichtige Informationen durch Änderungen in der Struktur relativer Preise "in kodierter Form" (1976: 117). Preise helfen beim Abschluß erfolgversprechender, gewinnträchtiger Transaktionen zwischen Akteuren, die bereit sind, Transaktionskosten aufzuwenden und die über das nötige Glück und Geschick bei der Interpretation der Preissignale verfügen. Solche Transaktionen können Irrtümer anderer Marktteilnehmer ausgleichen, die wiederum durch pekuniäre Effekte (Gewinn-Verlust-Rückkopplungen) motiviert werden, sich neuen Umständen des Marktes anzupassen. Auf diese Weise erlaubt das System der Katallaxie verstreutes Wissen und individuelle Fähigkeiten immer wieder neu zu entdecken, zu überprüfen und zu nutzen. Hierbei handelt es sich gerade um solches Wissen und solche Fähigkeiten, die keiner einzelnen Person oder Instanz im ganzen zugänglich wären.[4]

Wie das spontane Lenkungssystem relativer Preise, so wirken auch abstrakte Regeln gerechten Verhaltens als "praktisch erfolgreiche Anpassungen an die unausweichlichen Begrenzungen unseres Wissens" (Hayek 1967/69: 207). Auch sie erleichtern es den Individuen, sich an Ereignisse und Umstände anzupassen, die niemandem in ihrer Gesamtheit bekannt sein können. Auf Märkten und in anderen komplexen und anonymen Interaktionen wären Individuen und Organisationen, die versuchten, ihre individuellen Pläne und Handlungen aufeinander abzustimmen orientierungslos und hilflos, wenn sie nicht Regelmäßigkeiten im Verhalten anderer beobachten und erwarten könnten. Um als erfolgreiche Instrumente gegenseitiger Erwartungsstabilisierung wirken zu können, müssen Regeln gewisse Eigenschaften aufweisen, insbesondere solche, die mit dem Prinzip der "Universalisierbarkeit" zusammenhängen. Dieses Prinzip bildet den Kern von Hayeks Rechtsphilosophie, die nun skizziert wird.

3.3 Wissen und die Rechtsordnung der "Nomokratie"

Nach Hayek sollen die Regeln einer spontanen Handelnsordnung (a) den Individuen erlauben, eigene Ziele unter Verwendung eigenen Wissens über besondere Umstände und eigener Fähigkeiten zu verfolgen und (b) die Individuen in die Lage versetzen, verläßliche Erwartungen über das Verhalten anderer zu bilden. Solche Regeln haben (c) einen geschützten Raum privatautonomen und selbstverantwortlichen Handelns zu definieren und damit interpersonale Konflikte zu vermeiden; die Regeln würden (d) gleich-

4 Diese Erkenntnis hat weitreichende Folgen. Es ist nun nicht länger angemessen (noch dazu für ein Ideal "vollkommener Konkurrenz"), gegebene und homogene Güter anzunehmen, denn: "welche Güter knapp oder welche Dinge Güter sind, oder wie knapp oder wertvoll sie sind, ist gerade einer der Umstände, die der Wettbewerb entdecken soll: es sind jeweils die vorläufigen Ergebnisse des Marktprozesses, die den einzelnen sagen, wonach es sich zu suchen lohnt" (Hayek 1968/69: 253). Schließlich ist auch der traditionelle Effizienzbegriff zur Bewertung von Marktprozessen kaum mehr anwendbar: "Wo wir aber die Tatsachen, die wir mit Hilfe des Wettbewerbs entdecken wollen, nicht schon vorher kennen, können wir auch nicht feststellen, wie wirksam er zur Entdeckung aller relevanten Umstände führt, die hätten entdeckt werden können" (ebd.: 250).

zeitig die Handelnsordnung offen halten für die Entdeckung und Durchsetzung von Handlungen (Innovationen), an die bisher noch niemand hat denken können.

Hayek (z. B. 1967/69: 211ff) bezeichnet solche Regeln als "Nomos", bzw. abstrakte, "Regeln gerechten Verhaltens". Sie finden sich nicht nur im kodifizierten Privatrecht, sondern auch in der Form informeller Sitten und Konventionen, die im alltäglichen Wirtschaftsleben zumindest ebenso bedeutsam sein dürften (Hayek 1970/96: 21f). Die Regeln des Nomos entsprechen dem Konzept universalisierbarer Regeln in der Tradition von Hume oder Kant. Sie sind (a) allgemeinen, d.h. "auf eine unbekannte und unbestimmte Anzahl von Personen und Fällen anwendbar" (Hayek 1973/86: 73), (b) offen, d.h. sie beschreiben nur solche Handlungen, die nicht erlaubt sind - wodurch die Entdeckung und Nutzung neuartiger Handlungsweisen möglich bleibt (z.B. Hayek 1960/83: 183) und (c) sicher, d.h. auf die dauerhafte Geltung der Regeln und ihrer Inhalte kann vertraut werden – so daß die Akteure sichere Erwartungen darüber bilden können, mit welchen Handlungen sie nicht zu rechnen haben (ebd.: 270f).

Diese abstrakten Regeln gerechten Verhaltens bilden nicht nur den Ordnungsrahmen einer Handelnsordnung spontaner Koordination und Kontrolle gesellschaftlicher Interaktionen. Für Hayek sind die meisten dieser Regeln des Nomos selbst wiederum Ergebnisse ungeplanter, spontaner Entwicklung (Evolution). Somit sind viele Regeln gerechten Verhaltens nicht nur zweckunabhängig anwendbar, sondern auch unabhängig von den Zielen einer bewußt gestaltenden Instanz entstanden (z.B. Hayek 1967/69: 212ff). Da diese Regeln einer sich laufend verändernden Vielzahl von Zwecken und Umständen gerecht werden, die niemand in ihrer Gesamtheit kennt, können tradierte Rechtsordnungen des "Nomos" auch nicht im Ganzen die Ergebnisse kalkulierend zweckrationalen Entwurfs politischer Planung sein. Vielmehr wurden in einem anhaltenden Lernprozeß Regeln generiert (entdeckt und verworfen oder beibehalten), die sich als Verhaltensregeln auch in unvorhergesehenen Umständen bewährt haben. Hier argumentiert Hayek deutlich in der Tradition der Schottischen Moralphilosophie, daß diejenigen Zivilisationen, in denen freiheitliche abstrakte Regeln herrschten, prosperieren konnten, da nur sie den "Prozeß der Anpassung und des Lernens" (Hayek 1960/83: 51) begünstigten, der für eine kulturelle Evolution notwendig ist.[5]

Hayeks Konzept der "Rule of Law" ist die unmittelbare Übersetzung des oben skizzierten Begriffs des "Nomos" als politisches, staatsrechtliches Prinzip. Gegen die "Telekratie", in der die Handlungen der Bürger von einer Führung bewußt auf konkrete politische Zwecke hin gelenkt werden, stellt Hayek sein politisches Ideal der Rechtsstaatlichkeit im Sinne einer "Nomokratie" als "Reich der Gesetze und nicht der Menschen" (Hayek 1967/69: 224). Hier gilt, daß "das 'Öffentliche Wohl' oder 'Gemeinwohl' ausschließlich in der Erhaltung jener abstrakten und zweckunabhängigen Ordnung [besteht], die durch die Befolgung abstrakter Regeln gerechten Verhaltens gesichert wird" (ebd.). Dies bedeutet im Hinblick auf die notwendigen und legitimen Aufgaben staatlichen Handelns, daß es dem Grundprinzip der "Begrenzung der Zwangsgewalt des Staa-

---

5 Hayeks Theorie kultureller Evolution kann hier nicht im Detail diskutiert werden. Seine Vorstellung, daß Gruppen, die abstrakte Regeln und marktfördernde Praktiken entdeckt haben, die organisatorische Enge der Kleingruppe überwinden konnten und in einer "erweiterten Ordnung" der Katallaxie Wohlstand erreichten, mag eine anschauliche "conjectural history" der sehr langen Frist sein. Die Anwendbarkeit dieser Evolutionshypothese auf den weiteren Wandel moderner Rechtssysteme und Verfassungen ist dagegen eher fragwürdig (vgl. Vanberg 1986).

tes auf die Durchsetzung allgemeiner Verhaltensregeln" (Hayek 1978/96a: 229) zu genügen hat.

Nach Hayek wurde die klassische Gewaltenteilungslehre dadurch verletzt, daß der Gesetzgebung keine Grenzen gesetzt sind, wie sie noch dem klassischen Gedanken des "government under the law" entsprachen. Vielmehr sei festzustellen, "daß Struktur und Organisation der Vertretungskörperschaften bis ins Innerste durch die Erfordernisse ihrer Regierungsaufgaben bestimmt worden sind, einer weisen Gesetzgebung jedoch im Wege stehen." (1979/81: 43) Unter "weiser" Gesetzgebung versteht Hayek die Feststellung und behutsame Anpassung des "nomos", der allgemeinen Regeln gerechten Verhaltens, die für die Aufrechterhaltung einer spontanen Ordnung unerlässlich sind. In heutigen Parlamenten geht es dagegen auch - und überwiegend - um die Durchsetzung interventionsstaatlicher Zwecke mit Mitteln des Gesetzes. Daß beiden Aufgaben durch Akte ein und derselben Organisation, des Parlaments, die gleiche Legitimation zugesprochen wird - dies ist der Umstand, der Hayeks Vorstellung rechtsstaatlichen Handelns unter dem Recht widerspricht.

Dieser Vorstellung entspräche ein Modell der Gewaltenteilung, in dem diese unterschiedlichen Aufgaben in unterschiedlichen Kammern mit unterschiedlich gewählten Repräsentanten wahrgenommen werden (ebd.: Kap. 17).[6] Einer legislativen Versammlung käme dabei die Aufgabe zu, auf dauerhafte Geltung angelegte universalisierbare Regeln des Privatrechts und allgemeine Prinzipen öffentlichen Rechts (z.B. Steuerprinzipien) festzustellen. Damit gibt sie auch den Rahmen vor, in dem die zweite Kammer als Regierungsversammlung agieren kann. Letzterer bliebe die Aufgabe, die Regierung zu wählen, die Verwaltung zu kontrollieren und den momentanen Willen der Regierungsmehrheit öffentlich-rechtlich umzusetzen - soweit dies nicht mit den in der gesetzgebenden Versammlung festgestellten Regeln gerechten Regierungsverhaltens in Konflikt steht.

4. Euckens und Hayeks Ordnungsökonomik im Vergleich

4.1 Wesentliche Gemeinsamkeiten

Wenn auch Eucken und Hayek, wie gezeigt wurde, unterschiedliche Probleme als Ausgangspunkte ihrer Ordnungsökonomik wählten, so trafen sie sich doch ganz überwiegend in gemeinsamen Ansichten zu den wesentlichen ordnungspolitischen Grundfragen. Was sie insbesondere eint, ist zunächst ihre normative Einstellung zugunsten individueller Handlungsfreiheit als unablässige Voraussetzung moralischen Handelns und sozialen Fortschritts. Hiervon ausgehend galt Euckens wie Hayeks Interesse der wirtschaftlichen und der politischen Ordnung und deren Wechselwirkungen - stets dem Leitmotiv folgend, daß es die jeweils herrschenden Institutionen sind, die es zu analysieren gilt. Bei der Frage, wie und im Hinblick worauf Institutionen vorrangig zu untersuchen sind, zeigen sich aber wieder Unterschiede in der Schwerpunktbildung der Ordnungsökonomik Euckens und Hayeks. Hayek betonte durchweg die Koordinationswirkungen institutioneller Ordnungen vor dem Hintergrund konstitutionellen Wissens-

6 Das Modell wird hier nur im Ansatz skizziert. Nähere Ausführungen und Bewertungen finden sich in Streit/Wohlgemuth (2000), sowie ausführlich in Nienhaus (1982) und Rupp (1979).

mangels der Marktakteure und notwendig unzureichenden Lenkungswissens politischer Autoritäten. Eucken betonte vor allem die Kontrollwirkungen des Wirtschafts- und Staatsrechts vor dem Hintergrund des Problems privater und politischer Macht.

Eucken und Hayek stimmen auch ganz offensichtlich darin überein, daß individuelle Freiheit und gesellschaftliche Ordnung keine Gegensätze sind und daß die Befolgung genereller Verhaltensbeschränkungen Voraussetzung für die Erreichung einer Ordnung freier Menschen ist.[7] Ebenso ist Eucken und Hayek gemein, daß politisches Handeln zunächst der Aufrechterhaltung eines allgemeinen rechtlichen Ordnungsrahmens dienen müsse und schließlich auch mehr (Hayek) oder weniger (Eucken) strikt hierauf beschränkt bleiben sollte. Eucken und Hayek sind sich schließlich auch in der Ablehnung politischer Interventionismen bei der Verfolgung spezifischer Marktergebnisse einig, die sie als willkürlich (und damit freiheitsbedrohend), desorientierend and destabilisierend betrachten. Wichtige Gemeinsamkeiten bestehen aber nicht nur im Bereich ordnungspolitischer, sondern auch methodologischer Grundüberzeugungen, von den zwei hier kurz belegt werden sollen:

1. Eucken und Hayek teilten nicht nur ähnliche Grundüberzeugungen, sondern auch ähnliche Ansichten darüber, welche Rolle normative Aussagen in der wissenschaftlichen Arbeit spielen können. Beide lehnten explizit die vorherrschende Interpretation von Max Webers "Werturteilsfreiheitspostulat" ab.[8] Hayek (1962/69: 3) vertrat in seiner Freiburger Antrittsvorlesung die Meinung, die Wertfreiheitsdiskussion habe "leider oft zu einer Angst vor dem Aussprechen von Werturteilen, ja zu einer Vermeidung gerade der wichtigsten Probleme geführt, mit denen sich der Nationalökonom auch am Katheder offen auseinandersetzen sollte." Sein eigenes Werk belegt den Standpunkt, daß es eine unangemessene Abstraktion von Wesentlichem wäre, alles Normative auszublenden, da doch sein Erklärungsobjekt, die spontane Ordnung, selbst das Ergebnis der Befolgung wertbeladener Regeln gerechten Verhaltens ist. Diese formellen und informellen Regeln finden ihren Widerhall und ihre Unterstützung nicht zuletzt in einem Grundwert - nämlich dem der individuellen Freiheit. Eucken (1952/90: 340ff) geht sogar noch einen Schritt weiter, wenn er fordert, es sei eine Pflicht für Sozialwissenschaftler als "ordnende Potenz" zu wirken, d.h. gerechte Ordnungen vorzuschlagen und einzufordern. Damit ist beiden Initiatoren der Ordnungsökonomik gleichermaßen bewußt, daß Werte und Normen ein we-

---

7 Euckens und Hayeks unterschiedliche Betonungen der vordringlichsten Ordnungsprobleme hat etwas unterschiedliche Ordnungsverständnisse zur Folge. Für Eucken hat "Ordnung" zwei mögliche Bedeutungen: einmal die "Gesamtheit der realisierten Formen, in denen in concreto jeweils der alltägliche Wirtschaftsprozeß abläuft" und zum anderen der normative Idealtyp des *Ordo*, d.h. der "Ordnung, die dem Wesen des Menschen und der Sache entspricht ... Ordnung, in der Maß und Gleichgewicht bestehen" (Eucken 1952/90: 372). Im Hinblick auf die erste Bedeutung spielen Bedingungen der Entstehung einer solchen Ordnung keine Rolle für die Unterscheidung von Ordnung und Nichtordnung; im Hinblick auf den zweiten Ordungsbegriff bleiben sie unklar und recht nahe an naturalistischen Fehlschlüssen (Streit 1992a: 681). Hayek dagegen nutzt eine individualistischere Definition von "Ordnung", die direkt am Phänomen der Wissensteilung anknüpft: "Die Zwecke des Menschen können nur deshalb erreicht werden, weil wir die Welt, in der wir leben, als geordnet begreifen. Diese Ordnung manifestiert sich in unseren Fähigkeiten, aus den (räumlichen oder zeitlichen) Ausschnitten der Welt, die uns bekannt sind, Regeln abzuleiten, die uns befähigen, Erwartungen über andere Bereiche zu bilden." (1967/69: 207).

8 S.a. Albert (1967/72) für eine umfassende Rekapitulierung von Webers Position und einiger Mißverständnisse bei der Rezeption in den Sozialwissenschaften.

sentlicher Bestandteil der institutionellen Ordnung und damit des Untersuchungsgegenstands sind. Freilich scheuten Eucken und Hayek auch nicht das Fällen von Werturteilen "im Aussagebereich", da sie niemanden über ihre politischen und moralischen Grundüberzeugungen im Unklaren lassen wollten. Damit waren diese "echten" Werturteile zumindest nicht versteckt (und damit "krypto-normativ" i.S.v. Kirchgässner 1988: 62ff), sondern klar identifizierbar. So stimmen Euckens Ordoliberalismus und Hayeks klassischer Liberalismus zumindest auch darin überein, daß sie eine Trennung von Sozialwissenschaft und Moralphilosophie offen ablehnten.

2. Eucken und Hayek teilten auch ein gemeinsames Unbehagen gegenüber der damals herrschenden Art und Weise ökonomischer Theoriebildung. Während dieser Befund in Bezug auf Hayek kaum mehr eigens begründet werden muß, bleibt der Abstand Euckens zur herrschenden neoklassischen Modellwelt, wie wir sehen werden, weniger deutlich. Gleichwohl verdient es vermerkt zu werden, daß Eucken (1948/65: 197) zustimmend folgende Kritik von Lord Robbins zitiert: "in the excitement of perfecting our instruments of analysis, we have tended to neglect a study of the framework which they assume." Die zentrale Botschaft von Euckens Ordnungstheorie, daß nämlich je nach Beschaffenheit des institutionellen Umfelds wirtschaftliche Prozesse völlig unterschiedliche Bedeutung erlangen und völlig andere Entwicklungen nehmen (z.B. Eucken 1952/90: 24), wurde erst vor wenigen Jahrzehnten vom amerikanischen "mainstream" wiederentdeckt. Dies gilt zumindest für die Vertreter der "Neuen Institutionenökonomik", die u.a. mit Untersuchungen der Wirkungen verschiedener Eigentumsrechtsstrukturen begann (z.B. Furubotn/Pejovich 1972) und, unter anderem, nun auch im Gebiet der Wirtschaftsgeschichte und Wachstumstheorie zu greifen beginnt (z.B. North 1990).[9]

4.2 Wesentliche Unterschiede

Hayeks Beitrag zur Ordnungsökonomik aus der Perspektive des Wissensproblems und Euckens Beitrag aus der Perspektive des Machtproblems führen zu deutlicheren Unterschieden der jeweiligen analytischen und politischen Ansätze auf den Gebieten der Theorie und Politik (1) des Wettbewerbs, (2) des institutionellen Wandels und (3) der "sozialen Frage".

1. Hayeks Vorstellung des Wettbewerbs als Entdeckungsverfahren führte ihn schon recht bald zu einer weitreichenden Ablehnung konventioneller Gleichgewichtslogik[10], während die ordoliberale Konzeption vom Wettbewerb als "Entmachtungsinstrument" es zunächst noch erlaubte, einem Idealtyp anzuhängen, der durchaus Ähnlichkeiten mit dem wohlfahrtsökonomischen Ideal des machtlosen, aber auch ereignislosen "vollkommenen Wettbewerbs" aufweist. Die Unter-

9 Siehe Schmidtchen (1984) oder Tietzel (1991) für ausführlichere Darstellungen der Zusammenhänge zwischen Euckens Konzeptionen und Teilen der Neuen Institutionenökonomik.

10 Es ist durchaus fraglich, inwieweit Hayek sich tatsächlich konsequenterweise vom neoklassischen Gleichgewichtsdenken verabschiedet hat. Seine früheren Andeutungen einer "Tendenz zum Gleichgewicht" etwa sind nicht unähnlich denen etwa von Kirzner (1973). Derlei Fragen werden ausführlich diskutiert bei Loy (1988).

schiede analytischer Art lassen sich auch den jeweiligen wettbewerbspolitischen Schlußfolgerungen erkennen.

2. Hayeks Vorstellung von Institutionen als "Anpassungen an unsere Unwissenheit" (1976: 39) korrespondierte aufs Natürlichste mit einem evolutorischen Konzept institutionellen Wandels und mit einem tiefen Skeptizismus gegenüber Versuchen, neue institutionelle Ordnungen bewußt zu entwerfen, während Euckens Sicht der Rechtsregeln als Instrumente im Dienste der Machtkontrolle viel Raum für politische Entwürfe und ordnungspolitischen Gestaltungswillen (an)erkennt.

3. Hayeks Vorstellung der Katallaxie läßt keinen Platz, die "soziale Frage" überhaupt einigermaßen sinnvoll stellen zu können, soweit sich diese auf Verteilungsgerechtigkeit bezieht; ebenso schließt sein Konzept der "Nomokratie" es aus, diese Frage mithilfe gezielter Ungleichbehandlungen beantworten zu wollen. Für Eucken hingegen stellt sich die "soziale Frage", sobald wirtschaftliche Macht nicht nur in formal-rechtlicher, sonder auch in materieller Sicht definiert wird.

Alle der drei genannten Unterschiede könnten in einer Weise pointiert hervorgehoben werden, daß man sie als unüberbrückbare Unterschiede zwischen Eucken und Hayek interpretiert. Eine etwas vorsichtigere und abwägendere Interpretation historischer und heuristischer Zusammenhänge erlaubt es jedoch, einige der Unterschiede zu erklären, zu relativieren oder auch in einem umfassenden ordnungsökonomischen Forschungsprogramm zu integrieren. Dies soll die nun folgende Analyse der genannten drei ordnungsökonomischen Themenkomplexe zeigen.

(1) Der Sinn des Wettbewerbs

Euckens jahrzehntelange Auseinandersetzung mit der "großen Antinomie" ließ ihn gelegentlich Kompromisspositionen besetzen, die aus heutiger Sicht ein wenig überholt erscheinen. Dies gilt vor allem für seinen Versuch, sich von der Historischen Schule zu distanzieren, indem er zumindest teilweise Modelle der zeitgenössischen neoklassischen Preistheorie übernahm. Es ist vielfach darauf hingewiesen worden, daß Euckens Idealtyp des "vollständigen Wettbewerbs (z.B. 1952/90: 244ff) Ähnlichkeiten zum statischen Konzept "vollkommenen Wettbewerbs" aufzeigt, das - wie Hayek (1937/76; 1945/76) als einer der ersten zeigte - ungeeignet ist, die entscheidenden Vorzüge von Wettbewerbsprozessen zu berücksichtigen. Wird ein Gleichgewichtszustand aus Annahmen vollständiger Information und Voraussicht abgeleitet und ein solcher Zustand als politische Zielgröße verstanden, so bedeutet dies nicht nur einen konzeptionell fragwürdigen "Nirwana Ansatz" (Demsetz 1969). Es bedeutet auch, daß die spontane Marktordnung konstruktivistisch als zweckgerichtete Organisation oder "Teleokratie" behandelt wird - wodurch ihre funktionale Eigenart als sich selbststeuerndes System unerkannt bleibt und unterdrückt wird (Streit 1993: 237).

In Euckens Wettbewerbstheorie lassen sich zumindest interpretationsbedürftige Anzeichen sowohl von "Nirwana"-Vorstellungen als auch von konstruktivistischen Fehlinterpretationen wettbewerblicher Prozesse erkennen.[11] Andererseits gilt es, in Erinnerung zu rufen, daß Euckens Idealtyp "vollständiger Konkurrenz" nicht in erster Linie an Effizienzmaßstäben ausgerichtet war. Vielmehr diente sie als Ideal einer Wettbewerbsordnung, die sich an Konsumenteninteressen orientiert und in der das soziale und politische Problem wirtschaftlicher Macht gelöst wird. Dennoch bleibt Euckens Wettbewerbsvorstellung kaum geeignet, etwa Unternehmertum und Innovation eine wesentliche Rolle einzuräumen und zu einer dynamischen Theorie wettbewerblicher Marktprozesse zu gelangen - und damit Prozesse zu analysieren, die notwendig ungleichgewichtig sind und die Instabilität (nicht aber Abwesenheit) wirtschaftlicher Macht begründen. Hayeks frühe fundamentalen Einwände gegen eine Wettbewerbstheorie, die von gegebenem oder vollständigem Wissen ausgeht, werden von Eucken erstaunlicherweise nicht rezipiert.

Die Folgen davon, ob das Wissensproblem oder das Machtproblem als Ausgangspunkte der Untersuchung von Wettbewerbsordnungen dienen, lassen sich anhand wettbewerbspolitischer Aussagen von Eucken und Hayek verdeutlichen. Am auffälligsten sind hier Unterschiede bei der Diskussion einer Regulierung von (natürlichen) Monopolen. Für Hayek (z.B. 1979/81: 102f) ist jeder Versuch, einen (monopolistischen) Anbieter dazu anzuhalten, so zu handeln, "als ob" Wettbewerb bestünde, schlichtweg absurd, da die Ergebnisse eines Entdeckungsprozesses weder von einer Behörde noch von sonst jemandem antizipiert und folglich diktiert werden können. Zudem würde jede Ermessungsgewalt, die Behörden zu dem Zweck verliehen wird, lediglich Mißbräuche zu verhindern, am Ende doch dazu führen, daß die Behörde das Monopol mit Marktzutrittsschranken schützen würde (ebd: 121). In der Konsequenz führen Hayeks Untersuchungen des Wettbewerbsprozesses zum wettbewerbspolitischen Leitbild der "Wettbewerbsfreiheit"[12], das sich auf eine strikte Anwendung der allgemeinen Regeln des "Nomos" beschränkt. Eucken scheint dagegen die Wissensprobleme und die Gefahr des "capturing" der Regulierungsbehörde weniger klar zu erkennen oder zu gewichten, wenn er es explizit als Ziel einer staatlichen Monopolaufsicht formuliert, die "Träger wirtschaftlicher Macht zu einem Verhalten zu veranlassen, als ob vollständige Konkurrenz bestünde" (Eucken 1952/90: 295 oder 1949: 68). Er führt hierzu weiter aus: "Grundsätzlich ist der Preis so zu fixieren, daß Angebot und Nachfrage bei diesem Preis ins Gleichgewicht kommen und er zugleich gerade die Grenzkosten deckt" (Eucken 1952/90: 297; 1949: 69). Dies ist genau die Vorstellung, die Hayek (1940/76) in einem anderen Zusammenhang ablehnt - nämlich bei seiner Kritik an Oscar Langes Vorschlag einer marktsozialistischen Imitation realer Marktprozesse, die für Hayek einer "übermäßigen Beschäftigung mit den Problemen der reinen Theorie des stationären Gleichgewichts entspringt" (ebd.: 241).

---

11 Es sind aber auch klare Anweichungen vom Modell vollkommenen Wettbewerbs bei Eucken erkennbar. So lehnte er (1952/90: 24) die Bedingung "homogener Güter" als unrealistisch ab. Hayek tat dies auch; doch ist sein Einwand etwas substantieller: "weil sich die Art unserer Bedürfnisse und unserer Kenntnisse ständig ändert und weil die menschliche Fertigkeit und Fähigkeit so unendlich vielfältig ist ... kann ein Zustand, der es erforderte, daß eine große Anzahl von Produkten und Dienstleistungen unter einander dieselben sind, nicht der ideale sein" (1946/76: 137).

12 Dieses Konzept wurde vor allem von Erich Hoppmann (vgl. 1988, Teil II) entwickelt, dem Nachfolger auf Hayeks Freiburger Lehrstuhl. Es ist stark von Hayeks Wettbewerbstheorie geprägt. Euckens wettbewerbspolitische Konzeption ähnelt dagegen eher dem "Struktur-Verhalten-Ergebnis"- Paradigma, das u.a. von der Harvard-Schule vertreten wurde und dem Hoppmann das Konzept der zweckunabhängigen Handlungsfreiheit im Wettbewerb entgegen setzte.

Aufbauend auf Hayeks Sicht vom Wettbewerbs als Entdeckungsverfahren und ergänzt um einige neuere Konzepte der Theorie der Handlungsrechte (property rights) und der Transaktionskostenökonomik, wird Wettbewerb heute in der Ordnungsökonomik als Prozeß wirtschaftlicher Selbstkoordination und Selbstkontrolle zu beschrieben, in dessen Verlauf (a) Wissen über Substitutionsmöglichkeiten (d.h. Opportunitätskosten) entdeckt und verbreitet wird, (b) Kontrolle über die Verwendung von Handlungsrechten ausgeübt wird und (c) Anreize zur Überprüfung der bisherigen Verwendung von Handlungsrechten gegeben werden (vgl. Streit 1992b: 92). Damit Wettbewerbsprozesse diese Funktionen sinnvoll erfüllen können, ist es notwendig, daß die Individuen Transaktionskosten aufwenden, deren Niveau wiederum entscheidend von der Qualität der institutionellen Ordnung abhängt, in deren Rahmen Marktkoordination und wettbewerbliche Kontrolle im einzelnen ablaufen. In diesem Sinne und entlang dieser Leitgedanken ist es durchaus möglich und sinnvoll, das Hayeksche Wissensproblem und Euckens (sowie Franz Böhms) Betonung der institutionellen Wettbewerbsordnung in einem marktprozeßtheoretischen Wettbewerbskonzept der Ordnungsökonomik zusammenzuführen.[13]

(2) Institutioneller Wandel

Wie auch das obige Beispiel gezeigt hat, betonte Hayek die Bedrohung des Marktsystems durch staatliche Versuche, eine zweckunabhängige, sich selbst steuernde und komplexe Handelnsordnung nach eigenen Imperativen und unter einer unvermeidlichen "Anmaßung von Wissen" lenken zu wollen, während Eucken eine stärkere Betonung darauf legt, daß private Machtgruppen das Marktsystem korrumpieren - ein Effekt, der dadurch nur verstärkt wird, daß diese Machtgruppen auf einen "schwachen" Staat treffen, der es nicht versteht, die Prinzipien der Wettbewerbsordnung zu verteidigen. Diese Unterschiede in den argumentativen Schwerpunkten haben ihr noch etwas deutlicheres Gegenstück in den jeweiligen positiven und normativen Auffassungen unserer Initiatoren der Ordnungsökonomik in Bezug auf die Entstehung und den Wandel institutioneller Ordnungen.

Eucken (mehr als Böhm[14]) kritisierte die Vorstellung, daß die Regeln einer freien Wettbewerbsordnung spontan entstanden seien und erhalten werden könnten. Für ihn (1952/90: 373) gilt: "Die Wettbewerbsordnung verwirklicht sich nicht von selbst ... Es genügt nicht, gewisse Prinzipien des Rechts zu verwirklichen und im übrigen die Entwicklung der Wirtschaftsordnung sich selbst zu überlassen". Diese These widerspricht der Theorie spontaner Regelentstehung, die vom "späteren" Hayek vertreten wurde[15]. In

13 Die Arbeiten von Wernhard Möschel, Ernst-Wolfgang Mestmäcker und Erich Hoppmann stehen für eine solche Integration Hayekscher und Ordoliberaler Denktraditionen. Auch jüngere Autoren wie Kerber (1997) oder Wegner (1996) tragen mit neueren Kombinationen zu einer ähnlichen Weiterentwicklung der Wettbewerbstheorie in Deutschland bei.

14 Böhms Interpretation der Ursprünge der Privatrechtsgesellschaft weist deutliche Parallelen mit Hayeks evolutorischer Rechtsphilosophie auf (vgl. etwa Böhm 1966). Böhm (1953/60: 97) schließt sich Hayek auch darin an, daß für ihn zumindest die elementaren Rechtsprinzipien nicht "gemacht", sondern "gefunden" wurden.

15 Im Artikel "'Freie Wirtschaft' und Wettbewerbsordnung" (1948/76) argumentierte Hayek noch wie Eucken mit einer milden Kritik am klassischen Liberalismus. Es findet sich auch die Forderung nach einer "Politik, die bewußt den Wettbewerb, den Markt und die Preise als sein ordnendes Prinzip anerkennt und die das gesetzliche Rahmenwerk, das vom Staat erzwungen wird, dazu benützt, den

der Tat scheint es korrekt, auf einem Kontinuum von Theorien zwischen rein "evolutorischen" und rein "konstruktivistischen" Auffassungen Hayek deutlich näher an einer evolutorischen Sicht und Eucken näher an einer konstruktivistischen Ordnungsvorstellung zu verorten.

Dies gilt so aber nur für Emergenz und Wandel der institutionellen (Rechts-) Ordnung. In Bezug auf die Handelnsordnung beschreiben Eucken wie Hayek sehr ähnlich die marktliche Koordination als spontane Interaktionen im Rahmen institutioneller Beschränkungen. Entsprechend ähneln sich beide auch in ihrer Kritik an staatlichen Interventionen, mit denen die empfindlichen Signal- und Kontrollwirkungen des Preissystems beeinträchtigt werden. Eucken läßt derlei "evolutorische" Argumente aber nicht mehr für die Ordnung auf der Regelebene gelten. Ihre Analysen versuchen eine strikte analytische Unterscheidung: Während die alltäglichen wirtschaftlichen Prozesse - das "Spiel" des Wettbewerbs - keiner zentralen Planung unterliegen dürfen, könne und dürfe die Wirtschaftsverfassung mit ihren "Spielregeln" keiner ähnlichen Spontaneität ausgesetzt werden. Welches die adäquaten Spielregeln einer freien und menschenwürdigen Wettbewerbsordnung sind, gilt als weitgehend offensichtlich, sie müssen nur noch gesetzt und gepflegt werden, wozu es notwendig staatlicher Durchsetzung und Obhut bedürfe. "Laissez-faire" auf der Ebene der Ordnungsregeln ist nach Euckens Auffassung nicht geeignet, die Regeln der Wettbewerbsordnung zu finden und zu bewahren (vgl. Eucken 1932).

Eucken entwickelt hier eine ordnungsökonomische Sichtweise, die nicht nur dem, was Eucken als "laissez-faire" apostrophiert, widersprechen soll, sondern ebenso deutlich als Gegenmodell zum historischen Materialismus gedacht ist. Es sei daran erinnert, daß während der 30er und 40er Jahre Varianten des Historizismus ihre Blütezeit erlebten. Nicht nur Marxisten verschiedener couleur, auch die meisten Vertreter der deutschen historischen Schule und selbst Schumpeter (1942/87) vertraten Varianten der Idee, daß wirtschaftliche Macht letztlich notwendig politische Handlungen determiniere und daß die Monopolisierung der Industrie ebenso unvermeidbar sei wie der hieraus folgende Zusammenbruch des Kapitalismus und die Geburt sozialistischer Ordnungen. Vor dem Hintergrund des intellektuellen Klimas seiner Zeit ist es verständlich, daß Eucken (1951: Kap.II) eine seiner Londoner Vorlesungen der "Zwangsläufigkeit wirtschaftspolitischer Entwicklungen" widmet und hiergegen seine These stellt, daß "eine sinnvolle Koordination der gesamten Wirtschafts- und Rechtspolitik" das Problem wirtschaftlicher Macht lösen kann (ebd.: 29).

Weiterhin muß der historische Moment berücksichtigt werden, in dem sich Nachkriegs-Deutschland befand. Es bestand die Notwendigkeit, eine weitgehend neue politische und wirtschaftliche Ordnung für Deutschland zu schaffen. Dabei waren marktwirtschaftliche Ordnungsvorstellungen zu diesem Zeitpunkt bei den damaligen politischen Parteien noch alles andere als anerkannt. Überwiegend wurden vielmehr verschiedene Formen sozialistischer Mangelverwaltung und Wirtschaftsplanung bevorzugt. Eucken und seine ordoliberalen Mitstreiter konnten jedoch verschiedene historische Gelegenheiten für ihr Anliegen nutzen und damit die Bedeutung dessen belegen, was Eucken

---

Wettbewerb so wirksam und wohltätig wie möglich zu machen - und ihn dort zu ergänzen, wo er nicht anwendbar ist" (ebd.: 145). Hayek diskutiert hiernach Arbeitslosenversicherung, Stadtplanung, Patente, Markenzeichen, Kartellverträge, Haftungsbeschränkung und was heute "unvollständige Verträge" genannt wird. In all diesen Fällen befürwortet er spezielle Rechtsregelungen. Weitere Fundstellen eines stärker "konstruktivistischen" Hayek präsentiert Vanberg (1986).

(e.g. 1952/90: 251) den "historischen Moment mit seinen besonderen Machtkonstellationen und Imponderabilien" nannte. Zu den besonderen Konstellationen und Umständen kann sicherlich die Rolle gezählt werden, die Ludwig Erhard als mutiger und überzeugender politischer Unternehmer gespielt hat.[16]

Den Historizismus seiner Zeit verurteilte Hayek (z.B. 1952/79, ch.7) ebenso entschieden wie Eucken. Die intellektuelle Strömung, gegen die er seinen evolutorischen Ansatz stellte, war aber nicht so sehr ein historischer Fatalismus, sondern vielmehr das, was er als "rationalistischen Konstruktivismus" brandmarkte. Die Vorstellung, "daß der Mensch seine Kultur und seine Einrichtungen 'geschaffen' hat ..." und sie "... daher auch nach seinen Belieben ändern kann" (Hayek 1970/96: 17f), die insbesondere von Vertreter der Französischen oder kontinentalen Tradition des aufklärerischen Liberalismus vertreten wurde, war für Hayek Ausdruck einer höchst gefährlichen Hybris und eines "Mißbrauchs der Vernunft" (z.B. 1952/79). Ganz in der Britischen Tradition des evolutorischen Liberalismus vertrat Hayek dagegen die Auffassung, daß die moderne Zivilisation mit ihren sensibel strukturierten Schichten von Sitten, Konventionen und Rechtsprinzipien nur als das ungeplante Ergebnis menschlichen Handelns und nicht menschlichen Entwurfs oder politischen Planens hat enstanden sein können. Die große Gesellschaft freier Menschen ist nicht im Ganzen willentlich geschaffen worden; sie kann aber durch holistische Versuche der Umgestaltung oder Rekonstruktion sehr wohl (gewollt oder ungewollt) zerstört werden.

Auch wenn sich Hayek unseres Wissens im diesem speziellen Punkt nicht explizit geäußert hat, so halten wir es doch für wahrscheinlich, daß Hayek den ordoliberalen Versuch, Grundprinzipien einer freiheitlichen Wirtschaftsverfassung für den institutionellen Wiederaufbau Deutschlands nach dem Krieg zu liefern, nicht verurteilt haben dürfte (ebenso: Vanberg 1989: 179). Darüber hinaus jedoch vertragen sich einige Elemente der Euckenschen Weltanschauung mit seinem starken Vertrauen in die menschliche Kenntnis der Funktionsprinzipien und Herstellungsweisen der "richtigen" Ordnung nur schwer mit Hayeks Skeptizismus gegenüber Versuchen, ganze Ordnungen neu zu planen und herbeizuführen.[17]

Die aktuelle Bedeutung der Euckenschen und Hayekschen Ideen zur Ordnungsentstehung zeigt sich auch am Beispiel jüngerer Debatten über die osteuropäischen Transformationsprozesse (vgl. Streit 1998: 49ff). In einigen Ländern (etwa der Tschechischen Republik oder Polen), war ein eher "konstruktivistischer" Wechsel der wesentlichen Spielregeln der Wirtschaftsordnung zumindest teilweise möglich; gleichzeitig kam es hier zur vergleichsweise schnellen und erfolgreichen Verbreitung des "Spiels der Katallaxie" (Hayek 1976: 115) mit steigenden Spielgewinnen. Dies scheint nicht zuletzt auch damit zusammenzuhängen, daß in beiden Fällen der Staat zumindest einigermaßen "stark" und handlungsfähig und die Bevölkerung gleichzeitig den Wandel auf breiter Front forderte und auch unter ungünstigen Umständen im Grundsatz stützte. Hinzu kommt, daß Tschechen und Polen an einer längeren Tradition und Erfahrung der ver-

16 Hayek (1983: 20) selbst bekennt, daß er schon früh ein Bewunderer von Erhard wurde. Er fügt hinzu: "Allerdings müssen wir auch zugeben, daß Erhard das, was er tat, nie hätte tun können, wenn er entweder von der Bürokratie oder von der Demokratie abhängig gewesen wäre. Es war jener glückliche Moment, wo der richtige Mensch am richtigen Platz die Freiheit hatte, zu tun, was er für richtig hielt, obgleich er niemanden anderen hätte je überzeugen können."

17 So äußert Eucken (1952/90: 176) etwa: "Die Wirtschaftspolitik aber soll die freie natürliche gottgewollte Ordnung verwirklichen."

gangenen Privatrechtsgesellschaft haben anknüpfen können. In anderen Gesellschaften, wie insbesondere der Russlands, waren gerade diese Umstände nicht vorhanden. Damit wäre selbst für den hypothetischen Fall, ein mächtiger russischer Präsident verordne Euckens Grundsätze der Wirtschaftspolitik als Gesetz, nicht zu erwarten, daß Russland einer funktionsfähigen Wettbewerbsordnung de facto näher käme. Unter solch schwierigen Umständen wie den russischen ist möglicherweise nur zu hoffen, daß die Marktwirtschaft "von unten" allmählich wachsen kann - etwa im Zuge der Ausbreitung erfolgreicher marktorientierter Praktiken innerhalb von Teilgruppen der Gesellschaft (Händler) und auf grauen Märkten, die auf eingeübten Konventionen reziproken Handelns aufbauen und nicht auf der Voraussetzung formaler Privatrechtssystems westlichen Zuschnitts.

Dieses Beispiel mag verdeutlichen, daß weder Euckens noch Hayeks Modelle institutionellen Wandels zeit- und kontextunabhängige Geltung beanspruchen können. Für ihre Anwendung in positiv-erklärender wie in normativ-empfehlender Absicht dürften vielmehr je nach historischen, kulturellen und institutionellen Ausgangsbedingungen sowohl Euckensche als auch Hayeksche "Momente" entstehen.

(3) Die "soziale Frage"

Böhm (1957/60: 160) beschrieb das treibende vorwissenschaftliche Interesse der Freiburger Schule als Ausdruck "politischer Sorge": "das wissenschaftliche Dichten und Trachten ... war dem Versuch gewidmet, das Problem der sozialen Frage von dem Dogma des Karl Marx und seiner geschichtsdialektischen Philosophie loszulösen." Hierbei versuchte gerade Eucken, Fragen der sozialen Gerechtigkeit konsequent im Rahmen seines Konzepts der Wettbewerbsordnung zu behandeln. Für Eucken war die "soziale Frage" gerade nicht, wie für Marxisten und viele Anhänger der historischen Schule, Ergebnis exzessiven Wettbewerbs, sondern vielmehr Folge unzureichenden Wettbewerbs. Soziale Ungerechtigkeiten seien auf wirtschaftliche Ungleichbehandlungen und Vermachtungstendenzen zurückzuführen und damit auf das Versagen des Staates, ein faires Regelwerk der Wettbewerbsordnung zu schaffen und zu erhalten. Für dieses Versagen wiederum machte Eucken auch die Ideen des klassischen, oder, wie er es nannte, "laissez-faire-" Liberalismus verantwortlich. Anhänger des "laissez-faire" werden dafür kritisiert, daß sie nicht erkennen (wollen), daß - in monopolistischen Umgebungen - Bürger über andere Bürger Macht ausüben und daß - in korporatistischen Umgebungen - der Staat durch wirtschaftliche Machtgruppen "erobert" werden kann (Eucken 1952/90: 358f). Eucken (1951: 31) proklamierte dagegen: "soziale Sicherheit und soziale Gerechtigkeit sind die großen Anliegen der Zeit". Für ihn galt als selbstverständlich: "die Abhängigkeit der Einkommenshöhe vom Markt [kann] ... zu Ungerechtigkeiten führen" (ebd: 34).

Gerade diese Zusammenhänge werden von (dem späteren) Hayek vehement bestritten. Hayek kam in seinen späteren sozialphilosophischen Arbeiten zum Schluß, daß die "soziale Frage" sich in der üblichen Form überhaupt nicht stellt, da sie keinen verantwortlichen Adressaten hat und daß "soziale Gerechtigkeit" als solches ein leeres Wort ist, das zumindest dann keine sinnvolle Bedeutung haben kann, wenn es sich auf die Ergebnisse der ungeplanten und zweckfreien "Katallaxie" bezieht (z.B. Hayek 1976: Kap. 9-11). Hayeks ausschließlicher Bezug auf individuelle Handlungsfreiheit als Begründung von Regeln gerechten Verhaltens in der Großgesellschaft bedeutet freilich nicht, daß er die *analytische Frage* "sozialer Gerechtigkeit" ignoriert hätte. Gerade in seinem späteren Werk kommt es ihm auch darauf an, die Ursprünge dessen, was er den "Atavismus sozialer Gerechtigkeit" (z.B. Hayek 1978/96b) nennt, zu ergründen. Hayek (z.B. 1988: Kap. 4) versucht etwa das instinktive Verlangen der Menschen nach sozialer Kohäsion und Wärme zu erklären, das von der abstrakten "erweiterten Ordnung" moderner Gesellschaften selbst nicht mehr befriedigt werden kann; hieraus folgt wiederum das, was schon Popper (1945/92: 210) als "innere Spannungen der Zivilisation und die Last ihrer Anforderungen" bezeichnete. Die erweiterte Ordnung unterscheidet sich von der einfachen Hauswirtschaft der Oikonomia oder der Stammesgesellschaft ja gerade darin, daß es in ihr zu keiner absichtsvollen, geplanten Einkommensverteilung kommt. Ungleiche Vermögenspositionen sind hier vielmehr jeweils ungeplante und vorübergehende Resultate von persönlichem Glück und Geschick bei der Nutzung individueller Kenntnisse und Fähigkeiten. Solche Resultate können weder als gerecht noch als ungerecht bewertet werden. Allein die Spielregeln können sinnvollerweise für (regel-) "gerecht" bzw. "fair" oder "ungerecht" bzw. "unfair" befunden werden - und hierfür eignet sich wiederum in erster Linie der "Test der Universalisierbarkeit" (Hayek 1976: 27ff) und somit die Frage nach prozeduraler Gerechtigkeit und nicht materialer Verteilungsgerechtigkeit (ebd.: 28f). Folglich findet etwa der "Kampf um formale Gleichheit, d.h. gegen alle Diskriminierungen aufgrund sozialer Herkunft, Nationalität, Rasse, Religion, Geschlecht usw." die volle Unterstützung von Hayek (1978/96a: 238) - solange dieser Kampf auf allgemeine, abstrakte Verhaltensregeln zielt (und nicht deren "affirmative" Manipulierung). Zusätzlich - jedoch mit einem bedauerlich hohen Ausmaß von *ad hoc* Begründungen - hält es Hayek für gerechtfertigt, "outside of and supplementary to the market" einen Schutz gegen Verelendung in Form eines garantierten Mindesteinkommens für alle zu schaffen (z.B. 1976: 87).

Letzteres Element der Sozialpolitik wird auch von Eucken eingefordert. Darüber hinaus aber verlangt Eucken auch nach progressiver Besteuerung und anderen Varianten der "Einkommenspolitik" (1952/90: 300f), die auf eine staatliche Korrektur der spontanen Einkommensverteilung ausgerichtet sind und "dringende Bedürfnisse" (ibid.) der Bevölkerung befriedigen soll. In den Einzelheiten politischer Schlußfolgerungen unterschieden sich Hayek und Eucken jedoch nicht substantiell. Der grundlegendere Unterschied zwischen beiden Positionen liegt auf der analytischen Ebene. Hayek folgte nicht dem verlockenden ordoliberalen Slogan, wonach eine funktionsfähige, wettbewerbliche Marktordnung selbst bereits der wichtigste "soziale" Beitrag oder gar die wichtigste Vorbedingung zur Lösung der "sozialen Frage" sei (vgl. Eucken 1952/90: 314).[18] Hayek würde deshalb zumindest an dem Punkt Eucken nicht folgen, wo Eucken meint, daß "die Verwirklichung der sozialen Gerechtigkeit ... von der Verwirklichung des Grundprinzips der Wettbewerbswirtschaft ... abhängig ist" (ibid.: 315), solange hier materiale Verteilungsgerechtigkeit gemeint sein sollte. In diesem Fall ist es Hayeks Auffassung, die Verwirklichung sozialer Gerechtigkeit verlange "eine Gesellschaftsordnung, die völlig verschieden ist von der spontanen Ordnung, die sich selbst bildet, wenn die ein-

18 Hayeks Ablehnung des deutschen Konzepts der "Sozialen Marktwirtschaft" als "camouflage for aspirations that certainly have nothing to do with the common interest" (1957/67: 238f) ist sicherlich eher als Kritik der deutschen Politik denn der ordoliberalen Theorie gedacht. In abgeschwächter Form jedoch sind Hayeks Einwände auch auf Euckens politische Vorstellungen anwendbar.

zelnen Menschen nur durch allgemeine Verhaltensregeln beschränkt sind" (Hayek 1978/96a: 236).

5. Schluß: Euckens und Hayeks Beiträge zur Ordnungsökonomik

Insgesamt betrachtet bestehen hinsichtlich der liberalen Grundeinstellung und der hiermit verknüpften Vorstellung einer auf allgemeinen Ordnungsregeln beruhenden Gesellschaft freier Menschen weitgehende Übereinstimmungen zwischen Euckens Ordoliberalismus und den klassisch-liberalen Vorstellungen Hayeks. Dennoch gibt es Unterschiede zwischen beiden Beiträgen zur Ordnungsökonomik. Unser Beitrag vertritt die These, daß sich diese zu einem guten Teil auf die Betonung verschiedener, aber vielfach miteinander verknüpfter Probleme gesellschaftlicher Ordnung zurückführen lassen. Die Unterschiede in den erkenntnisleitenden Ausgangsproblemen wurden hier - gewissermaßen pointiert hervorhebend - darin zusammenfaßt, daß Eucken das Machtproblem und seine Lösung in den Vordergrund rückte, während für Hayek das Wissensproblem zum durchgehenden Leitmotiv seiner ordnungsökonomischen Arbeiten wurde.

Wie Eucken stellt auch Hayek den Wettbewerb als das wesentliche Ordnungsprinzip einer freien Wirtschaftsordnung in den Vordergrund ordnungstheoretischer Analyse und ordnungspolitischer Empfehlung. Auch betonen beide gleichermaßen die Rolle allgemeiner Ordnungsregeln als notwendige Spielregeln für die wettbewerbliche Interaktion freier Bürger in der Gesellschaft und als freiheitsschützende Abwehrrechte gegen den Staat. Der Kern der jeweiligen ordnungsökonomischen Begründung ist freilich verschieden: Für Eucken und die Freiburger Schule wird Wettbewerb in erster Linie als "Entmachtungsinstrument" betrachtet und dient damit als Kontrollverfahren zur Lösung des Problems privater Macht. Für Hayek und Teile der Österreichischen Marktprozeßtheorie wirkt Wettbewerb in erster Linie als "Entdeckungsverfahren" und dient damit als Koordinationsinstrument angesichts des Problems privaten, dezentralen Wissens. Ähnlich lassen sich Unterschiede positiver und normativer Analysen auf der Ebene der Ordnungsregeln im Kern darauf zurückführen, daß Institutionen aus Euckenscher Sicht überwiegend als Kontrollinstrumente gegen privaten und staatlichen Machtmißbrauch konzipiert sind, während sie in Hayekscher Perspektive in erster Linie im Hinblick auf die Stabilisierung subjektiver Erwartungen in einem Umfeld konstitutionellen Wissensmangels betrachtet werden.

Beide Blickwinkel oder Leitmotive - das Machtproblem und das Wissensproblem - sind aber keinesfalls kontradiktorisch. Vielmehr bilden sie, wie wir an einigen Beispielen zeigen konnten, als gleichermaßen gewichtige und vielfach interdependente Ordnungsprobleme den Hintergrund komplementärer Beiträge zur Ordnungsökonomik. Die moderne Ordnungsökonomik dürfte auch noch nach dem 50. Todestag von Walter Eucken und dem 100.Geburtstag von Friedrich Hayek gerade in der Verknüpfung und Weiterentwicklung beider Traditionen ein reichhaltiges und weiterhin fruchtbares Betätigungsfeld finden.[19]

---

19 Vgl. Wohlgemuth (1999) für eine abwägende Darstellung der heutigen Relevanz der Ordnungsökonomik. Den Ansätzen Hayekscher und "österreichischer" Ordnungsökonomik wird dabei eine größere Chance eingeräumt als Ansätzen Eucken'scher Überlieferung, Impulse für eine moderne Ordnungsökonomik zu liefern, die im Verbund mit neueren Arbeiten der Institutionenökonomik zu einem expandierenden Forschungsprogramm werden könnte.

Albert, H. (1967/72): Theorie und Praxis. Max Weber und das Problem der Wertfreiheit und der Rationalität, in: ders., Konstruktion und Kritik, Hamburg 1972: Hoffmann und Campe, S. 41-73.

Böckenförde, E.-W. (1989) Staat und Gesellschaft, in: Görres-Gesellschaft (Hrsg.), Staatslexikon, S. 228-234.

Böhm, F. (1953/60)Der Rechtsstaat und der soziale Wohlfahrtsstaat, in: ders., Reden und Schriften, Karlsruhe 1960: Müller, S. 82-156.

Böhm, F. (1957/60) Die Forschungs- und Lehrgemeinschaft zwischen Juristen und Volkswirten an der Universität Freiburg in den dreißiger und vierziger Jahren des 20. Jahrhunderts, in: ders., Reden und Schriften, Karlsruhe 1960: Müller, S. 158-175.

Böhm, F. (1961) Demokratie und ökonomische Macht, in: Institut für ausländisches und internationales Wirtschaftsrecht (Hrsg.), Kartelle und Monopole im modernen Recht, Karlsruhe: Müller, S. 1-24.

Böhm, F. (1966) Privatrechtsgesellschaft und Marktwirtschaft, in: Ordo, Bd. 17, S. 75-151.

Demsetz, H. (1969) Information and Efficiency: Another Viewpoint, in: The Journal of Law and Economics, Bd. 12, S. 1-22.

Eucken, W. (1932): Staatliche Strukturwandlungen und die Krisis des Kapitalismus, in: Weltwirtschaftliches Archiv, Bd. 84, S. 297-331.

Eucken, W. (1940/89): Grundlagen der Nationalökonomie, 9.Auflage, Berlin et al. 1989: Springer.

Eucken, W. (1948/65): On the Theory of the Centrally Administered Economy: An Analysis of the German Experiment, in: M. Bornstein (Hrsg.), Comparative Economic Systems - Models and Cases, Homewood, Ill. 1965: Irwin, S. 157-197.

Eucken, W. (1949): Die Wettbewerbsordnung und ihre Verwirklichung, in: Ordo, Bd. 2, S. 1-99.

Eucken, W. (1951): Unser Zeitalter der Mißerfolge, Tübingen: Göbel.

Eucken, W. (1952/90): Grundsätze der Wirtschaftspolitik, 6. Auflage, Tübingen 1990: J.C.B. Mohr (Paul Siebeck).

Furubotn, E. und *S. Pejovich* (1972): Property Rights and Economic Theory, in: Journal of Economic Literature, Bd. 10, S. 1137-1162.

Hayek, F.A.v. (1937/76): Wirtschaftstheorie und Wissen, in: ders., Individualismus und wirtschaftliche Ordnung, 2., erweiterte Auflage, Salzburg: W. Neugebauer, S. 49-77.

Hayek, F.A.v. (1940/76): Sozialistische Wirtschaftsrechnung III: Die Wiedereinführung des Wettbewerbs, in: ders., Individualismus und wirtschaftliche Ordnung, 2., erweiterte Auflage, Salzburg: W. Neugebauer, S. 233-267.

Hayek, F.A.v. (1945/76): Die Verwertung des Wissens in der Gesellschaft, in: ders., Individualismus und wirtschaftliche Ordnung, 2., erweiterte Auflage, Salzburg: W. Neugebauer, S. 103-121.

Hayek, F.A.v. (1946/76): Der Sinn des Wettbewerbs, in: ders., Individualismus und wirtschaftliche Ordnung, 2., erweiterte Auflage, Salzburg: W. Neugebauer, S. 122-140.

Hayek, F.A.v. (1948/76): 'Freie Wirtschaft' und Wettbewerbsordnung, in: ders., Individualismus und wirtschaftliche Ordnung, 2., erweiterte Auflage, Salzburg: W. Neugebauer, S. 141-155.

Hayek, F.A.v. (1952/79): The Counterrevolution of Science - Studies on the Abuse of Reason, Indianapolis 1979: The Free Press.

Hayek, F.A.v. (1957/67): What is 'Social' - What Does it Mean?, in: ders., Studies in Philosophy, Politics and Economics, Chicago 1967: University of Chicago Press, S. 237-247.

Hayek, F.A.v. (1960/83): Die Verfassung der Freiheit, 2., durchges. Aufl., Tübingen 1983: J.C.B. Mohr (Paul Siebeck).

Hayek, F.A.v. (1962/69): Wirtschaft, Wissenschaft und Politik, in: ders., Freiburger Studien, Tübingen 1969: J.C.B. Mohr (Paul Siebeck), S. 1-17.

Hayek, F.A.v. (1967/69): Die Sprachverwirrung im politischen Denken, in: ders., Freiburger Studien, Tübingen 1969: J.C.B. Mohr (Paul Siebeck), S. 206-231.

Hayek, F.A.v. (1968/69): Der Wettbewerb als Entdeckungsverfahren in: ders., Freiburger Studien, Tübingen 1969: J.C.B. Mohr (Paul Siebeck), S. 249-265.

Hayek, F.A.v. (1970/96): Die Irrtümer des Kontruktivismus und die Grundlagen legitimer Kritik gesellschaftlicher Gebilde, in: W. Kerber (Hrsg.), Die Anmaßung von Wissen. Neue Freiburger Studien, Tübingen 1996: J.C.B. Mohr (Paul Siebeck), S. 16-36.

Hayek, F.A.v. (1973/86): Recht, Gesetzgebung und Freiheit, Band 1: Regeln und Ordnung, 2. Auflage, Landsberg a.L.: Verlag moderne Industrie.

Hayek, F.A.v. (1976): Law, Legislation and Liberty, Vol. II: The Mirage of Social Justice, Chicago: The University of Chicago Press.

Hayek, F.A.v. (1978/96a): Liberalismus, in: W. Kerber (Hrsg.), Die Anmaßung von Wissen. Neue Freiburger Studien, Tübingen 1996: J.C.B. Mohr (Paul Siebeck), S. 216-248.

Hayek, F.A.v. (1978/96b): Der Atavismus "sozialer Gerechtigkeit", in: W. Kerber (Hrsg.), Die Anmaßung von Wissen. Neue Freiburger Studien, Tübingen 1996: J.C.B. Mohr (Paul Siebeck), S. 181-192.

Hayek, F.A.v. (1979/81): Recht, Gesetzgebung und Freiheit, Band 3: Die Verfassung einer Gesellschaft freier Menschen, Landsberg a.L.: Verlag moderne Industrie.

Hayek, F.A.v. (1983): Die Wiederentdeckung der Freiheit - Persönliche Erinnerungen, in: Verband Deutscher Machinen- und Anlagenbau und Institut der deutschen Wirtschaft (Hrsg.), Produktivität, Eigenverantwortung, Beschäftigung, Köln: Deutscher Instituts-Verlag, S. 9-22.

Hayek, F.A.v. (1988): The Fatal Conceit - The Errors of Socialism, London: Routledge.

Hoppmann, E. (1988): Wirtschaftsordnung und Wettbewerb, Baden-Baden: Nomos.

Kerber, W. (1997): Wettbewerb als Hypothesentest: Eine evolutorische Konzeption wissenschaffenden Wettbewerbs, in: K.v. Delhaes / U. Fehl (Hrsg.), Dimensionen des Wettbewerbs, Stuttgart: Lucius & Lucius, S. 31-78.

Kirchgässner, G. (1988): Wirtschaftspolitik und Politiksystem: Zur Kritik der traditionellen Ordnungstheorie aus der Sicht der Neuen Politischen Ökonomie, in: D. Cassel, B.-Th. Ramb, H. J. Thieme (Hrsg.), Ordnungspolitik, München: Vahlen, S. 53-75.

Kirzner, I. M. (1973): Competition and Entrepreneurship, Chicago: University of Chicago Press.

Loy, C. (1988) Marktsystem und Gleichgewichtstendenz, Tübingen: J.C.B. Mohr (Paul Siebeck).

Nienhaus, V. (1982): Persönliche Freiheit und moderne Demokratie - F.A. Hayeks Demokratiekritik und sein Reformvorschlag eines Zweikammersystems, Tübingen: J.C.B. Mohr (Paul Siebeck).

North, D.C. (1990): Institutions, Institutional Change and Economic Performance, Cambridge: Cambridge University Press.

Popper, K.R. (1945/92): Die offene Gesellschaft und ihre Feinde, Band I: Der Zauber Platons, 7.Auflage, Tübingen 1992: J.C.B. Mohr (Paul Siebeck)

Rupp, H.H. (1979): Zweikammersystem und Bundesverfassungsgericht - Bemerkungen zu einem Reformvorschlag F.A.v. Hayeks, in: Ordo, Bd. 30, S. 95-104.

Schmidtchen, D. (1984): German 'Ordnungspolitik' as Institutional Choice, in: Zeitschrift für die gesamte Staatswissenschaft (Journal of Institutional and Theoretical Economics), Bd. 140, S. 55-70.

Schumpeter, J.A. (1942/87): Capitalism, Socialism and Democracy, London 1987: Unwin Paperbacks.

Streit, M.E. (1992a): Economic Order, Private Law, and Public Policy - The Freiburg School of Law and Economics in Perspective, in: Journal of Institutional and Theoretical Economics (JITE), Bd. 148, S. 675-704.

Streit, M.E. (1992b): Das Wettbewerbskonzept der Ordnungstheorie, in: E. Görgens / E. Tuchtfeldt (Hrsg.), Die Zukunft der wirtschaftlichen Entwicklung - Perspektiven und Probleme, Stuttgart und Wien, S. 83-108.

Streit, M.E. (1992/95): Die Interdependenz der Ordnungen - Eine Botschaft und ihre aktuelle Bedeutung, in: ders., Freiburger Beiträge zur Ordnungsökonomik, Tübingen 1995: J.C.B. Mohr (Paul Siebeck), S. 135-158.

Streit, M.E. (1993): Cognition, Competition, and Catallaxy - In Memory of Friedrich August von Hayek, in: Constitutional Political Economy, Bd. 4, S. 223-262.

Streit, M.E. (1996): Ordnungsökonomik, in: Gablers Volkswirtschaftslexikon, Bd.2, S. 814-843.

Streit, M.E. (1998): Constitutional Ignorance, Sponataneous Order and Rule-Orientation: Hayekian Paradigms from a Policy Perspective, in: S. F. Frowen (Hrsg.), Hayek: Economist and Social Philosopher - A Critical Retrospect, London: Macmillan, S. 37-58.

Streit, M.E./Wohlgemuth, M. (2000): The Market Economy and the State. Hayekian and Ordoliberal Conceptions, ercheint in: P. Koslowski (Hrsg.), Economic Ethics and the Theory of Capitalism in the German Tradition of Economics, Berlin u.a: Springer.

Tietzel, M. (1991): Der Neue Institutionalismus auf dem Hintergrund der alten Ordnungsdebatte, in: Jahrbuch für Neue Politische Ökonomie, Bd- 10, S. 3-37.

Tollison, R.D. (1982): Rent Seeking: A Survey, in: Kyklos, Bd. 35, S. 575-602.

Vanberg, V. (1986): Spontaneous Market Order and Social Rules: A Critical Examination of F.A. Hayek's Theory of Cultural Evolution, in: Economics and Philosophy, Bd. 2, S. 75-100.

Vanberg, V. (1989): Hayek as Constitutional Political Economist, in: Wirtschaftspolitische Blätter, Bd. 36, S. 170-182.

Wegner, G. (1996): Wirtschaftspolitik zwischen Selbst- und Fremdsteuerung - ein neuer Ansatz, Baden-Baden: Nomos.

Wohlgemuth, M. (1996): Freiburger Schule, Ordo-Liberalismus, in: Gablers Volkswirtschaftslexikon, Bd.2, Wiesbaden, S. 913-917.

Wohlgemuth, M. (1999): The present relevance of "Ordnungstheorie" for the politics and the economics of the social order erscheint in: Agnès Labrousse und Jean-Daniel Weisz (Hrsg.): Wirtschaftsordnungpolitik: Der deutsche Ordoliberalismus und die französische école de la régulation im Vergleich, Berlin, New York u.a. 1999: Springer.